シャンカラ派の思想と信仰

澤井義次
Sawai Yoshitsugu

慶應義塾大学出版会

はじめに

私たち日本人のインド宗教の理解は、明治以後、長年にわたって、おもにヨーロッパ経由で形成されてきた。よく知られているように、近代ヨーロッパの諸学問の成立の背景には、インド研究があった。ドイツ哲学へのインドの影響は言うまでもなく、宗教学でもインドの影響は大きかった。たとえば、近代宗教学の祖と言われるドイツ人のフリードリヒ・マックス・ミュラー（Friedrich Max Müller 一八二三―一九〇〇）は、一八五〇年、イギリスのオックスフォード大学のサンスクリット学教授に迎えられ、一八七〇年代、宗教研究に「比較」という方法を取り入れることで、諸宗教の比較研究を提唱した。さらに、東洋の諸宗教の聖典に関する東方聖典叢書（全五〇巻 The Sacred Books of the East）を編集・出版したことでもよく知られている。彼のもとで、日本からの留学生たちも学んだ。留学生の中には、南條文雄、高楠順次郎、姉崎正治などがいた。彼らは留学を終えて帰国後、わが国におけるインド学、仏教学さらに宗教学の学問的基盤を築いた。その当時、それまで長年にわたって蓄積されていた漢籍中心の伝統的な仏教研究のうえに、近代ヨーロッパの精緻な文献学的方法による新たな仏教研究が接ぎ木された。その後、わが国の学界において、周知のごとく、数多くの優れたインド学や仏教学などの研究成果が生み出されてきた。明治以降のこうした研究のおもな傾向は、ヨーロッパで確立された文献学的な方法論にもとづく研究であった。そうした経緯もあって、インド宗教研究では、インド人の研究者による伝統的な研究と精緻な文献学的な研究のあいだに、いろいろと著しい差異が生起してきた。

宗教研究においても、研究者の問題意識や方法論的視座が異なれば、研究内容に大きな違いが見られることがある。宗教研究の成果が、研究対象としての宗教の意味世界に立脚した研究であるかどうかによって、同じ宗教伝統に関する研究であったとしても、その研究内容に大きな違いが生起する。本書において研究対象として取り扱うシャンカラ派（スマールタ派とも呼ばれる）の思想と信仰についても、同様のことが言えるであろう。宗教のリアリティを真に理解するためには、その宗教現象の具体的事実性を見失うことなく、信仰の担い手の関わりかたに即して、できる限りそれらが「与えられるままに」、宗教現象をそのコンテクストあるいは意味世界の中で探究するという研究態度が求められる。本書では、シャンカラ派の宗教伝統における信仰の担い手の関わりかたとその具体的な様態、言いかえれば、具体的な信仰現象を宗教学の地平から理解したい。シャンカラ派の思想は、本来的に信仰と密接不可分の関係にある。ここでは、シャンカラ派におけるそうした思想と信仰の有機的な連関性を明らかにすることによって、シャンカラ派信仰の意味構造を宗教学的に考察したい。

現代のインド社会において、一二億あまりの全人口のうち、約八〇％を占める人びとがヒンドゥー教を信仰している。ヒンドゥー教は哲学思想の次元から社会的規範や日常的生活慣習の次元に至るまで、まさに多様性と多元性を特徴とした複合的な宗教文化を形成している。そうした中で、インドを代表する思想として、ウパニシャッドやヴェーダーンタ哲学が取り上げられることが多かった。とりわけ、ヴェーダーンタ哲学の伝統において、インド哲学史上、最大の哲学者として取り上げられてきたのはシャンカラ（Śaṅkara 七〇〇―七五〇頃）であった。インドには古来、数多くの哲学学派が存在したが、それらの諸学派の中でも、ヴェーダーンタ学派が影響力をもってきた。その学派において、シャンカラは特に優れた哲学者の一人であった。彼はヴェーダーンタ哲学の中でも、不《ふ》二《に》一元《いちげん》論（advaita-vāda）を説いた。その学系は中世以後、インド思想界で圧倒的な勢力を保持したということもあって、正統バラモンの学者のうち、その大半がシャンカラ系統の哲学伝統に属すると言われる。インド知識人のあいだで、シャンカラの影響力は今もなお大きい。そのためにヴェーダーンタ哲学と言えば、特にシャンカラの名で広く知られてきた。

インド社会において、シャンカラは優れた哲学者であるとともに、シャンカラ派伝統の開祖として、幅広く多くの帰依者たちのあいだで尊崇されてきた。このことはインドでは、周知の事実であるが、欧米やわが国におけるインド研究者のあいだでは、あまり注目されたことがなかったし、この宗教現象に関する掘り下げた研究もこれまで存在しなかった。ところが、シャンカラの不二一元論ヴェーダーンタ哲学は、インド社会の知識層の人びとに大きな影響力を与えてきたばかりでなく、シャンカラ派の開祖としてのシャンカラへの信仰、およびシャンカラ派の宗教伝統をとおして、インド社会全般に大きな影響を与えてきた。ここでエクリチュールとしてのシャンカラの哲学についても、それが語られ信じられているシャンカラ派の宗教伝統のコンテクストへと引き戻して捉えることによって、現代インド社会において、シャンカラの思想が担ってきた社会的な意義の一端を明らかにすることができるであろう。

本書の議論に入るまえに、ここではまず、筆者のシャンカラ哲学との出会いに少し言及しておきたい。筆者は一九七七年、東北大学大学院博士課程（宗教学）に進学した後、ハーバード大学大学院（宗教学）へ留学させていただいた。ハーバード大学では、宗教学研究の中でも、特にヒンドゥー教研究を専攻した。インド哲学研究の世界的な権威であったダニエル・H・H・インゴルス（Daniel H. H. Ingalls 一九一六—一九九九）教授やヒンドゥー教の思想や宗教現象学に精通しておられたジョン・B・カーマン（John B. Carman 一九三〇—）教授などの講義や演習を受講した。そうした中で、ウパニシャッドの解釈学として展開したヴェーダーンタ哲学、とりわけシャンカラの不二一元論ヴェーダーンタ哲学に関心を抱くようになり、シャンカラの哲学文献を読むようになった。ただ、シャンカラの哲学に関する研究を進める中で、次第に一つの疑問を抱くようになっていった。それは当時のシャンカラの哲学研究では、インドの宗教文化をほとんど考慮することなく、近代西洋の文献学的な視点からのみ、シャンカラのヴェーダーンタ哲学に関する研究が進められていることであった。インドでは、シャンカラの哲学がどのように受け入れられ、またシャンカラの哲学研究はどのように行なわれているのだろうか。それが当初、筆者の素朴な問いであった。研究を進めるにしたがって、現代インド社会においても、シャンカラの哲学が人びとに大きな影響力をもっていることが分かってきた。筆者は次第に、インドにおける「生きた宗教」、すなわち具体的な宗教現象を研究の射程に入れて、シャンカラの哲学とその伝統を宗教学的に理解する視座を模索するようになっていった。

そうした中、ハーバード大学へ提出する博士論文の研究テーマを決める準備を進めていたある日、同大学の神学大学院（Harvard Divinity School）のアンドーヴァー図書館の書架に、偶然に一冊の著書を見つけた。それはシャンカラ派総本山のシュリンゲーリ僧院が出版したもので、その僧院の伝統に関する概説書であった。その著書のタイトルは、**K・R・**ヴェーンカタラーマン著『超越的な叡智の玉座——シュリンゲーリにおけるシャンカラーチャーリヤのシャーラダー神の玉座』であった（K. R. Venkataraman, *The Throne of Transcendental Wisdom: Śrī Śaṃkarācāryaś Śārada Pīṭha in Śringeri*, Tiruchirapalli: The Trichinopoli United Printers, 1959）。この著書には、シュリンゲーリ僧院がヒンドゥー教の巡礼地の一つであることや、シャンカラがその宗教伝統の開祖であることのほかに、僧院における宗教儀礼が記述されていた。その著書をとおして、シャンカラ派の具体的な宗教現象がシャンカラの哲学の内容と大きくずれていることが分かった。そのとき、筆者はシャンカラ派伝統の思想と信仰がシャンカラの哲学とどのように関わっているのかに関心を抱くようになった。

そこで、ハーバード大学の恩師などの助言を得ながら、インドへ留学して、シャンカラ派の具体的な信仰現象を研究調査することにした。同大学へ提出予定の学位論文の研究テーマを「シャンカラの哲学とその宗教伝統に関する研究」とした。シャンカラのヴェーダーンタ哲学がシャンカラを開祖とするシャンカラ派の宗教伝統において、どのように受け容れられていったのか、あるいは、シャンカラの哲学がシャンカラ派伝統の信仰者にとって、どのような意味をもってきたのか——こうした論点が筆者のおもな研究テーマであった。それから約一年間、インドへ留学させていただいた。その期間に、南インドにあるシュリンゲーリ僧院に滞在し、シャンカラ派伝統における具体的な信仰現象をいろいろとフィールドワークした。日本の高野山をイメージさせるシュリンゲーリ僧院には、その当時、交通の便がきわめて悪かったこともあり、筆者以外に海外の研究者が訪問することはほとんどなかった。さらにプーナでは、シャンカラの哲学に精通した伝統的な教師（パンディット）の指導のもと、シャンカラの哲学書やシャンカラの伝説的伝記を読んで、シャンカラの哲学とその受容に関する理解を深めていった。

一年間のインド留学を終えて、ハーバード大学へ戻り、シャンカラ派伝統の思想と信仰に関する学位論文「出家遊行者とスマールタ派在家者の信仰――シュリンゲーリのシャンカラ派伝統の研究」（*The Faith of Ascetics and Lay Smārtas: A Study of the Śaṅkaran Tradition of Śṛṅgeri*）を提出し、一九八四年に同大学から哲学博士（Ph.D.）の学位を取得させていただいた。その後、学位論文は一九九二年、ウィーン大学より出版していただいた。アメリカ留学を終えて帰国した後、天理大学において、天理教学と宗教学を教えるようになってからも、長年にわたって、シャンカラ派伝統の思想と信仰について、ラーマーヌジャ派やマドヴァ派の宗教思想と比較しながら宗教学的研究を行なってきた。これまで宗教学理論の研究とともに、シャンカラ派の宗教思想に関する研究を中心に、インド哲学の解釈学的研究を続けてきた。いまだ十分に掘り下げた理解ができていない点もあり、これまでにも恩師や親しい友人をはじめ、多くの方々から再三、拙著の出版を勧めていただきながらも、その出版を先延ばしにしてきた。

しかし、アメリカ留学を終えて帰国してから、すでに三〇年あまりの歳月が流れた。時の流れの早さに、今さらながら驚いている。近年、欧米のインド宗教研究者を中心として、シャンカラ派の宗教伝統が宗教研究のテーマとして次第に注目されるようになってきた。ところが、今日なお、シャンカラ派に関する本格的な研究は存在していない。そうした学問的状況において、筆者の宗教研究には、それなりに意義があると考えて、このたび出版させていただくことにした。筆者の拙い研究が、今後の宗教研究の進展に少しでも寄与できるとすれば、これ以上の喜びはない。

＊　＊　＊

なお、本書でしばしば引用する文献は、註では略号で示し（巻末の「略号ならびに参考文献」参照）、サンスクリット語の原語は、ローマ字表記によって表示した。引用文の翻訳は、筆者によるものである。引用中の付記は〔　〕によって示した。

シャンカラ派の思想と信仰　＊　目　次

第二部　シャンカラ派の宗教思想とその脈絡　73

第三部　シャンカラ派における在家信仰とその思想　133

第四部　シャンカラ派の出家遊行とその思想

シャンカラ派の思想と信仰

序章　シャンカラ派研究の視座

一　インド宗教研究とシャンカラ派伝統

シャンカラ派と「語られる」聖典

シャンカラ派の宗教思想は、それが具体化されているさまざまな信仰現象と絶えず不可分に結びついている。信仰現象とはいっても、教義や宗教儀礼などのように、言語や行為によって表現される信仰現象もあれば、宗教絵画や宗教彫刻などのように、非言語的に宗教的マテリアリティとして表現されるものもある。特に信仰の営みにおいて、教義や祈りの言葉がもっている重要な意味あいに目を向けるとき、いわゆる言語がシャンカラ派における宗教思想の主要な表現の媒体であることは明らかである。また、その宗教思想の表現媒体である言語を、その形式の側面から大きく分ければ、次の二つに分類できるであろう。まず、一つは伝統的にシャンカラに帰せられてきた哲学文献や神への信愛を込めた讃詩（バクティ頌 bhakti-stotra）などのように、エクリチュールすなわち「書かれた言語」である。シャンカラ派をはじめ、他のヴェーダーンタ哲学の伝統においては、ヴェーダ聖典、とりわけウパニシャッド聖典は師から弟子へと代々、パロールすなわち「語られる言語」として口頭伝承されてきた。口頭伝承が長年にわたって師と弟子のあいだの「知の伝達様式」であった。ウパニシャッドを含むヴェーダ聖典は本来的に「語られる聖典」という特徴をもってきた。インドの宗教伝統では、聖典は「書かれた」ものではなく「語られる」ものであった。シャンカラ派の場合であれば、シャンカラの聖典注解も代々、パロールとして口頭伝承されてきたが、それらは今日では書物として出版され、いわゆるエクリチュールになっている。さらに、言語のもう一つの形式は、文字にこそ記されてはいないものの、シャンカラ派の人びとが代々、口から耳へと語り伝えてきた民間伝承とか、世代をこえて長年にわたって継承されてきた伝統的慣習である。シャンカラ派の宗教思想は、哲学文献などの書かれた言語において表現されているばかりでなく、民間伝承や伝統的慣習の中にも具体化されている。

本書では、まず、シャンカラ派の具体的な信仰現象および宗教思想を、できるかぎり在るがままに把握しようとする。ここでの研究の意図は、宗教学的パースペクティヴにおいて、インドにおけるシャンカラ派の宗教伝統に見られるさまざまな信仰現象、および、その信仰現象に内在している宗教思想を考察することによって、シャンカラ派信仰の意味構造を明らかにすることにある。シャンカラ派の思想と信仰を研究するとは言っても、およそ一三〇〇年にもわたる伝統をもつシャンカラ派の歴史については、これまでほとんど分かっていない。こうした現況において、本書では、まずはじめに、シャンカラ派伝統の変遷あるいは信仰の様態の変化を、シュリンゲーリにおいて発見された考古学的な史料などの実証的データを手がかりとしながら、可能なかぎり辿ってみたい。そのうえで、シャンカラ派の宗教思想と信仰現象の意味構造に関する考察を進めることにしたい。

少なくとも、一四世紀以後のシャンカラ派の歴史的変遷については、それを再構成できるだけの刻文などの資料が存在しており、ある程度、その歴史的変遷を辿ることができる。しかし、それ以前の歴史的断層を埋めるだけの十分な史料は、現在のところ、見つかってはいない。その点は今後の重要な研究課題の一つである。したがって、ここでは、特に一四世紀以後のシャンカラ派の宗教伝統にみられる宗教思想と信仰を探究することにしたい。

シャンカラの生涯と主要な思想

さて、シャンカラおよびシャンカラ派の思想と信仰に関する考察を始めるまえに、シャンカラ派の宗教伝統の開祖と言われるシャンカラの生涯とその主要な思想について簡潔に記述することによって、シャンカラ派に関する予備的考察を行なっておきたい。インド文化においては、シャンカラの年代および生涯を正確に説明するための史料は存在しない。彼は存在世界の最高実在ブラフマン（すなわち個的存在の本質アートマン）のみが真実であり実在であるという不二一元論（advaita-vāda）を説いたことで知られているが、彼の年代については、いまだに諸説が存在している。今日、インドでは一般的に「西暦七八八―八二〇年」が用いられている。シャンカラ派の総本山のシュリンゲーリ僧院でも、この説が採用されている。ただ、ここではシャンカラの年代に関する諸説を再検討したうえで提唱された中村元博士（一九一二―一九九九）の研究にしたがって、西暦七〇〇―七五〇年頃としておきたい。

シャンカラ　右手は知の印契（ムドラー）、左手は保護の印契をしている。また左手には、ウパニシャッド聖典をもっている。

シャンカラの年代それ自体がこのように議論されている状況であり、シャンカラの生涯についても説明するだけの正確な史料は存在していない。そのために、シャンカラの生涯を語るためには、伝説や逸話に依拠せざるをえない。こうした点は、たとえば、ブラフマンと最高神ヴィシュヌ＝ナーラーヤナとが同一であるという被限定者不二一元論（viśiṣṭādvaita-vāda）を説いたラーマーヌジャ（Rāmānuja 一〇一七―一一三七伝承）であれ、あるいは、ブラフマンと個我、ブラフマンと物質などの別異性が永遠に実在するという二元論

(dvaita-vāda) を説いたマドヴァ派開祖のマドヴァ (Madhva 一二三八―一三一七伝承) であれ、彼らの生涯を語るためには、彼らの生涯に関する伝説的な伝記に依拠しなければならない。

ともあれ、シャンカラの生涯に関する詳しい内容については、本書における考察を読んでいただくとして、ここでは彼の生涯について簡単に述べておきたい。伝説的伝記によれば、シャンカラは南インドのケーララ地方にあるカーラディ村で、ナムブーディリと言われるバラモン階級の子として生まれた。三歳のとき、父親のシヴァグルを失い、その後は、母親のアーリヤーンバーによって育てられた。五歳のとき、ウパナヤナ (入門儀礼) を受けて、師の許でヴェーダ聖典を学習した。そして七歳で、すべての聖典を学習して、一切知者になったという。その後、シャンカラは結婚することなく世俗を捨てて、ゴーヴィンダに師事して出家遊行者になった。ゴーヴィンダは大乗仏教思想の影響を受けたヴェーダーンタ哲学書『マーンドゥーキャ頌』の著者であるガウダパーダ (Gauḍapāda 六四〇―六九〇年頃) の弟子であったと言われている。シャンカラは出家した後、インド中を遊行し、当時、盛んであったミーマーンサー学派の思想家たちをはじめ、多くの思想家たちと議論を繰り広げ、自らの不二一元論思想を広めていったという。彼はまた、東西南北に、すなわち、南のシュリンゲーリ、東のプリー、西のドゥヴァーラカー、北のバダリーナータに、それぞれ僧院を建立したと伝承されている。それら四つの僧院の中で、今日、最も権威をもっているのがシュリンゲーリ僧院であり、シャンカラ派の総本山とみなされている。シャンカラは最後に、ヒマラヤ地方のケーダールナータで、三二歳で亡くなったと言われる。

シャンカラには伝統的に三〇〇以上の著作が帰せられている。シャンカラ派の各僧院の法主が代々、「シャンカラーチャーリヤ」と呼ばれてきたということもあって、どの著作がシャンカラすなわち「初代のシャンカラ」が著したものであるのかは、インド哲学研究の重要な課題の一つである。現在のところ、インド文献学的研究において、シャンカラの真作とされているのは一六点を数える。それらは主著『ブラフマ・スートラ注解』をはじめ、一〇の『ウパニシャッド注解』、『バガヴァッド・ギーター注解』、『ヨーガ・スートラ注解に対する複注』、

『「アーパスタンバ・ダルマスートラ」の「アディアートマン章」への注解』、『マーンドゥーキャ頌注解』、独立した著作『ウパデーシャ・サーハスリー』（「千の教説」）である。ここで注目すべき点は、真作と認められる彼の著作のほとんどが聖典の注解であり、独立した著作は一つだけであるという事実である。この事実は、ヴェーダーンタ哲学がヴェーダ聖典、特にウパニシャッドの解釈学として展開したことを物語っている。

シャンカラが著作において説いた思想は、すでに示唆したように、不二一元論（advaita-vāda）と呼ばれている。シャンカラによれば、存在世界における唯一の真実在はブラフマン（梵）のみである。ブラフマン以外の多様な現象世界は幻妄（māyā）であり、真実には存在しないという。インドにおけるすべての哲学と同様、彼の哲学的思惟も輪廻からの解脱を目指したものであった。不二一元論思想の伝統は、シャンカラ以前に始まっていた。先に挙げたガウダパーダの『マーンドゥーキャ頌』は、幻影主義的な不二一元論を説いた文献であるが、シャンカラはその不二一元論を確立することによって、不二一元論思想をヴェーダーンタ哲学の主流にした。シャンカラが弟子たちに説いた教えは、解脱への手段が存在世界の最高実在ブラフマン（梵）の知識（jñāna）であるというものであった。それは個的存在の本質としてのアートマン（我）が最高実在ブラフマンと同一であるという、「ブラフマンとアートマンの一体性」の知識である。シャンカラは解脱を追求する弟子たちに、この真理を教示するために、「無明」（avidyā）の概念を導入し、ブラフマン（すなわちアートマン）以外のすべての現象が無明による幻妄であって、本質的に実在しないと説いた。

シャンカラ派研究への宗教学的な視座

さて、これまで、シャンカラを開祖とするシャンカラ派の具体的な信仰現象は、インド学などの研究領域において、ほとんど注目されてこなかった。インド学の研究分野においては、シャンカラ研究と言えば、シャンカラの思想に関する文献学的あるいは哲学的な研究であった。そのために、そうした文献学的あるいは哲学的な研究の射程には入ってこないシャンカラ派の具体的な宗教思想と信仰現象は、シャンカラ研究とは関係のないもの、あるいは、たとえ関係しているにしても、学問的に取るに足らないものとして軽視され切り捨てられてきた。ところが一方、これらの信仰現象はインドのシャンカラ派の宗教伝統において、時代をこえて脈々と継承されてきた。

本書では、こうしたシャンカラ派の具体的な信仰現象とそれに伴う宗教思想を、シャンカラの哲学との連関において、宗教学的パースペクティヴにおいて検討する。ここでの基本的な研究テーマはおもに次の点にある。すなわち、シャンカラの不二一元論思想をシャンカラ派の宗教伝統というコンテクストに引き戻して把捉するとき、シャンカラの思想は、彼を開祖とするシャンカラ派の宗教伝統において、どのように受け入れられてきたのか。また、シャンカラ派において尊重されているシャンカラの伝説的伝記をはじめ、シャンカラ派の信仰者たちの信仰告白やフィールドワークをとおして得られた資料にもとづいて、シャンカラ派の具体的な信仰現象を捉えるとき、彼がどのようなイメージで信仰の対象となっているのか。こうしたおもな研究テーマに沿って、シャンカラ派の宗教思想および信仰の意味構造を考察したい。

シャンカラの哲学の文献学的・解釈学的研究では、シャンカラの著作を真作と偽作に識別することが特徴として挙げられる。シャンカラ派の伝説によれば、すでに述べたように、シャンカラは三二歳で亡くなったと言われ、短い人生において、伝統的にシャンカラに帰せられている三〇〇以上の著作を著したという。ところが、それが事実であるかどうかは、はなはだ疑わしい。文献学的に真作と認められるのは、シャンカラの哲学文献だけである。一方、これまでのシャンカラ研究において、偽作として判断されてきたのは、おもに神への信愛を込めた讃詩（bhakti-stotra）である。シャンカラの文献学的・解釈学的研究によれば、シャンカラは解脱の直接的な手段として、存在の本質すなわち最高実在ブラフマンの知識（jñāna）を強調したが、バクティ（bhakti 信愛）を説いたわけではない。このように、わが国や欧米を中心とするシャンカラ研究者のあいだでは、シャンカラの真作と考えられる哲学文献を典拠として、シャンカラ研究が行なわれてきた。

ところが、こうした文献学的研究は、インドにおける伝統的なシャンカラ研究者によって厳しく批判されている。彼らによれば、哲学文献はシャンカラがいわゆる知識層に向けて著したものであるのに対して、バクティ頌は彼が一般の在家信者のために作ったものである。彼が語りかける人びとの対象が異なれば、その内容、表現方法それに語彙も違ってくるのは当然のことであるという。こうした見解はシャンカラ派信仰者の伝統的な理解のしかたでもある。しかし、これまでの文献学的なシャンカラ研究は、シャンカラの「真作」だけに焦点を合わせることによって、後代における偽作であると考えられるバクティ頌にはほとんど注目してこなかった。そのために、シャンカラの文献学的研究は、シャンカラの哲学思想をシャンカラ派というその宗教的なコンテクストから完全に切り離してしまうことになった。文献学的にシャンカラの著作を真作と偽作に分けると、文献学的な地平において捉えられるシャンカラの思想とシャンカラ派の宗教伝統において信じられているそれとのあいだに、大きなずれが生じてくる。

すでに述べたように、シャンカラはシャンカラ派の宗教伝統の開祖としてみなされている。その宗教伝統においては、彼は人びとを救うために生まれた「シヴァ神の化身」(śivāvatāra) であると信じられてきた。彼の哲学文献にしろバクティ頌にしろ、伝統的にシャンカラに帰せられているすべての著作は人びとを救い、あるいは解脱へ導くために、シャンカラが著したものであり、シャンカラ派の信仰者のあいだでは「聖典」として受けとられている。たしかにシャンカラの思想を理解するためには、文献学的にシャンカラの真作と考えられる哲学文献を繙くだけで十分であって、偽作と考えられる讃詩に注目する必要はないかもしれない。しかし、シャンカラ派の宗教思想を理解するためには、シャンカラの著作を、文献学的に真作と考えられる哲学文献だけに限定し、讃詩を偽作として切り捨ててしまうと、現存するシャンカラ派における具体的な信仰現象とそれに伴う宗教思想を理解し切れなくなってしまう。シャンカラ派の伝統において受け継がれてきた伝統的な信仰や慣習がほとんど文献学的な研究の射程に入ってこなくなるためである。宗教学の立場からみれば、この点がシャンカラの文献学的研究における根本的かつ重要な問題点の一つである。一方、文献学的に「偽作」と考えられる著作も宗教学的な視点から捉えなおすと、シャンカラ研究における貴重な資料である。それはシャンカラ派の宗教伝統において、シャンカラの思想がシャンカラ派の信仰者たちによって、どのように受け入れられてきたのか、どのように信じられてきたのかという具体的な信仰現象の一端を示しているからである。

本書は従来のシャンカラ研究の成果を踏まえて、宗教学的な立場から、文献学的研究の成果とともにインドにおける伝統的な研究成果を射程に取り込みながら、シャンカラ研究に新たな宗教学的パースペクティヴを提示しようとする試みの一つである。シャンカラの思想は、シャンカラ派の宗教伝統という具体的なコンテクストへと引き戻して、その宗教的なコンテクストにおいて解釈学的に把握しなおされなければならない。また、シャンカラ派の信仰現象も、宗教学的に明らかにされなければならない。これが本書における著者の根本的な視座である。

最後に、本書の構成について、少し述べておきたい。本書は大きく四部に分かれており、全体で九章から成り立っている。まず、序章の第二節では、本節で論じた問題の所在を補足的に説明するために、従来のシャンカラ研究の主要な状況を辿ることにしたい。そのことによって、本書の研究がシャンカラ研究においてもつと考えられる意義、すなわち位置づけを明らかにできるであろう。

第一部「シャンカラ派の宗教学的研究とその立場」は、第一章と第二章から成る。これら二章は、本書における筆者の根本的立場を論述したものである。第一章においては、著者が立脚する宗教学的パースペクティヴについて論述する。次に第二章では、第一章において論じられた宗教学的パースペクティヴをより明確なものにするために、宗教学的な地平において照らし出されるシャンカラ派の宗教伝統の宗教的コスモロジーの特質を論じる。

第二部「シャンカラ派の宗教思想とその脈絡」は、第三章と第四章の二章から成っている。そのテーマも示唆しているように、おもにシャンカラ派の宗教伝統における信仰現象に具体化される宗教思想の特質をその脈絡（コンテクスト）において明らかにしようとしたものである。まずはじめに第三章は、現代におけるシャンカラ派の信仰現象の様相をより鮮明なものにするために、シャンカラ派の総本山であるシュリンゲーリ僧院の伝承と歴史的変遷を、刻文資料や伝承などをもとに、可能なかぎり辿ろうとするものである。第四章においては、第三章における論述を踏まえて、シュリンゲーリ僧院を中心としたシャンカラ派の伝統の脈絡における「信仰」の概念とその意味内容を明らかにしようとする。

第三部「シャンカラ派における在家信仰とその思想」は三章から構成されており、第二部における考察を踏まえながら、シャンカラ派における在家者の信仰とその思想を究明する。まず第五章においては、シャンカラ派における在家信者の信仰と伝統的慣習について叙述する。その考察を踏まえて、第六章では、特に南インドにおいて、母なる神あるいは知恵の神として広く一般大衆の信仰を集めているシャーラダー神信仰、および、その信仰の中に内在している宗教思想について検討する。さらに第七章では、シャンカラ派の伝統において、シャーラダー神信仰とともに、在家者の信仰を形成するシャンカラーチャーリヤ信仰（あるいは世師信仰）について、伝承などのデータを手がかりとしながら考察し、いわゆるシャンカラーチャーリヤ信仰の思想構造を明らかにしようとする。

さらに、第四部「シャンカラ派の出家遊行とその思想」は二章から成っており、シャンカラ派における出家遊行とその思想を探究するものである。まず、第八章においては、文献学的にシャンカラの真作と考えられる哲学文献やシャンカラの伝説的伝記の記述にもとづいて、出家遊行の生きかたとその思想を考察し、シャンカラ派の伝統において、出家遊行のもつ意味あいを探究する。こうした論述を踏まえて、第九章は近代あるいは現代のシュリンゲーリ僧院における出家遊行者、特にシャンカラーチャーリヤ（シャンカラ派では、「世師《せし》（jagadguru）」と呼ばれる）の出家遊行のしかた、および、その中に込められている宗教思想を考察する。最後に結論では、本書における宗教研究をとおして明らかになるシャンカラ派の宗教思想とその構造を簡潔に論述して、本書の結びにしたい。

二　従来のシャンカラ研究の状況

本節は、従来のシャンカラ研究における主要な研究状況を辿ることによって、前節で論じた問題の所在を補足的に論述するという意味あいをもつ。そこで、これまで蓄積されてきたシャンカラ研究における代表的な研究成果を簡潔に述べ、本書における研究目的とその意義をよりいっそう明確なものにしておきたい。

シャンカラはすでに述べたように、インド思想史における代表的なヴェーダーンタ哲学者であった。彼はヴェーダーンタ学派の中でも、特に不二一元論思想を説いたことで知られる。今日、正統バラモンの学者のうち、その大半の学者はシャンカラ系の哲学伝統に属するとも言われ、現代インドにおいても、彼の哲学思想の影響は依然として大きい。シャンカラの哲学思想については、これまでインドは言うまでもなく、欧米や日本でも、優れた文献学的・解釈学的研究や翻訳研究が刊行されてきた。

従来のシャンカラ研究の主要な状況については、前田専學著「シャンカラ研究の回顧と展望」において、簡潔にまとめられている[(1)]。それによれば、従来のシャンカラ研究の傾向は、その研究の態度・方法論に着目するとき、伝統的方法にもとづく研究、哲学的方法にもとづく研究、さらに歴史的・文献学的方法にもとづく研究という三つに分類される。筆者の分類のしかたも、基本的に前田専學の分類に沿っているが、ここでは便宜的に次の三つに分類したい。すなわち、(1) インド人の研究者による伝統的な哲学思想研究、(2) わが国および欧米の研究者を中心とした文献学的・解釈学的研究、さらに (3) 経験科学的な研究である。

ここで私たちが言う文献学的・解釈学的研究は、言語学的な研究方法を踏まえているという点では、経験科学的研究に含めるべきかもしれない。しかし、インド文献学的研究がこれまで長年のあいだ、歴史学あるいは人類学というような経験科学的研究と明確に区別されてきたこともあり、ここでは両者を分けて取り扱う。また、前田専學の分類でいう、いわゆる哲学的方法にもとづくシャンカラ研究は、文献学的な研究と密接不可分に展開してきたという研究史があり、ここでは文献学的・解釈学的研究のカテゴリーに入れることにしたい。

ところで、シャンカラ研究における経験科学的な研究は、シャンカラの生きた文化や社会の状況を歴史学的な視点から可能なかぎり探究しようとする歴史学的な研究と、現代インドにおけるシャンカラ派の伝統や慣習をフィールドワークなどによって明らかにしようとする、いわゆる人類学的な研究に分けることができる。ともあれ、従来のシャンカラ研究のおもな特徴は、インド人の研究者が従来の伝統的な研究方法を採用しているのに対して、欧米を中心とした研究者のほとんどは文献学的・解釈学的、あるいは経験科学的な研究方法を採用しているという点にある。

(1) インドの伝統的なシャンカラ研究

インドにおけるシャンカラの思想の伝統的な研究は、一言でいえば、インド人研究者が自らの信仰の立場から、シャンカラの著作における哲学思想を理解し、その真理性を確証しようとするものである。こうした研究はシャンカラとともに古く、最も長い伝統と歴史をもっている。シャンカラ派の哲学者たちが著してきた著作はこのカテゴリーに属している。

シャンカラには、三〇〇以上の著作が伝統的に帰せられているが、インド人の伝統的な学者は、それらの著作のすべて、あるいは、それらの著作のほとんどがシャンカラの真作であるとみなしているところに、インドの伝統的なシャンカラ研究の特徴がある。それら伝統的なシャンカラ研究は、西洋的な意味における理性的な哲学研究というよりはむしろ、シャンカラの哲学思想の真理性、あるいは諸『ウパニシャッド』や『ブラフマ・スートラ』さらに『バガヴァッド・ギーター』などの聖典に対するシャンカラの不二一元論的な聖典解釈の正当性、さらには、伝統的にシャンカラに帰せられている、神々への讃詩（bhakti-stotra バクティ頌）がシャンカラの真作であるということを前提として、シャンカラの哲学思想の意味を信仰的かつ思想的に深めようとする。その意味では、インドにおける伝統的なシャンカラ研究は、宗教学の分類によれば、宗教の教えを主体的かつ規範的に理解しようとする、いわゆる「神学」に相当すると言えるであろう。

マハーデーヴァンの研究

インドにおける伝統的なシャンカラ研究については、容易に数限りなく著書や論文を挙げることができる。今日、インド中のどの書店においても、この種の著作が多く並べられている。こうした伝統的な研究を行なってきた現代インド人の学者の中で、代表的な研究者の一人を挙げるとすれば、約三〇年前に亡くなったマドラス大学名誉教授（哲学）のT・M・P・マハーデーヴァン（T. M. P. Mahadevan 一九一一―一九八三）を挙げることができる。彼は国際的にもよく名の知られた哲学者であり、現代インドにおけるシャンカラ派の第一人者であった。マドラス（現在のチェンナイ）に生まれたマハーデーヴァンは、熱心なシャンカラ派の信仰者として育てられ、大学では哲学を学んだ。一九四八―四九年には、米国のコーネル大学から、インド哲学の講座に招かれたこともあり、Institut International de Philosophie の会員として西洋哲学にも精通していた。

マハーデーヴァンは『ガウダパーダ――初期不二一元論の研究』[2]（*Gauḍapāda: a Study of Early Advaita*）をはじめ、シャンカラの不二一元論哲学に関する著作を数多く著したが、それらの主要な著作の中でも、彼の伝統的なシャンカラ研究の姿勢を明示している著作の一つが『シャンカラの讃詩』[3]（*The Hymns of Śaṅkara*）である。この著書は元々、シャンカラ生誕祭（Śaṅkara-jayantī）――シャンカラ派の宗教伝統における最も重要な行事の一つ――の記念として出版されたもので、シャンカラに伝統的に帰せられているバクティ頌とそれらに対する著者の注釈の中から、代表的なものを収録・編集したものである。この著書が取り上げている、シャンカラに伝統的に帰せられているバクティ頌は、『ダクシナームールティ・ストートラ』(*Dakṣiṇāmūrtistotra*)、『グルヴァシュタカ』(*Gurvaṣṭaka*)、『バジャ・ゴーヴィンダム』(*Bhaja Govindam*)、『シヴァーナンダ・ラハリー』(*Śivānandalaharī*)である。これらのバクティ頌のうち、『ダクシナームールティ・ストートラ』以外は、文献学的研究によれば、シャンカラの真作ではないと考えられているが、マハーデーヴァンはこの著書において、伝統的にシャンカラに帰せられてきたこれらのバクティ頌がシャンカラの真作であるとの前提に立って、その内容を不二一元論的な視点から注釈している。

さらにマハーデーヴァンは、伝統的にシャンカラに帰せられてきたバクティ頌の真偽の問題について、次のように述べている。

シャンカラは信仰者たちのために、さまざまな形姿で現われる神を讃える美しい讃詩をつくった。よく知られている讃詩の中には、『シヴァーナンダ・ラハリー』、『サウンダルヤ・ラハリー』、『ハリ・スツティ』それに『ダクシナームールティ・ストートラ』がある。約二二〇もの讃詩がシャンカラの作品であると言われてきた。それらの讃詩のうち、多くの作品はシャンカラの真作ではないと、これまで言われてきた。ところが、そこで挙げられている根拠のうちのいくつかは、どうしても納得することができない。議論によれば、讃詩が「サンサーラ（輪廻）の苦しみに言及し、感情的な言葉でもって、老いの苦痛や家庭での不幸などを悲嘆しているので、シャンカラーチャーリヤはそれらの作者ではなかった」(S. K. Belvalkar) という。それに対する明白な答えは、サンサーラの苦しみを理解するために、自らがサンサーラを体験する必要はないということである。(4)

さらに引き続いて、マハーデーヴァンはシャンカラが讃詩を著した根拠について、次のように論じている。

シャンカラは、この世界に生きているわれわれによって、讃詩が唱えられるようにしたのであり、そのために、われわれが用いたいと思う語りの様式を使ったのである。また、人格神に対する讃詩をつくるというのは、シャンカラにとっては矛盾しているわけではない。それは、不二一元論が反‐有神論すなわち無神論ではないからである。[5]

マハーデーヴァンはこのように述べると同時に、「シャンカラに帰されている讃詩のいくつかは、シャンカラによって作られなかったかもしれない[6]」とも述べ、シャンカラに伝統的に帰せられている讃詩の中には、シャンカラの真作でないものも含まれている可能性を示唆している。ところが、それらがシャンカラが作ったものでないとしても、それらはシャンカラの思想を反映していると考えている。ともあれ、彼のシャンカラ研究には、彼自身のシャンカラ派の信仰が反映していると言えるであろう。

ラーダークリシュナンの研究

マハーデーヴァンとは学的な傾向を異にするが、もう一人、国際的にもよく知られているインド哲学者を挙げておこう。それはサルヴェーパッリ・ラーダークリシュナン（Sarvepalli Radhakrishnan 一八八八―一九七五）である。彼は現代インドにおいて、伝統的なヴェーダーンタ哲学、特にシャンカラの不二一元論思想にもとづいて哲学思想研究を行なった。彼はマドラス・クリスチャン・カレッジに学んだ後、マドラスのプレジデンシー・カレッジで、准教授および教授として哲学を教えた。その後、各大学の教授およびベナレス大学長を歴任し、インドの副大統領、さらに大統領にもなった人物である。彼はインド哲学を西洋哲学と比較検討しながら究明したが、そのことは、世界の哲学者たちがインド哲学に大いに関心をもつ契機になった。その意味では、シャンカラの哲学を世界中へ広めるうえで貢献した。

彼はインドの宗教思想を探究することによって、現実の諸宗教がその分枝にすぎないような「一つの普遍的な宗教」(a universal religion) の必要性を説き、ヒンドゥー教の神でもキリスト教の神でも、またイスラームでもない神でもないような、崇高な神の存在を強調した。彼のこうした考え方それ自体は、シャンカラの不二一元論思想によって貫かれていた。ただし、伝統的な不二一元論思想が現象世界をマーヤー(幻妄)として捉えるのに対して、ラーダークリシュナンは「経験世界が完全なリアリティの形態ではないという理由だけで、それが全く意味のない迷妄であるということにはならない」と解釈し、現象世界を実在として肯定した。この点において、ラーダークリシュナンの思想は、現象世界を幻妄として捉える伝統的な不二一元論思想とは幾分異なっている。[7]

このように、シャンカラの思想に精通していたラーダークリシュナンは、彼の主著の一つである『インド哲学』第二巻 (*Indian Philosophy*, vol.2) において、伝統的にシャンカラに帰せられてきた文献について、次のように述べている。

〔シャンカラ〕学派の中心的な文献は、主要な『ウパニシャッド』、『バガヴァッド・ギーター』それに『ヴェーダーンタ・スートラ』に関するシャンカラの注解書である。『ウパデーシャ・サーハスリー』と『ヴィヴェーカ・チューダーマニ』は、彼の全般的な立場を反映している。『ダクシナームールティ・ストートラ』、『ハリム・イーデ・ストートラ』、『アーナンダ・ラハリー』それに『サウンダルヤ・ラハリー』などの、神への異なった形態に対する庶民向けの讃詩は、生前中のシャンカラの信仰をわれわれに説明しており、神へのシャンカラの信愛を立証している。その他、彼に帰せられている著作は『アープタ・ヴァジラ・スーチー』、『アートマ・ボーダ』、『モーハ・ムドガラ』、『ダシャ・シュローキー』、『アパロークシャーヌブーティ』それに『ヴィシュヌ・サハスラ・ナーマ』の注解書と『サナット・スジャーティーヤ』の注解書である。シャンカラの人格という複雑な織物のたくさんの糸が、彼の諸著作のなかに表現されている。(8)

ラーダークリシュナンは、シャンカラの著作が哲学文献から神々への讃詩にいたるまで、実に多岐にわたっていたと考え、インドにおける伝統的な見解を採用している。そして、マハーデーヴァンと同様、伝統的にシャンカラに帰せられてきた哲学文献ばかりでなく、讃詩もシャンカラの真作であることを認めている。

インドにおける伝統的なシャンカラ研究も、また、欧米の研究者を中心として展開されている精緻な文献学的・解釈学的なシャンカラ研究もともに、主要な『ウパニシャッド』、『バガヴァッド・ギーター』、『ブラフマ・スートラ』に関するシャンカラの注解書、さらに『ウパデーシャ・サーハスリー』が真作であるという点については、共通の理解をもっている。しかし、それが讃詩の真偽性になると、見解は全く対立することになる。シャンカラの讃詩が真作であるか、それとも偽作であるかという問題は、本書で取り上げる現代のシャンカラ派伝統における宗教思想と信仰現象の理解のしかたとも密接に連関してくる。

ここでは問題点を簡潔に記すだけで、これ以上、詳細な議論には立ち入ることはできないが、もしも讃詩がシャンカラの真作であるとすれば、今日、シャンカラ派僧院において、在家信者のあいだで盛んに実践されているバクティの形態は、シャンカラの哲学思想の一端を具体的に反映してきたものであるということになるであろう。ところが、もしも讃詩がシャンカラの真作ではなく偽作であって、後代における著作であるとすれば、今日のシャンカラ派僧院におけるバクティの形態とそれに連関するさまざまな具体的な信仰現象は、文献学的にシャンカラの真作として認められる哲学文献の内容に照らすと、シャンカラの思想から著しく逸脱したものということになってしまう。これまで欧米のインド哲学の研究者たちが、現代のシャンカラ派伝統におけるバクティの重要性にもかかわらず、シャンカラ派の具体的な信仰現象にほとんど関心を示してこなかったのは、こうした文献学的な先入観があったためである。このように伝統的にシャンカラに帰せられてきた讃詩の真偽問題は、現代のシャンカラ派伝統における具体的な信仰現象の評価とも連関する重要な研究課題の一つである。

（2）文献学的・解釈学的なシャンカラ研究

わが国および欧米のインド哲学の研究者を中心とした文献学的・解釈学的なシャンカラ研究は、基本的には、伝統的にシャンカラに帰せられる多くの著作を実証的に真作と偽作に分けたうえで、偽作と思われる著作を排除し、専ら真作と考えられるシャンカラの哲学文献を手がかりとして進められてきた。今日、文献学的にシャンカラの真作と認められている文献は、一〇の主要な『ウパニシャッド注解』[9]（*Upaniṣadbhāṣya*）、『ブラフマ・スートラ注解』（*Brahmasūtrabhāṣya*）、『バガヴァッド・ギーター注解』（*Bhagavadgītābhāṣya*）、それにシャンカラの唯一の独立作品である『ウパデーシャ・サーハスリー』（*Upadeśasāhasrī*）など、一六の著作である。欧米においても日本においても、シャンカラの思想の研究者は、こうした文献学的な研究成果を踏まえて研究を行なっている。したがって、こうした文献学的なシャンカラ研究とインドにおける伝統的なそれとのあいだには、すでに示唆したように、埋めがたい大きなギャップが横たわっている。

文献学的・解釈学的なシャンカラ研究の展開によって、シャンカラの哲学の特徴とその哲学的モチーフ、さらには不二一元論思想の歴史的展開がかなり明らかになってきた。海外における代表的なシャンカラ研究者としては、パウル・ハッカー（Paul Hacker 一九一三―一九七九）、ダニエル・インゴルス、パウル・ドイッセン（Paul Deussen 一八四五―一九一九）などの代表的な研究者がいる。また、ウィルヘルム・ハルブファス（Wilhelm Halbfass 一九四〇―二〇〇〇）やアルブレヒト・ヴェツラー（Albrecht Wezler）などの研究者のほかに、アンドリュー・O・フォート（Andrew O. Fort）、ジョナサン・ベイダー（Jonathan Bader）、トーマス・E・ウッド（Thomas E. Wood）などの中堅のシャンカラ研究者もいる。特にアンドリュー・O・フォートの研究については後述する。

一方、わが国では、中村元、金倉圓照、前田專學という国際的にもよく知られた代表的なシャンカラ研究者のほかに、神館義朗、村上真完、日野紹運、正信公章、島岩などのインド学研究者による優れた著作がある。[10]ここでは、これらのシャンカラ研究の中でも、特に代表的な研究成果に言及しておきたい。

パウル・ハッカーと前田專學の研究

パウル・ハッカーは、シャンカラの思想に関して、いくつかの著作を公にしている。それらの著作のうち、「シャンカラの教説と用語の特徴——無明（avidyā）、名称・形態（nāmarūpa）、幻妄（māyā）、主宰神（īśvara）」というタイトルの論文[11]は、彼の文献学的な研究方法をよく示している。ハッカーは、どのような考え方や用語の使い方がシャンカラの思想に独特なものであるのかを可能なかぎり詳細かつ厳密に規定しようとした。それはシャンカラの著作の真偽性を決定するのに、その点がどうしても不可避的な前提条件であると考えたからである。そこで、シャンカラの主著である『ブラフマ・スートラ注解』の中から、シャンカラの著作が真作であることを判断するための基準として、シャンカラの思想の特質を示す四つの概念、すなわち、「無明」（avidyā）、「名称・形態」（nāmarūpa）、「幻妄」（māyā）、「主宰神」（īśvara）が選び出され、それぞれの概念とその意味内容が検討されている。

また、ハッカーは『シャンカラ師の「ウパデーシャ・サーハスリー」』において、次のようにも述べている。

> 彼〔シャンカラ〕には、とても信じられないぐらいの多数の著作が伝統的に帰せられているので、これらの著作すべてに関して、まずはじめに原則として、彼が〔それらすべての〕著者であることを——その点が研究によって確認されるまで——疑っておくことが得策であろう。また、『ブラフマ・スートラ』に対する彼の注解書（Bhāṣya）が、実際にシャンカラのものであるということを、さしあたって確かなこととして承

認しておくことも得策であろう。けれども、たとえ『ウパデーシャ・サーハスリー』の著者問題に関する研究が、かつて公にされることがなかったとしても、この著作は、おそらくシャンカラのものであろう。この小著の教説は、多くの点においても、シャンカラの直弟子たちの教説とは違っているのに対して、〔シャンカラの〕『ブラフマ・スートラ注解』の教説と本質的に一致している。(12)

このようにハッカーは、シャンカラの主著『ブラフマ・スートラ注解』において、シャンカラの思想を特徴づけている四つの概念におもに依拠しながら、伝統的にシャンカラに帰せられてきた著作の真偽性を確認しようとした。そうした文献学的な基準に照らしてみると、ハッカーが強調しているように、『ウパデーシャ・サーハスリー』（「千の〔詩句〕から成る教え」の意）における思想は、彼の主著『ブラフマ・スートラ注解』におけるそれと本質的に一致している。したがって、『ウパデーシャ・サーハスリー』は「おそらくシャンカラのものであろう」と判断している。ハッカーの文献学的方法論にもとづいて、『ウパデーシャ・サーハスリー』の内容を可能なかぎり厳密に研究調査して、それがシャンカラの真作であることを明らかにしたのは、世界的にもよく知られている前田專學の研究である。

前田專學の研究によれば、『ウパデーシャ・サーハスリー』は「真作であると考え得る唯一の、注釈文献でない、独立した作品(13)」である。この点は次の二つの文献学的方法によって示されている。まず最初の方法は、おもにハッカーによって示された文献学的方法を援用するものである。それはシャンカラの主著『ブラフマ・スートラ注解』におけるシャンカラの思想に特有の四つの概念、すなわち「無明」（avidyā）、「名称・形態」（nāmarūpa）、「幻妄」（māyā）、「主宰神」（īśvara）を基準にして、シャンカラの主著『ブラフマ・スートラ注解』と『ウパデーシャ・サーハスリー』を比較検討するというものである。それと同時に、これら二つの哲学文献において引用されている文献なども比較検討し、『ウパデーシャ・サーハスリー』がシャンカラの真作であることが確認されている。さらに第二の方法とは、他の哲学者たちの著作において、『ウパデーシャ・サーハスリー』が引用されている箇所を検討するというものである。(14)

この『ウパデーシャ・サーハスリー』については、中村元はこの著作がシャンカラの哲学の中核を簡潔に述べている真作であり、「シャンカラの思想を知るためには、とくに重要視されるべき書」であると述べている。(15) また金倉圓照も、この著作はシャンカラの真作の一つであると断定している。その根拠の一つとしては、シャンカラの直弟子の一人であるスレーシュヴァラ (Sureśvara) の著作『ナイシュカルムヤ・シッディ』(*Naiṣkarmyasiddhi*) において、『ウパデーシャ・サーハスリー』が一八回も引用されている事実を挙げている。(16)

前田専學は『ウパデーシャ・サーハスリー』がシャンカラの真作とみなすことのできる唯一の独立著作であると論じ、そのうえで、シャンカラ研究におけるこの著作の重要性を認識しながら、次のように論じている。

従来、シャンカラ研究と言えば、かれの主著『ブラフマ・スートラ注解』にもとづくのが通例であった。それは当然のことではあるが、しかし注釈文献は、あくまでも注釈であるから、どこまでが注釈者本来の思想であるか不明である。しかも『ブラフマ・スートラ注解』は、シャンカラとは本来立場を異にする『ブラフマ・スートラ』を注釈したものであって、注釈者は必然的に原典に制約されている筈である。また『ブラフマ・スートラ』の解釈には長い伝統があって、たとえ自己の意志に反するとしても、それを無視することは注釈者として可成りの抵抗をおぼえた筈である。自分自身の哲学を自由に表現する事は、不可能ではなかったとしても、可成りの困難を伴ったものと推定される。この事は『ブラフマ・スートラ注解』が、シャンカラ自身の思想を知るためには必ずしも適していないことを示唆している。それに反して独立作品では自分の思想をより自由に表現出来る筈であり、この意味において『ウパデーシャ・サーハスリー』は、シャンカラの思想を知るための貴重な文献である。(17)

このように、『ウパデーシャ・サーハスリー』が文献の注釈という制約を受けないで、シャンカラが自分自身の思想を自由に表現した著作であると前田は言う。従来、シャンカラ研究と言えば、おもにシャンカラの主著『ブラフマ・スートラ注解』にもとづいて行なわれていたが、前田は従来のシャンカラ研究とは違って、『ウパデーシャ・サーハスリー』にもとづいたシャンカラ研究を行なったのである。

ダニエル・インゴルスの研究

インド哲学研究において、世界的な碩学であったダニエル・インゴルスは、よく知られた論文「シャンカラーチャーリヤの研究」("The Study of Śaṃkarācārya")の中で、独立作品『ウパデーシャ・サーハスリー』がシャンカラの真作であると言う。彼はこの作品以外に、シャンカラの真作と考えられる著作が聖典の注解であるという点に注目して、シャンカラは自分自身のことを「教師および注釈者」(a teacher and commentator)として考えていたと述べている。[18] 西洋においては、とかく文献の注解といえば、オリジナリティと想像力を欠いた単なる解説のように考えられているきらいがあるが、インドにおいては、オリジナリティと想像力に富んだ著作は、文献の注解というスタイルで著されてきた。なるほど形式的には、文献の注解であるために、著者はオリジナリティを隠そうとするが、それにもかかわらず、注解の中には、知らず識らずのうちに著者のオリジナルな思想が表現されているという。インゴルスは次のように述べている。

彼［シャンカラ］は長い伝統に従ってはいるが、伝統を彼の目的に全くたやすく合わせている。そこで、彼は根本的な文献について、私たちを教化しているばかりでなく、私たちに対して、彼自身の新たな洞察を与えてくれている。[19]

このような基本的な立場に立つインゴルスは、シャンカラ研究において、伝統的な方法でも哲学的なものでもない「歴史的な方法」(the historical method) を採用した。彼が言う「歴史的な方法」とは、まずはじめに、シャンカラの著したオリジナルな著作と後代に添加されたものとを識別することである。その際、基準となるべきシャンカラのオリジナルな著作は、インゴルスの文献学的研究によれば、『ブラフマ・スートラ注解』、『ブリハッド・アーラニヤカ・ウパニシャッド注解』、『タイッティリーヤ・ウパニシャッド注解』、それに独立作品『ウパデーシャ・サーハスリー』の四つの著作である。特に『ブラフマ・スートラ注解』は、ヴェーダーンタの問題を体系的に探究しようとする試みであるという。こうした基準にもとづいて検討すると、シャンカラ派において、シャンカラの真作として伝統的に尊重されてきている『ヴィヴェーカ・チューダーマニ』(*Vivekacūdāmaṇi*) は偽作ということになるし、『バガヴァッド・ギーター注解』は真作ということになる。また、シャンカラが讃詩を書いた可能性について、インゴルスは否定こそしていないが、次のような基本的な考え方を述べている。つまり、シャンカラが著作全般にわたって、saccidānanda brahma (ブラフマンは有・知・歓喜である) を論じているのに、讃詩において、他の二つの形容辞を犠牲にしてまでも、ānanda (歓喜) を絶えず強調しているとすれば、それはシャンカラの真作ではない、というものである。

シャンカラ研究における第二のポイントは、シャンカラが述べた事柄のうち、シャンカラにおいてオリジナルなものは、ほんの一部分にすぎないということである。シャンカラの注解のほとんどは、彼以前の学者が述べたことをただ単に繰り返したにすぎない。したがって、シャンカラの思想に関する歴史的な研究を行なう者は、シャンカラの思想の中でも、どの部分がシャンカラに特有なものであるのかに焦点を合わせて研究しようとする。こうした研究成果にもとづいて、歴史的な研究における最後の段階として、シャンカラにおいてオリジナルな側面を、シャンカラ以前あるいは以後の哲学および宗教の流れと比較することになる。このようにしてはじめて、シャンカラの歴史的な重要性が明らかにできるとインゴルスは考えた。

インゴルスによれば、シャンカラのオリジナルな哲学的な貢献は「無属性ブラフマンの概念」（the concept of qualityless brahma）であった。ある意味では、この概念はすでにウパニシャッドに見られるものであるが、この概念の哲学的な論理展開がはじめて出てくるようになるのは、シャンカラの思想においてである。それに対して、シャンカラの思想のうち、その他の側面はたいてい、別々に取り上げるならば、シャンカラ以前に見られたものであるという。

金倉圓照および中村元の研究

まずはじめに、金倉圓照のシャンカラ研究から考察しよう。金倉はシャンカラの主著『ブラフマ・スートラ注解』の和訳（『シャンカラの哲学』上・下、春秋社）によってよく知られている。彼によれば、シャンカラ研究においては、ドイッセンが行なった『ブラフマ・スートラ注解』に限定した研究だけでは不十分であり、シャンカラの『ウパニシャッド注解』の中で、最も重要な著作、すなわち『ブリハッド・アーラニヤカ・ウパニシャッド注解』の研究も必要であるという。彼の『吠檀多哲学の研究』（一九三二年）は、従来ほとんど研究されていなかったシャンカラの『ウパニシャッド注解』に焦点を合わせて研究することによって、シャンカラ研究に新たな領域を拓いた。

まず、金倉はシャンカラの著作に対する標準となるべき注釈の有無によって、シャンカラの著作を分け、さらにそれらの著作を比較研究して、シャンカラの著作を三群に分類している。つまり、シャンカラの著作の中で、最も古い注釈が加えられているもの（第一群）は、シャンカラの基本的な作品として重要視されるべきである。また、比較的に新しい注釈だけが加えられているもの（第二群）は、その次に重要なものであり、さらに、それら二群以外のもの（第三群）は第三次的に重要なものである。それらは次のように分類されている。[20]

第一群　スレーシュヴァラの評釈（Vārttika）の存在するもの、すなわち、『ブリハッド・アーラニヤカ・ウパニシャッド注解』、『タイティリーヤ・ウパニシャッド注解』、その他、二、三の小品。
第二群　アーナンダギリ（あるいはアーナンダジュニャーナ）の註 Ṭīka の存在するもの、すなわち、『チャーンドーギヤ・ウパニシャッド注解』など。
第三群　前記以外のもの。

第一群の中では、特に『ブリハッド・アーラニヤカ・ウパニシャッド注解』が、質と量のうえから、きわめて重要なものである。金倉圓照はこの『ブリハッド・アーラニヤカ・ウパニシャッド注解』を中心として、シャンカラの思想研究を行なった。彼はシャンカラのウパニシャッド注解の特徴について、次のように述べている。

Bhāṣya はウパニシュアヅ（Upaniṣad）本文の言々句々に、忠実な解釈を施すといふよりも、寧ろ本文に現れる何等かの機会を捕へて、其に多少の連関ある内外の異端邪説を排撃し終らねば止まない点に論述の重心を置くことは、恰も Brahmasūtrabhāṣya に於けるが如くである。[21]

また金倉によれば、シャンカラは「彼以前に成立してゐた学説を、殆ど無条件に採用したに過ぎない」し、「其の解釈に於いても、彼独特のものとして、特筆大書すべきものが存するとも考へられない」。ところが、「唯だ彼が、世界の生成や、輪廻に関する説は、之を俗諦門に入るべきであるとなし、之に対立して真諦門を立てた点は、吠檀多学派に、一の新方面を開いたと、見らるべき処であつて、此の点は、彼の特異性として、注意せらるべきであると思ふ」という。[22]つまり、二重真理の立場は、すでにガウダパーダにおいて認められ、大乗仏教におけるナーガールジュナ（龍樹）にも存在していたし、古ウパニシャッドにもその源流はみられるものであり、「必しもシァンカラの独創にのみ由るものとは言へないであろう」。しかし、「巧に之を吠檀多学派に羅織し、以て幾多の問題を解決し、特色ある解釈に依つて、此の学派に理論的基礎を置いた点は、何人も否定し得ない彼の功績であつて、後世に及した影響から見ても、この点は、印度哲学思想の発達に於て、到底看過することのできない、重要性を有するものと信ずるのである」と論じている。[23]

中村元のシャンカラ研究の成果は、論文として挙げると多数にのぼるが、それらの内容は『シャンカラの思想』（岩波書店、一九八九年）にまとめられている。彼はシャンカラの思想を詳細に検討することによって、シャンカラの思想には、彼自身の独創的な思想というものはほとんどないし、また若干の教義綱要書以外には、体系的な思索を述べてはいないと論じている。つまり、中村によれば、シャンカラは、いわば「従前から存してゐた不二一元説の綜合集成者」であり、「独創的な思想家として偉大であつたといふよりもむしろ注釈学者として偉大であつた」のである。[24]ともあれ、シャンカラは、強靭な思索と鋭い論理を展開した点において、インド哲学史上に独自の地歩を確保しているという。

シャンカラには、伝統的に多数の著作が帰せられてきたが、それは中村（『シャンカラの思想』）によれば、次の二つの理由に帰着するという。すなわち、（1）「『シャンカラ』という同名の他の著者が幾人も存在していた」ということと、（2）「インドでは一般に後世の人が自分の著書の権威を高めるために過去の偉大な学者に仮託する傾向があり、そのために偽作が多く現われる」ということである。それでは、シャンカラの真作か否かを判断する基準はなにかといえば、それは『ブラフマ・スートラ注解』であり、その内容に矛盾しないものがシャンカラの真作であるという。しかし、中村はシャンカラの著作として伝えられる多数の著書を列挙したうえで、次のように述べている。

以上に列挙した多数の書がシャンカラの真作かどうかということについては、従来の学界における（とくに西洋人学者の）諸研究にしたがった。しかし現在のわたくしは西洋人の学者の手法に大いに疑問をもっている。

西洋人の宗教常識によると、同一人が同一時にカトリック教徒であり、またプロテスタントであることは許されない。その常識をインド思想の研究に持ち込もうとする。矛盾律がきびしく適用される。ところがインド人の宗教常識によると、それが許される。宗教の教えというものは絶対者に近づくための方便であり、仮りのものであると考えるから、宗教信仰や教義における矛盾の存在を容認する。[25]

このように中村は晩年、シャンカラの哲学研究において従来、採用されてきた文献学的手法に懐疑的であることを述べているが、この指摘はインド思想の特徴を理解するうえで注目に値する。

ともあれ、シャンカラの思想に関する文献学的・解釈学的研究において、先駆的な研究を行なったのは、ドイツのインド学者パウル・ドイッセンや近代宗教学の祖といわれるマックス・ミュラーであった。ドイッセンはシャンカラの哲学文献を直接、原典で読んだ。ニーチェによれば、彼はシャンカラの哲学をその内面から理解しようとした最初のヨーロッパ人であった。ドイッセンは主要な『ウパニシャッド』と『ブラフマ・スートラ注解』の全訳を行ない、シャンカラの哲学思想の体系を明らかにしようとした。また、マックス・ミュラーはすでに示唆したように、東方聖典叢書（The Sacred Books of the East）五〇巻（一八七九―一九〇四）の編集ばかりでなく、『リグ・ヴェーダ』の校訂、さらにウパニシャッドの翻訳や『インドの六派哲学』（*The Six Systems of Indian Philosophy*）などの著作によって、インド哲学研究の進展に大いに寄与した。[26] こうしたことからシャンカラの哲学は、インドの代表的な哲学として西洋社会へ紹介されることになった。

そのほか、ルードルフ・オットー（Rudolf Otto 一八六九―一九三七）によるシャンカラの思想研究も注目すべきであろう。オットーは特に『西と東の神秘主義』（*West-östliche Mystik*）において、シャンカラの思想と中世キリスト教における神秘思想家であるマイスター・エックハルトの思想を比較検討することによって、その類似点と相違点を明らかにした。[27] さらに、エリオット・ドイッチ（Eliot Deutsch 一九三一―）が文献学的な成果を踏まえて、シャンカラの哲学を西洋哲学の立場から再構成しようとしたことも注目に値する。[28] ドイッチにとってヴェーダーンタ哲学研究は、一つの比較哲学の試みであった。

（3）経験科学的なシャンカラ研究

経験科学的なシャンカラ研究において、特に歴史学的な研究は、文献学的にシャンカラの真作と考えられる哲学文献や彼の前後の哲学者の著作における記述を手がかりに、それらの中に出てくる地名などから、シャンカラをはじめとするヴェーダーンタ哲学者の活躍した年代などを特定し、シャンカラの歴史的あるいは社会的コンテクストを明らかにしようとするものである。こうした研究書として、国際的にもよく知られている代表的なものは、中村元『初期ヴェーダーンタ哲学史』（全四巻、岩波書店、一九五〇―五六）である。この研究は文献学的あるいは哲学思想的な研究として高い評価を得ている。それら全四巻とは『初期のヴェーダーンタ哲学』、『ブラフマ・スートラの哲学』、『ヴェーダーンタ哲学の発展』、さらに『ことばの形而上学』である。[29]

シャンカラを中心とした諸哲学者の生存年代に関する中村の厳密な歴史学的な研究（『初期のヴェーダーンタ哲学』六三―一二二頁）によって、すでに示唆したように、シャンカラの生存年代は七〇〇―七五〇年頃であったことが明らかになった。今日、シャンカラのこの生存年代は、インド哲学者のあいだでも次第に認容されてきている。また、文献学的にシャンカラの真作と考えられる哲学文献においては、彼は一般民衆を無視して、おもに上層の知識階層、特にバラモン階級を対象として教えを説いていたことなども明らかになっている。[30]

さらにインドの伝統的な研究と文献学的・解釈学的な研究を架橋する可能性をもつ研究として、シャンカラの哲学に関する人類学的・民俗学的な研究を挙げることができるであろう。それはシャンカラの哲学思想が実際にヴェーダーンタの宗教伝統における人びとのあいだで、どのように受け入れられてきたのか、あるいは、シャンカラ僧院の世師すなわちシャンカラーチャーリヤがどのようにシャンカラの哲学を人びとに説いているのかなどを、フィールドワークをとおして明らかにしようとするものである。こうした研究は現地の人びとと生活を共にしながら、その宗教や生活慣習を記述しようとする特徴をもつが、そうした研究としては、たとえば、ウィリアム・センクナー（William Cenkner 一九三〇—二〇〇三）の研究を挙げることができる。センクナーはシャンカラ派僧院の世師、すなわちシャンカラーチャーリヤへのインタビューをとおして、現代のシャンカラ派伝統において、シャンカラの哲学がいかに理解されているのかを明らかにしている。(31) またリーラ・プラサード（Leela Prasad）は宗教民俗学的な視点から、シャンカラ派の総本山、シュリンゲーリ僧院が伝統的な信仰や儀礼に関して、シュリンゲーリの人びとといかに関わっているのかを考察している。(32)

以上、シャンカラ研究におけるおもな研究状況を、インド人の研究者による伝統的な哲学思想研究、わが国および欧米の研究者を中心とした文献学的・解釈学的研究、それに経験科学的な研究という三つに分類して考察してきた。これら三つに分類することのできる研究成果を見るとき、すでに示唆したように、伝統的な研究と文献学的・解釈学的なそれとのギャップの大きいことが明らかである。こうしたギャップをどのように埋めるのかは、今後のシャンカラ研究における大きな研究課題であろう。

そうした中で一九九〇年代以後、文献学的・解釈学的な研究方法とフィールドワークによる人類学的な研究方法を結びつけようとする新たな研究動向がみられるようになった。たとえば、ヴェーダーンタ哲学者のアンドリュー・O・フォートは、ヒンドゥー教の伝統的な「生身解脱」（jīvanmukti）の思想を、ヴェーダーンタ哲学書によって解釈学的に明らかにするとともに、人びとによって「生身解脱者」として信じられているシャンカラ派僧院のシャンカラーチャーリヤへのインタビューをとおして、現代のヴェーダーンタ伝統における「生身解脱」の意味を探究している。[33] また筆者は、シャンカラの哲学の文献学的・解釈学的な研究を踏まえながら、シャンカラの伝説的伝記の分析やシャンカラ派僧院におけるフィールドワークによって、シャンカラを開祖とするシャンカラ派伝統において、シャンカラの哲学が救済（あるいは解脱）のための教義として信じられている具体的な信仰現象を宗教学的な視座から探究してきた。[34] 筆者の研究は、宗教学的な地平において、文献学的研究とともに伝統的な研究成果を考慮に入れながら、こうしたギャップを埋めようとする意味論的な試みの一つである。さらに、筆者のハーバード大学における後輩に当たるジョエル・アンドレ＝ミシェル・デュボア（Joël André-Michel Dubois）は、センクナーと筆者のシャンカラ研究を踏まえながら、一九九八―九九年にシュリンゲーリ僧院に滞在してフィールドワークを行ない、シャンカラの哲学と現代のシャンカラ派伝統の関わりを考察した。[35]

ここでは最後に、筆者のシャンカラ研究における問題意識と連関した、文献学的に特に重要な研究視座に言及して、この節の結びとしたい。現代の文献学的なシャンカラ研究の状況を宗教学的パースペクティヴから眺めるとき、W・ノーマン・ブラウン（W. Norman Brown）の、インド思想史的な視座を踏まえた文献学的研究はきわめて注目に値する。彼は伝統的にシャンカラに帰せられてきたバクティ頌『サウンダルヤ・ラハリー』（*Saundarya-laharī*）を取り上げて、その内容を検討している。そのバクティ頌は、シャンカラ派の伝統において、大変尊重されているが、そのバクティ頌は文献学的にみれば、シャンカラの生きた時代には、いまだに展開していなかったタントラ思想の影響を強く受けており、シャンカラの生きた年代よりもずっと後の偽作である。[36] このノーマン・ブラウンの研究業績は、シャンカラの文献学的な研究が決して特定の文献だけの言語解釈的な研究にとどまることなく、そうした研究の中へとインド思想史的な視点を導入すること、すなわち、伝統的にシャンカラに帰せられている文献の内容をインド思想史の中に位置づけて捉えることの重要性を示唆している。とりわけ、シャンカラ派信仰現象の宗教学的な視点から捉え直せば、ブラウンの研究は、伝統的にシャンカラに帰せられてきたバクティ頌『サウンダルヤ・ラハリー』が、シャンカラ派の宗教伝統における具体的な信仰の変容の一端を示す貴重なデータの一つであることを明示している。つまり、シャンカラの生存年代よりも後代の偽作を、シャンカラの真作ではないということで、研究対象の中から除外してしまうのではなく、むしろそれらの文献もシャンカラ派の宗教伝統における具体的な信仰現象を示す資料としてみなし、本書では研究資料の一つに取り込んで考察を進めたい。

また、シャンカラの文献学的研究においては、シャンカラの真作であると考えられる主要な注解書とともに、彼の独立作品『ウパデーシャ・サーハスリー』も尊重される。この点は最近のシャンカラの思想研究における注目すべき特徴の一つである。『ウパニシャッド』や『ブラフマ・スートラ』への注解書もシャンカラの真作ではあるものの、すでに引用した前田専學の『ヴェーダーンタの哲学』によれば、「注釈文献は、あくまでも注釈であるから、どこまでが注釈者本来の思想であるか不明である。〔中略〕それに反して、独立作品では自分の思想をより自由に表現出来る筈」である。こうした視点から、特に前田専學はシャンカラの思想を理解するにあたり、『ウパデーシャ・サーハスリー』を主要な研究文献としている。従来のシャンカラの文献学的研究によれば、すでに述べたように、シャンカラの思想の独自性は、彼の注解書における論議の中では、ほんのごく一部分であって、ほとんどの部分は彼以前にみられた思想をただ単に繰り返したものにすぎないと考えられてきた。

ところが、たとえば、シャンカラの『ブラフマ・スートラ注解』一つを繙いてみても、それはただ単なるテクストの注釈書ではない。その中には、シャンカラの独自な哲学的思惟が聖典解釈をとおして織りこまれている。シャンカラはインドの伝統的な形式にしたがって注解書を著したが、それらの中に、おのずと彼独自の思想が表現されている。インゴルスの指摘を待つまでもなく、シャンカラの注解書は彼のオリジナリティと想像力に富んだ著作になっている。こうしたヴェーダーンタ哲学の聖典解釈学的な特質は、従来の文献学的な研究において見過ごされてきた重要な点の一つである。こうした観点に立って、本書においては、シャンカラの思想をその宗教的なコンテクストに引き戻して把握しながら、シャンカラの注解文献にみられる彼独自の哲学的思惟を宗教学的に考察したい。

註

(1) 前田專學「シャンカラ研究の回顧と展望」(佐伯富ほか『学問の山なみ(3)』日本学術振興会、一九九三年)、二〇―三六頁。Cf. Daniel H. H. Ingalls, "The Study of Śaṃkarācārya," *Annals of the Bhandarkar Oriental Research Institute*, vol.XXXIII, 1952, pp.1–4. 前田專學はアメリカのインド哲学者で優れたシャンカラ研究者であったインゴルスの研究を援用して、従来のシャンカラ研究のあり方を分類している。

(2) T. M. P. Mahadevan, *Gauḍapāda: a study in early Advaita* (Madras: University of Madras, 1952).

(3) T. M. P. Mahadevan, *The Hymns of Śaṅkara* (Delhi: Motilal Banarsidass, 1980).

(4) T. M. P. Mahadevan, *Sankaracharya* (New Delhi: National Book Trust, 1968), p.48.

(5) Ibid. また、マハーデーヴァン教授が亡くなるまえに、筆者が行なったインタビュー(一九八二年一二月一〇日)において、同教授は、欧米の研究者によるシャンカラ研究が「シャンカラーチャーリヤのバクティ頌を切り捨てて行なわれている」と批判した。さらに、そういう研究では、「知識の訓練(jñāna gymnastics)にはなるとしても、シャンカラの哲学を理解することはできない」と述べ、欧米における文献学的な研究のあり方が「学問的な偏向」(academic bias)にもとづいて行なわれていることが残念である、と指摘した。

(6) Ibid., p.49.

(7) S. Radhakrishnan, *Eastern Religions and Western Thought* (London: Oxford University Press, 1939), p.86. Cf. S. Radhakrishnan, *Religion and Culture* (Delhi: Hind Pocket Book, 1968).

(8) S. Radhakrishnan, *Indian Philosophy* (London: George Allen & Unwin, 1923), vol.II, pp.450-451.

（9）シャンカラの真作と考えられる一〇の主要な『ウパニシャッド注解』とは、『ブリハッド・アーラニヤカ・ウパニシャッド注解』、『チャーンドーギヤ・ウパニシャッド注解』、『アイタレーヤ・ウパニシャッド注解』、『タイッティリーヤ・ウパニシャッド注解』、『ケーナ・ウパニシャッド注解』、『イーシャー・ウパニシャッド注解』、『カタ・ウパニシャッド注解』、『ムンダカ・ウパニシャッド注解』、『プラシュナ・ウパニシャッド注解』、『マーンドゥーキヤ・ウパニシャッド注解』である。しかし、伝統的にシャンカラに帰せられてきた『シュヴェーターシュヴァタラ・ウパニシャッド注解』は、おそらく偽作であると考えられる。前田專學『ヴェーダーンタの哲学——シャンカラを中心として』（サーラ叢書24）、平楽寺書店、一九八〇年、七五頁を参照。Cf. Paul Hacker, "Śaṅkarācārya and Śaṅkarabhagavatpāda," *New Indian Antiquary*, vol.IX (1947), pp.182-183.

（10）ここでは、これらのシャンカラ研究者のごく一部の著作を挙げるだけであるが、シャンカラの思想に関する研究史および現況の詳細については、前田專學「シャンカラ研究の回顧と展望」のほかに、中村元『シャンカラの思想』（岩波書店、一九八九年）、九二—一一一頁を参照されたい。また、わが国におけるシャンカラの思想の研究については、Sengaku Mayeda and Junzo Tanizawa, "Studies on Indian Philosophy in Japan 1963-1987," *Acta Asiatica* (*Bulletin of the Institute of Eastern Culture*) 57, 1989, pp.90-97 を参照されたい。

Cf. W. Halbfass, *Studies in Kumārila and Śaṅkara* (Reinbek: Verlag für Orientalistische Fachpublikationen, 1983); A. Wezler, "Philological Observations on the So-Called Pātañjala yogasūtrabhāṣyavivaraṇa," *Indo-Iranian Journal* 25, 1983.

Andrew O. Fort, "Beyond Pleasure: Śaṅkara on Bliss," *Journal of Indian Philosophy* 16, 1988; A. O. Fort, "Knowing Brahman While Embodied: Śaṅkara on Jīvanmukti," *Journal of Indian Philosophy* 19, 1991; Jonathan Bader, *Meditation in Śaṅkara's Vedānta* (New Delhi: Aditya Prakashan, 1990); Thomas E. Wood, *The Māṇḍūkya Upaniṣad and the Āgama Śāstra: An Investigation into the Meaning of the Vedānta*, Monographs of the Society for Asianand Comparative Philosophy no.8 (Hawaii: University of Hawaii Press, 1990).

ここでは、代表的な研究論文あるいは著書のみを挙げておく。神館義朗「シャンカラの二つの立場」『八戸高専紀要』一一号、一九七六年。

村上真完「真実は語られるか——ウパニシャッドを出発点として」『印度哲学仏教学』第九号、一九九四年、および、同

『インド哲学概論』平楽寺書店、一九九一年。

日野紹運「ヒンドゥー教の宗教世界――ヴェーダーンタ学匠の教説をめぐって」『Saṃbhāṣā』五、一九八三年。

正信公章「Śaṃkara の Brahmasūtra 注解における Brahman 概念の実質」『印度学仏教学研究』第三三巻第二号、一九八五年。

島岩「シャンカラにおける解脱への道とその理論的根拠」『日本仏教学会年報』四五、一九七七年、および、同「不二一元論学派における解脱への道」『宗教研究』二六九号、一九八六年、さらに同『「バーマティー」の文献学的研究』東京外国語大学アジア・アフリカ言語文化研究所、二〇一二年。

(11) Paul Hacker, "Eigentümlichkeiten der Lehre und Terminologie Śaṅkaras: Avidyā, Nāmarūpa, Māyā, Īśvara," *ZDMG* 100 (1950), pp.246-286; Paul Hacker, *Kleine Schriften* (Wiesbaden: Franz Steiner Verlag GMBH, 1978), pp.69-109.

(12) Paul Hacker, *Upadeshasāhasrī von Meister Shankara* (Bonn: Ludwig Rohrscheid Verlag, 1949), p.7.

(13) 前田専學『ヴェーダーンタの哲学』七五頁。

(14) Sengaku Mayeda, *Śaṅkara's Upadeśasāhasrī*, ciritically edited with introduction and indices (Tokyo: The Hokuseido Press, 1973), pp.22-64.

(15) 中村元『シャンカラの思想』五八―五九頁。なお、中村元『初期のヴェーダーンタ哲学』一〇二頁以下も参照されたい。

(16) 金倉圓照『吠檀多哲学の研究』岩波書店、一九三二年、三〇六―三〇七頁参照。Cf. *The Naiṣkarmya-siddhi with the Candrikā of Jñānottama* (Bombay Sanskrit and Prakrit Series No.XXXVIII, 1925), pp.293-295.

(17) 前田専學『ヴェーダーンタの哲学』八三―八四頁。

(18) Daniel H. H. Ingalls, "The Study of Śaṃkarācārya," *Annals of the Bhandarkar Oriental Research Institute*, vol.XXXIII, 1952, p.3. インゴルスによれば、シャンカラは、いわゆる哲学者というよりはむしろ、宗教的な意味において、人びとを解脱へと導く教師であった。その点に関する論述については、Daniel H. H. Ingalls, "Śaṃkara on the Question: Whose Is Avidyā?" *Philosophy East and West*, vol.3 (1953), no.4, p.72. を参照されたい。

(19) Ibid.

(20) 金倉圓照『吠檀多哲学の研究』一四―一五頁。

(21) 同上書、九一一〇頁。
(22) 同上書、二二七―二二八頁。
(23) 同上書、二二八―二二九頁。
(24) 中村元『ことばの形而上学』(第三刷) 岩波書店、一九八一年、四二〇―四三八頁。
(25) 中村元『シャンカラの思想』岩波書店、一九八九年、九〇―九二頁。シャンカラの哲学への方法論的再検討の必要性については、拙論「シャンカラの哲学への宗教学的視座」『印度学仏教学研究』第六一巻第二号、二〇一三年を参照。
(26) Paul Deussen, *Das System des Vedānta* (Leipzig: Brockhaus,1883). Friedrich Max Müller, *The Six Systems of Indian Philosophy* (New York: Longmans, Green, and Co., 1899).
(27) Rudolf Otto, *West-östliche Mystik: Vergleich und Unterscheidung zur Wesensdeutung* (Gotha: L. Klotz,1926); *Mysticism East and West: A Comparative Analysis of the Nature of Mysticism*, translated by Bertha L. Bracey and Richenda C. Payne, (New York: Collier Books, 1962).
(28) Eliot Deutsch, *Advaita Vedānta* (Honolulu: East-West Center Press, 1969).
(29) 中村元『初期ヴェーダーンタ哲学史』全四巻、岩波書店、一九五〇―五六年。Cf. Hajime Nakamura, *A History of Early Vedānta Philosophy*, Part. One, (Delhi: Motilal Banarsidass, 1983); *A History of Early Vedānta Philosophy*, Part Two, (Delhi: Motilal Banarsidass, 2004).
(30) 中村元『シャンカラの思想』一二五―一二七頁。
(31) William Cenkner, *A Tradition of Teachers: Śaṅkara and the Jagadgurus Today* (Delhi: Motilal Banarsidass, 1983).
(32) Leela Prasad, *Poetics of Conduct: Oral Narrative and Moral Being in a South Indian Town* (New York: Columbia University Press, 2007).
(33) Andrew O. Fort, *Jīvanmukti in Transformation: Embodied Liberation in Advaita and Neo-Vedanta* (Albany: State University of New York Press, 1998).
(34) Cf. Yoshitsugu Sawai, *The Faith of Ascetics and Lay Smārtas: A Study of the Śaṅkaran Tradition of Śṛṅgeri*, Vienna: Sammlung de Nobili, Universität Wien, 1992. 拙論「シャンカラの哲学への宗教学的視座」『印度学仏教学研究』第六一巻第二号、二〇一

三年、二五八—二六五頁。

(35) Joël André-Michel Dubois, *The Hidden Lives of Brahman: Śaṅkara's Vedānta through His Upāniṣad Commentaries, in Light of Contemporary Practice,* (Albany: State University of New York Press, 2013).

(36) Norman W. Brown, ed. and trans., *The Saundaryalaharī or Flood of Beauty, traditionally ascribed to Śaṅkarācārya*, Harvard Oriental Series, vol.43 (Cambridge: Harvard University Press, 1958).

第一部　シャンカラ派の宗教学的研究とその立場

第一章　宗教学的パースペクティヴ

本章においては、本書が考察するシャンカラ派の宗教伝統における信仰現象について、さらにその信仰現象に具体化している、あるいは内在している宗教思想について研究を進めていくうえで、筆者が立脚する根本的立場を論述しておきたい。筆者の根本的立場は宗教学であるが、筆者がどのような意味で宗教学の視座に依拠しているのか、その立脚している宗教学的パースペクティヴを明らかにしておきたい。

一　方法論的な地平

信仰の本質とその探究

ここで言う宗教学的パースペクティヴとは、信仰現象それ自体へと迫り、信仰現象それ自体に根ざした適切な視座を見いだしながら、信仰の本質的なあり方、あるいは意味構造を探究する学的態度のことである。信仰現象それ自体へと迫るということは、具体的には、シャンカラ派伝統の思想と信仰において、信仰の担い手がどのような信仰的な志向性をもっているのかを、できるかぎり在るがままに探究することを意味する。(1)

すでに序章において論じたように、これまで欧米の研究者を中心として進められてきたシャンカラ研究は、文献学的・解釈学的な方法によって、シャンカラ派信仰現象を一つの方法論的な先入見にもとづいて軽視あるいは無視してきたきらいがあった。それは遠隔疎遠な文化圏への学的関心の中だけで展開し、そのために、ある意味では、具体的な信仰現象の事実性から汲みあげられるべき信仰のリアリティへの通路を塞いできた。ここでの宗教学的研究は、まずはじめに、こうした文献学的・解釈学的な研究成果に目配りしながらも、その視座への全面的な依存から距離を置くことから始まる。そのことによって、シャンカラ研究において、従来のパースペクティヴが解きほぐされ、私たちの知の地平は信仰のリアリティへと引き戻され、信仰の事実に即した地平が次第に開示される。その意味において、宗教学はまさに信仰現象の学であると言えるであろう。それと同時に、信仰の事実性に即しながらも、あくまでもその本質的なあり方を探究する点では、信仰の本質学であるし、さらに信仰の事実性から出発するという点からみれば、それは信仰の事実学でもある。

具体的な信仰現象それ自体は、それに関する学的考察に先立って、すでに実際に存在する所与の事実である。したがって、さまざまな信仰現象、および、それらの中に具体化されている宗教思想を理解しようとする宗教学者は、根本的に信仰の具体的な事実性へ立ち帰らなければならない。信仰の事実性にもとづいていなければ、その信仰あるいはそれらを特徴づけている宗教思想を理解することはできない。もしも信仰の理解が、信仰の担い手によって生きられてきた、あるいは生きられている信仰の事実性にもとづいたものでなければ、その信仰の理解のしかたは、不自然であり的外れなものになってしまう。信仰の本質的なあり方は、その具体的な現象の中に見いだされる。いかなる信仰現象も、いわば複雑に織りだされた一つの織物であり、また、それは絶えず織り変えられていく織物でもある。たとえ合理的あるいは経験科学的には信じられないような現象であったとしても、それらは信仰現象という一つの織物を構成する重要なモチーフであり、研究者の先入見によって切り捨てることのできない要素である。

「文化的無意識」と信仰現象の理解

信仰の具体的な事実性へ立ち帰って、信仰現象あるいは宗教思想を理解するとは言っても、実際のところ、それほどたやすいことではない。異文化における信仰現象の理解については、特に難しい。それは伝統的文化の具体的脈絡において生まれ育った人間の意識が、その文化的あるいは宗教的な枠組に固有な価値連関の中で微妙に特殊化され色づけられているからである。つまり、どのような現象を見るにつけ、それを見る人が生まれ育った文化的あるいは宗教的な風土に翻訳して、その現象を捉えようとするからである。たとえば、自然の描写一つにしても、ロシアの画家で思想家でもあるニコライ・レーリッヒが描いたヒマラヤの山は、キリスト教のイコンに表現されている山に似ており、人工的なモザイク模様である。それに対して、画家の梅原龍三郎であれ写真家の白川義員であれ、日本人の描く山は、基本的に水墨画的あるいは山水画的なモチーフに満ちている。これらの芸術家は、自らの文化的あるいは宗教的なコスモロジーを意識して、山を描いたのではない。つまり、特定の文化あるいは信仰の担い手自らは、自分自身の意識が一定の価値連関によって微妙に色づけられていることを、ふだん自覚的に意識してはいない。それは文化あるいは信仰現象の本質あるいは意味構造が、「文化的無意識」とでも呼ぶことのできる意識の深みに沈殿しているためである。

いかなる宗教研究者も自らの文化的あるいは宗教的な先入観、フィルターをもっている。ところが、たとえば、フッサール現象学によれば、現象の普遍的な「本質」は、現象学的還元の操作をとおして、前言語的意識すなわち純粋意識に立ち現われてくるという。また、宗教現象学者のファン・デル・レーウ（Gerardus van der Leeuw 一八九〇―一九五〇）によれば、いかなる宗教的、文化的なフィルターも介することなく、異文化における信仰の本質を本質直観によって把握しようとする。レーウによれば、宗教現象学の出発点は、宗教研究者のまえに「自ら現われるもの」（dasjenige, was sich zeigt）、すなわち、具体的な信仰現象それ自体である。その信仰現象に対して、追体験、感情移入、エポケー（判断中止）という解釈学的、現象学的操作をほどこすことによって、信仰現象を「それらが与えられるままに」（wie sie sich geben）取り上げることができるという。そこで、信仰現象の本質が次第に本質直観によって提示される。このようにして得られる信仰の本質は、信仰のリアリティの本質であり、言語的意味分節の網目、あるいは、文化的、宗教的な枠組の網目を通すことなく、宗教研究者に現われるという。(2)

けれども、近年の言語哲学も指摘しているように、言語の意味分節機能は意外に根深い。言語哲学に精通していたイスラーム哲学者で東洋哲学者でもあった井筒俊彦（一九一四―一九九三）は次のように言う。「コトバの意味分節機能、すなわち仏教のいわゆる『妄念』の働きは意外に執拗で、意外に根深い。それはたんにわれわれの表層意識にいろいろな名前を通じて定着されている普遍的『本質』の働きを支配するだけでなく、いわば意味的アラヤ識とでもいうべき形でわれわれの深層意識の構造までも規定している。アラヤ識に『熏習』された意味的単位の『種子』は、われわれの意識が深層領域でゆらめけば、たちまち『本質』喚起的に働き出す。表層意識に『本質』がまだ現われていないからといって、それだけで言語以前ということはできない」(3)。つまり、信仰の本質直観が生じると、本質直観の意味の塊りは、すぐに信仰の深みにおける直観的体験を意味分節しはじめる。人間の意識は根源的に文化の基盤をなす言語によって意味論的に規制されているのである。

現に、欧米の宗教学者による信仰の本質理解は、キリスト教的な社会・文化的背景の影響を受けている。たとえば、ほんの一例だけを挙げれば、ヴィルヘルム・シュミット（Wilhelm Schmidt 一八六八―一九五四）の「原始一神教説」（Urmonotheismus）を形を変えて受け継いだ宗教現象学者のゲオ・ヴィーデングレン（Geo Widengren 一九〇七―一九九六）は、キリスト教などの一神教を特徴づけている「高神」（der Hochgott）信仰を諸宗教における信仰の本質に据えている。(4) それとは逆に、わが国をはじめ東洋の研究者は、たとえば、いわゆる西田哲学によって国際的にもよく注目されている西田幾多郎（一八七〇―一九四五）の哲学的思惟にみられるように、東洋的な思想的枠組をその思想的特徴としてもっている。こうしたことがらが例示しているのは、人間の考え方というものは、時間や場所によって異なっているが、言語文化が異なれば、当然、言語の語彙構成も異なってくるし、リアリティの認識のしかたも異なってくるということである。考え方の違いは、ある意味では、それぞれの言語習慣に根ざした根源的な言語文化的世界観の違いを示している。したがって、宗教研究者が、自らの言語文化的パラダイム、すなわち、自らの信仰の深層意識における意味世界に留まりながら、異文化の信仰現象のあり方を理解しようとしても、本質直観によって得られる信仰現象の本質は、特定の宗教的あるいは文化的なコンテクストを超えた、それ自体、真に普遍的な「本質」ではないと言わなければならない。

その意味では、レーウの師で宗教現象学者のブレイデ・クリステンゼン（W. Brede Kristensen 一八六七―一九五三）も指摘しているように、宗教現象学者による信仰現象の本質直観は、実際には、あくまでも信仰現象の本質に「近似的な」（approximate）ものでしかない。クリステンゼンは言う。宗教学者は「信仰者が理解しているのと同じぐあいには、宗教的資料の絶対的な特徴を理解できない」。また、「われわれには馴染みのない状況の想像的な再経験は、表現の一形式なのであって、リアリティそれ自体ではない[5]」。

宗教研究者の無意識的な内的地平において、異文化の信仰現象を理解しようとすると、研究対象としての信仰現象の具体的な脈絡が往々にして欠落してしまい、信仰現象が理念的にのみ扱われるきらいがある。そうした状況においては、信仰の理念に対して、たとえ現象学で言う追体験やエポケーを試みたところで、その信仰の担い手によって生きられている信仰の意味世界をそのままに理解できるものではない。そして詰まるところ、把捉される信仰現象は、研究者自らの文化的あるいは宗教的フィルターによって屈折・歪曲して解釈されたものになってしまうかもしれない。信仰現象の研究者自らの内的地平から、無意識的に異文化の信仰現象を「読みこむ」ことをできる限り避けるためには、信仰現象を具体的なコンテクストにおいて捉えることが必須のことがらなのである。

二　信仰の意味世界への視座

信仰の「深みの次元」へ

さて、「信じる」という主体的な意識作用は、必ずしも宗教だけに特有のものではない。それは多分に日常生活における意識作用の一つでもある。とりわけ、「超越的なもの」に関わっているという主体的意識の自覚的な場面では、「信じる」という意識作用は、特に二十世紀後半、シカゴ大学のミルチャ・エリアーデ（Mircea Eliade 一九〇七—一九八六）とともに世界の宗教学界をリードしたハーバード大学の宗教学者、ウィルフレッド・C・スミス（Wilfred Cantwell Smith 一九一六—二〇〇〇）も指摘しているように、決して人間存在の生の営みにおける単なる付け足しなのではなく、むしろ、生の営みを根本的に意味づけるものである[6]。したがって、それは特に宗教現象を構成する本質的な特徴である。世界の宗教現象において、「信じる」という意識作用は、宗教学的に言えば、とりわけ西洋語の faith; Glaube; foi の訳語である「信仰」という用語で表現されるし、また「信心」とも言われる[7]。

「信仰」あるいは「信心」という語によって表現される具体的な信仰現象のリアリティは、宗教学的パースペクティヴにおいて、宗教的な「意味」の世界として捉えかえされる。具体的な信仰現象は、一つの有機的な意味連関の全体として把握される。このように宗教によって表現される意味世界は、それぞれの宗教によって多種多様である。それらの意味世界は、たとえ合理的あるいは概念的に説明しようとしても説明しきれるものではない。それは具体的な信仰現象において、合理的にあるいは概念的に捉えられる「見えるもの」の深みに、不断に流動する信仰の意味世界が拡がっているからである。したがって、信仰の「深みの次元」は、ただ知的に理解される水平的な意味世界ではない。それは、具体的な信仰現象の事象に向けられた固定的な志向性を抑え、信仰現象の理解を深化させるに伴って、徐々に拓かれてくる垂直的な存在の次元あるいは意味世界である。

近年の言語哲学をはじめ、文化人類学や精神分析学などの研究成果が明らかにしているように、言語は文化や認識の根拠であり、また、言語の構造は文化の構造とか認識の構造と不可分に結びついている。言語も文化も、社会制度的な表層の次元の下に隠れた深層構造を内包している。ましてや、信仰現象の「深みの次元」においては、信仰の言語のもつ意味は流動的かつ浮動的で、本質的に固定されていない。筆者の宗教学的視座は、信仰の「深みの次元」をも射程に入れながら、多義的な意味をもつ信仰現象の意味構造を明らかにしようとする、いわば信仰の意味論的解釈学であると言える。それは具体的な信仰現象が多層的で複合的な構造をもつものとして、意味論的な解釈学的方法にもとづく。

宗教学者にとっては、これまで解釈学的研究の対象となってきた聖典などの文献ばかりではなく、そこに信仰の担い手の関わりかたが見いだせるかぎり、信仰儀礼や伝統的慣習なども重要なデータである。宗教の組織、儀礼、慣習、聖典など、信仰現象を構成するものは、具体的な信仰という織りだされた「生きたテクスト」である。そのテクストは、日々の信仰の営みの中で不断に書き続けられていく。日常的な意味世界では、言葉は社会制度化された特定の意味に対応しており、固定した意味連関をもっているが、信仰現象において語られる言葉は、一定の閉じた意味連関をもっているのではなく、絶えず限りない拡がりをもつ、開かれた意味世界を開示している。聖典の言葉、儀礼や祈りの言葉は、日常的に使われる言葉に比べて、はるかに多義的で深層的な意味世界を暗示する、いわば詩的言語である。聖典の言葉は、特定の信仰現象の世界において、たいてい、すでに固定化した理念的意味をもっているが、その意味は信仰の担い手によって、日々の信仰の営みの中で新たに解釈されていく。つまり、具体的な信仰現象は絶えず織りだされ、また織り変えられていく。私たちの宗教学的パースペクティヴは、その不断に織りだされ織り変えられていく信仰現象の内面にある、「超越的なもの」への信仰的関わりかたに迫ろうとするのである。

具体的な信仰現象においては、合理的にあるいは概念的に捉えられる「見えるもの」の深みに、不断に流動する信仰の意味世界が拡がっている。しかし、それは日常的経験によって捉えられる具体的な信仰現象を抜きにしては存在しえない意味世界でもある。信仰現象のリアリティは、多層的で複合的な構造から成っている。私たちの宗教学的視座は、具体的な信仰現象をただ単に信仰の経験的事実として記述するだけにとどまることなく、具体的な信仰の現われに内在する、信仰者の関わりかたから、信仰の意味構造を明らかにしようとするのである。

意味構造体としての信仰現象

信仰とは信仰の担い手が、いわゆる「超越的なもの」へと関わる志向的体験である。筆者はこの志向的体験としての信仰を、意識作用と意識対象との結びつきという意識現象として捉えかえす。現象学の用語で表現すれば、ノエーシスとノエーマとの結びつきということになるであろう。こうした信仰に関する宗教学的な地平において、「超越的なもの」は、信仰の担い手の信仰的意識に内在する「実在」として把握される。したがって、そのかぎりにおいて、「超越的なもの」はそれ自体が、信仰の担い手の意識的志向作用を離れて、決して完結的所与として現前しているのではなく、信仰の担い手の信仰的意識作用における意識対象、すなわち対象的意味として、信仰的意識作用の志向的相関項なのである。信仰的意識作用が信仰の対象を信仰対象として自覚することがなければ、信仰の担い手にとって、その対象は存在しない。つまり、信仰の本質をノエーシスの、ノエーマに対する信仰的意識の志向性として捉えたうえで、信仰的意識対象としての「超越的なもの」を、信仰的意識内部における対象的意味として位置づける、あるいは信仰者の意識にとっての実在として把握する。ここに具体的な信仰現象は、無数の意味構成要素が多重多層に交錯しながら結び合う有機的な意味構造体として捉えなおされる。ここでいう対象的意味とは、信仰者によって信仰対象として意識されているかぎりにおいて存在するものである。対象的意味としての信仰対象は、意味論的にいえば、それ自体が信仰的意識作用と独立して、外在的な世界に在るというのではなく、信仰的意識作用に依存して、その意識的志向作用の中で生起することがらである。

たとえば、シャンカラ派の具体的な信仰現象としての信仰の言葉。そのように言えば、シャンカラが著した著作、あるいは彼が著したと伝統的に信じられている著作がすぐに思い浮かぶ。それらはシャンカラ派の宗教伝統において、信仰の拠り所としての教義という意味あいをもっている。私たちは宗教学的パースペクティヴから、それらの著作の内容をその信仰的コンテクストへと引き戻しながら検討することになる。こうした考察をとおして、私たちは信仰の言葉が開示する意味世界、すなわち信仰の意味構造を明らかにすることができるであろう。信仰の意味世界を表現する言葉は、たしかに日常経験的あるいは通俗的な意味をもつ言葉、すなわち日常言語には変わりない。したがって、信仰の言葉の開示する意味世界を、日常言語の意味世界の網目構造に沿って捉えようと思えば、それはそれなりに説明がつくし、事実、かなりの説得力をもっている。しかし、それはあくまでも日常言語的な意味の枠組における合理的あるいは概念的な理解のしかたなのであって、信仰の言葉をその信仰の事実性において真に理解することのできる立場ではない。ふつうの意味での説明を拒否するぐらい、無限の意味の深まりをもつ信仰の言葉をその信仰の事実性において理解するためには、その言葉が語られ、また信じられている信仰現象のコンテクストに照らした、信仰の言葉の内的意味理解の地平を拓くことが求められる。

ここに、私たちは宗教学的な地平において、信仰の言葉が一面では、世俗的な言葉と同じではあるものの、信仰の言葉の意味がすでに質的に転換していることを認める。つまり、信仰の言葉が合理的あるいは実証的な知の枠組によっても把捉することのできる表層的意味レベルから、いわゆる「深層の知」によって照らしだされる深層的意味レベルまで、重層的な意味世界を開示しているとみなすのである。水平的な知と垂直的な知を交叉させるとき、信仰の言葉の重層的な全体が浮かび上がってくる。たとえば、インド宗教哲学の伝統におけるマントラ、あるいは、密教における真言。世界の実相を表わすそれらの言葉は、ある意味で日常的な言葉に変わりがない。ところが、それらは宇宙の真理を集約したものであり、その言葉の奥には、無限の意味世界が拡がっている。また、ウパニシャッドの宗教思想の中には、神話表象的なものとか、直観的あるいは矛盾した表現がたくさんみられるが、それらは神話的モチーフを使ったり、あるいは矛盾した言葉を重ねることによって、日常的な言葉では表現し切れない存在のリアリティの本質を言説化している。つまり、日常的な言葉と信仰の言葉は、同じ言語ではあるが、その言葉の意味内容は質的に異なる。この点は洋の東西を問わず、信仰の言葉のもつ特質の一つであろう。

信仰の言葉は、こうした志向的体験としての信仰的意識作用の言語表現である。世界には、多種多様な信仰の言葉が存在している。エクリチュールのレベルで捉えただけでも、キリスト教の聖書、イスラームのコーラン、仏教経典などの聖典、さらに、聖典の内容を注釈または説明した注釈書、さらにはキリスト教におけるアウグスティヌス（Aurelius Augustinus 三五四―四三〇）の『告白』とかイスラームにおけるガザーリー（al-Ghazālī 一〇五八―一一一一）の晩年の著書『誤りからの救い』のように、自らの信仰の歩みを語った自伝的な著作など、数限りない信仰の言葉が存在している。それらの信仰の言葉において、信仰の対象的意味としての「超越的なもの」は、たとえば、イスラームの信仰では唯一神アッラーであり、仏教の信仰では仏法あるいは阿弥陀仏などである。

聖書やコーラン、あるいは仏典などの聖典は、異なる言語でそれぞれ異なった意味世界すなわちコスモロジーを開示するテクストである。それらの聖典が開示する意味世界はそれぞれ異なっている。言語が異なるのであるから、言語によって語り出される存在世界の風景も当然異なるが、より根本的には、存在世界の意味分節のしかたが異なっている。聖典はつねに特定の宗教的コスモロジーをとおして、存在のリアリティを映している。それぞれの宗教的コスモロジーは、それぞれ別様に「超越的なもの」の本質、さらには「超越的なもの」との関わりにおいて、人間存在の本質的なあり方を現出している。そうした聖典に対して、信仰者がどのように関わっているのか、あるいはその内容をどのように理解しているのかどうかは、信仰者による聖典内容の注釈書、あるいは信仰体験の手記などを繙くことによって理解することができる。聖典の注釈書や手記などは信仰者自らの信仰のあり方、あるいは宗教思想を明示する具体的な信仰現象の貴重なデータの一つである。

私たちは宗教学的パースペクティヴにおいて、信仰者の関わりかたを共感的に理解することをめざし、宗教儀礼とか信仰的慣習、さらに信仰者による聖典注釈や信仰体験の言葉などが開示する宗教的コスモロジー、あるいは宗教思想の意味世界を把握しようとする。信仰現象の事実性を失うことなく、信仰の担い手の関わりかたに即して、できるかぎり、それらが与えられるままに信仰現象の深みの次元を探究しようとする。伝統的にシャンカラに帰せられている著作などの、エクリチュールとしての具体的な信仰現象を、そのパロール的状況へと引き戻して捉えることになる。

ここに、信仰現象を捉える宗教学的パースペクティヴは、研究者自らの内的地平から、信仰の担い手の関わりかたへと多かれ少なかれ、ずらされる。宗教学的パースペクティヴが信仰の担い手の関わりかたへずれることによって、研究者の無意識的な内的地平における意味が全く消え去るというわけではないが、いわゆる地滑りを起こして、その意味が多様化し相対化する。意味の多様化あるいは相対化によって、信仰現象の共感的な理解が徐々に深化する。それに伴い、合理的あるいは実証的な理解の限界が自覚され、聖典あるいは信仰体験の言葉の日常的意味の底に潜んでいる信仰の意味世界の構造が、新たな光に眩しく照らし出されて、次第に見えてくるようになる。こうした意味の深みをも射程に入れながら、私たちは意味論的な解釈学的方法で、信仰現象あるいはその中に具体的に内在する宗教思想の意味構造を明らかにしようとする。

註

(1) ここで言う宗教学的パースペクティヴは、「信仰の現象学」と表現できるかもしれない。「現象学」とは言っても、それはフッサールなどの特定の現象学的な解釈や思惟を説く立場ではなく、あくまでも信仰現象の事実性に根ざしながら、信仰現象の本質構造を探究する学的態度のことである。

たしかに、現象学といえば、周知のごとく、エトムント・フッサール（Edmund Husserl 一八五九―一九三八）によって創められ、その思想を批判的に継承して展開してきた哲学思想の動向を総称する名称である。ところが、宗教現象学の研究史を遡ってみると、宗教現象学は元来、フッサールの現象学と直接的には関わりなく成立したし、その理論的展開も、哲学的な現象学と必ずしも密接に連関してきたわけではない。今日、「現象学」の語およびその概念は、じつに多義的に使われており、必ずしも明確な規定によって認識されているわけではない。そうした意味において、宗教現象学はいまだに学問として十分に固まっておらず、その方法論も研究者によって多様である。エリック・J・シャープ（Eric J. Sharpe 一九三三―二〇〇〇）も指摘しているように、宗教現象学は一般的な印象としては「宗教の共感的な研究」（the sympathetic study of religion）という程度の意味しかもっていない。今日の宗教現象学研究は、シャープの表現を借りれば、「事実、〔宗教現象学という〕この新しいアプローチを創りだすために、多くの別々の糸が織り合わされてきている」ような状況にある。Cf. Eric J. Sharpe, *Comparative Religion: A History* (Illinois: Open Court Publishing Company, third printing 1991), p.221.

こうした学的状況にあって、わが国において、楠正弘はマックス・シェーラー（Max Scheler 一八七四―一九二八）などの宗教現象学を踏まえて、特に東北地方における庶民信仰現象を具体的なデータとしながら、「信仰現象の動態的現実」の本質構造を探究する「信仰動態現象学」を構想した。詳しくは楠正弘『庶民信仰の世界』（未来社、一九八四年）を参照されたい。

ちなみに、楠はマックス・シェーラーの宗教現象学について、楠正弘『理性と信仰――自然的宗教』（未来社、一九七四年）の第五章「宗教の現象学――マックス・シェラーを中心として」において論述している。さらに、宗教現象学とその視座については、拙論「宗教現象学」（星野英紀他編『宗教学事典』丸善、二〇一〇年）、一四〇―一四三頁を参照されたい。

(2) G. van der Leeuw, *Phänomenologie der Religion*, 1933 (Tubingen: Mohr, 2. Aufl. 1956), p.768. ファン・デル・レーウの宗教現象学理論に関する詳細な検討としては、華園聰麿「G・ヴァン・デル・レーウの『宗教現象学』再考」（『東北大学文学部研究年報』第三九号、一九八九年、七一―一〇三頁）や田丸徳善「ファン・デル・レーウと宗教現象学」（『宗教学の歴史と課題』山本書店、一九八七年、二二二―二三三頁）がある。

(3) 井筒俊彦『意識と本質』(井筒俊彦全集・第六巻) 慶應義塾大学出版会、二〇一四年、四六頁。

(4) Geo Widengren, *Religionsphänomenologie* (Berlin: Walter de Gruyter, 1969).

(5) W. Brede Kristensen, *The Meaning of Religion: Lectures in the Phenomenology of Religion*, translated by John B. Carman (The Hague: Martinus Nijhoff, 1960), p.7.

(6) ウィルフレッド・C・スミス「二十一世紀——世俗的か宗教的か」天理国際シンポジウム事務局編『コスモス・生命・宗教——ヒューマニズムを超えて』天理大学出版部、一九八八年、一四三—一七八頁。Cf. Wilfred Cantwell Smith, *Faith and Belief* (Princeton: Princeton University Press, 1979).

(7) 仏教における「信」は、さまざまなニュアンスを含む語であるが、本来はサンスクリット語の śraddhā, adhimukti あるいは prasāda に相当すると言われる。この点については、川田熊太郎『仏教と哲学』(サーラ叢書7、平楽寺書店、一九五七年、九三—九四頁)、および、三枝充悳『比較思想論Ⅰ』(三枝充悳著作集・第七巻) 法蔵館、二〇〇四年、四五—四九頁を参照されたい。

第二章　シャンカラ派伝統とその宗教的コスモロジー

本章では、前述した宗教学的パースペクティヴをとおして明らかになるシャンカラ派伝統の宗教的コスモロジー、すなわち信仰現象の特質、および信仰現象の中に具体的に表現されている宗教思想の特質を意味論的に論述したい。そのことによって、ここで私たちが立脚する宗教学的パースペクティヴが一層明確なものになるであろう。

一　シャンカラ派の宗教思想とその特質

シャンカラ派伝統の歴史と伝承については、第三章において詳細に考察するが、シャンカラを開祖とするシャンカラ派の宗教伝統は、ラーマーヌジャ派やマドヴァ派などのヴェーダーンタ派伝統と同じように、出家遊行者ばかりでなく、多くの在家の信仰者たちから成っている。シャンカラ派においては、出家遊行者（saṃnyāsin）と呼ばれるごくわずかの人びとが世俗社会を捨てて、ひたすら解脱に専心しているのに対して、在家の信仰者たちは一般的に、彼らが「スマールタ派」（smārtas）とも呼ばれる名称が暗示しているように、長年にわたって、ヴェーダのダルマを遵守してきた。つまり、聖伝書（smṛti）、特にカルパ・スートラに規定される祭式などの行為を守り伝えてきたのである。

その宗教伝統に見られる出家遊行者の信仰の理念的な側面は、いわゆるヴェーダーンタ哲学として、インド思想の研究において再三取り上げられており、一般的にもよく知られている。ところが、いわゆるスマールタ派の在家者の信仰については、これまで宗教学的にほとんど研究対象として取り上げられたことはなかった。そのおもな理由としては、これまでヴェーダーンタ派の研究といえば、特にその哲学的な側面、すなわちヴェーダーンタ哲学にのみ、専ら学問的な関心が向けられてきたという点を挙げることができるであろう。シャンカラと言えば、不二一元論ヴェーダーンタ哲学を説いたことでよく知られているが、彼を開祖とするシャンカラ派本来の哲学的伝統は、一面においては、ほんの一握りの出家遊行者たちや知識人たちが、長年のあいだ、いわばエリート的信仰の伝統を構成してきた。彼らはシャンカラの深い宗教哲学的な洞察を理解し、その哲学的思惟を展開しながら、いわゆるヴェーダーンタ哲学の伝統を継承してきた。

ところが、第三章において検討するように、こうした出家遊行者のエリート的信仰の伝統と併行して、特に一四世紀ごろから、シャンカラの宗教思想は出家遊行者の信仰においてばかりでなく、在家者の信仰として、その内容を変えて在家者たちのあいだにも受け入れられていった。つまり、シャンカラはシヴァ神の化身であったとか、あるいは世師がシャンカラの化身であるというように、シャンカラのいわば神話化をとおして、在家の人びとのあいだに、シャンカラとその思想が在家者の信仰の対象として受け容れられて、シャンカラ派における在家者の信仰現象が次第に形成されていったのである。

出家遊行者の「体験知」としての哲学的思惟

まずはじめに、シャンカラ派における出家遊行者の信仰の側面、すなわちヴェーダーンタの哲学的思惟を取り上げ、その哲学的思惟をそのパロール的状況へと引き戻して、宗教学的な地平から捉え直してみたい。出家遊行レベルでは、ひとは世俗を捨離して、師に弟子入りすることによって厳しい修行生活に入る。解脱を希求して、自らの師の教示に従い、絶えず厳しい苦行に励む。彼らは「聴聞・思惟・瞑想」という修行階梯をとおして、外界の対象へと向かう心の動きを抑え、意識を一点すなわち絶対的実在ブラフマン（すなわち個的存在の本質としてのアートマン）に集中させることによって、自らの意識の深みを拓き、存在のリアリティの本質を体認しようとしてきた。したがって、ヴェーダーンタ哲学はこのようにして体認された形而上的実在体験を哲学的思惟の始点として展開されたもので、彼ら自身の実在体験に根ざした、いわば「体験知」なのである。(1)

ヴェーダーンタ哲学は周知のごとく、ウパニシャッド聖典に絶対的な権威を認め、聖典解釈という伝統的スタイルをとりながらも、多岐にわたって積み上げられてきた哲学的思惟である。この哲学的思惟は厳しい苦行を経て体得された本質直観の、いわば言語化とも言えるものである。それはある意味では、近代の西洋哲学と同じように理性的な哲学のようにもみえる。ところが、それは本質的に近代の西洋哲学とはちがって、あくまでも信仰的意識体験に根ざした宗教思想である。ヴェーダーンタ哲学は、ヴェーダーンタ哲学者たちの形而上的実在体験すなわち信仰的な本質直観によって裏打ちされている。ヴェーダーンタ哲学者は、自らの信仰的な実在体験の極限において本質直観した根源的実在を哲学的思惟の原点として、人間存在あるいは存在のリアリティの本質を言説する。つまり、ヴェーダーンタ哲学は信仰体験から独立した哲学ではないのである。

ヴェーダーンタ派の宗教伝統においては、師に弟子入りしたいと思えば、だれでも弟子になれるかと言えば、決してそうではない。弟子の資格がある、と師が認めた者だけに入門が許可される。弟子入りが許されると、弟子は師が直接語りかけるというパロール（発話行為）的状況において、ウパニシャッド聖典の言葉の開示する意味世界を教示される。ウパニシャッド聖典の言葉の深秘的意味を理解し、絶対的実在ブラフマン（＝アートマン）を本質直観するためには、すでに存在の本質ブラフマンを体得した師の指導が不可欠である。はじめのうちは、師から聖典の言葉を聞いたとしても、その意味内容をどうしても理性的あるいは概念的に理解しようとする。

そうした概念的な理解でとかく分かったような気分になってしまうが、実のところは表層的な理解にすぎない。通常の概念的理解では、聖典の言葉の深層的意味を捉えきれないためである。

ところが、厳しい苦行をとおして、長年のあいだ、蓄積してきた概念的あるいは理性的な知の障壁が徐々に突破され、存在の本質が見えるようになってくる。そうすると、日常的あるいは経験的意味の世界は、次第に言葉の日常的意味とともに後に取り残されていく。そして、聖典ウパニシャッドの開示する存在の本質、あるいは真の意味世界の本質直観へといざなわれていく。ちなみに、存在のリアリティの本質直観は、シャンカラ派伝統の場合、出家遊行者の師すなわちシャンカラ派僧院の法主であるシャンカラーチャーリヤの適切な教示によってはじめて可能となる。

彼らのこのような信仰的関わりにおいて、究極的な関心事は存在世界の絶対的実在ブラフマンである。それはラーマーヌジャ派に属する者にとっては、絶対有限定の有属性ブラフマンすなわち最高神であるし、シャンカラ派に属する者にとっては、絶対無限定の無属性ブラフマンである。宗教伝統の視座の違いによって、このような解釈学的な違いがみられる。また信仰の具体的な行為についてみれば、ラーマーヌジャ派では、最高神ブラフマンへのバクティ（信愛）が強調されるのに対して、シャンカラ派においては、ブラフマンは非人格的なリアリティとして瞑想の対象となっている。信仰的意識において志向される対象が、たとえ同じ実在ブラフマンであったとしても、「超越的なもの」として志向される信仰の担い手の信仰的関わりかたは違っている。

私たちは、まず現象学的にいえば、そのブラフマンを出家遊行者のノエーシスたる信仰的意識作用の相関項、すなわちノエーマ的意味として捉える。したがって、「ブラフマン」はただ単に実在論的に外在的対象を指し示すというのではなく、むしろ信仰的意識の中での対象的意味として、信仰的意識が織りだす主体的な意味連関の網目構造における根本的な意味単位として把握しなおす。こうした意味論的な脈絡においては、ブラフマンの実在性（あるいは非実在性）について、あえて問うことはしない。ここで問題として取り上げるのは、あくまでも信仰の主体的意味連関の構造である。

シャンカラ・ヴェーダーンタ派宗教伝統において、ヴェーダーンタ哲学者でもある出家遊行者たちは代々、ウパニシャッド聖典に絶対的権威を認め、自分の師事する師、すなわちシャンカラ派僧院の法主たるシャンカラーチャーリヤのもとで厳しい苦行に耐えながら、ひたすら内面への道を辿った。何とかして「閉ざされた自己」を脱却して、「開かれた自己」すなわちウパニシャッド聖典に説かれている解脱の境地に到達するために、彼らはウパニシャッドの哲人たちが体験的に直観した存在の本質、すなわち、ブラフマンとアートマンの一体性を追体験しようとした。そこで、ウパニシャッドのテクストと師シャンカラーチャリヤの言葉を手がかりに、彼らは自らの信仰的な実在体験を深めていった。

こうした宗教的なコンテクストの中に、出家遊行者たるヴェーダーンタ哲学者たちがウパニシャッドのテクストにもとづいて、自らの哲学的思惟を展開する思想的基盤があった。ヴェーダーンタ哲学がウパニシャッド聖典の解釈学として展開したのは、おもにこうした理由によるものであった。

ヴェーダーンタ哲学とその特質

ヴェーダーンタ哲学の代表的な伝統としては、シャンカラの不二一元論学派、ラーマーヌジャの被限定者不二一元論学派、さらにマドヴァの二元論学派などの諸学派を挙げることができるが、それらの学派は結果的にウパニシャッド聖典の独自の解釈、あるいはウパニシャッド聖典を踏まえた独自の宗教哲学を構築している。それらの学派はすべて、それぞれの立場から、自らのウパニシャッドのテクスト解釈の正当性を論証しようとしたが、あくまでもウパニシャッド聖典の真の内的意味探究がその目的であったのであり、決してウパニシャッド・テクストを離れて新たな独自の哲学思想の確立をめざしたものではない。

ウパニシャッド聖典の言葉に対する解釈が異なる場合、それはただ単に聖句の解釈の相違を示すだけではない。

それはむしろ聖典解釈の言葉の背後にあって、流動する深遠な意味世界のあり方、あるいは存在のリアリティの風景それ自体が異なっているのである。シャンカラやラーマーヌジャなどのヴェーダーンタ哲学者たちは、ウパニシャッド聖典の首尾一貫した解釈を試みたが、彼らの立脚した解釈学的な視座は大きく異なっている。シャンカラが存在世界の実在性を否定するのに対して、ラーマーヌジャやマドゥヴァはその実在性を認める。また、シャンカラは絶対的一者ブラフマンの非人格性を主張するのに対して、ラーマーヌジャやマドゥヴァはあくまでも人格神としての絶対的実在ブラフマンを説く。彼らの聖典解釈の根底には、それぞれ独自の本質直観を経て思惟された、存在のリアリティの異なった原風景が伏在している(2)。

ヴェーダーンタ哲学者たちは自らの信仰的意識体験をとおして、存在の本質をブラフマンとして規定する。それらの語は、彼らの依拠するウパニシャッドのテクストにおいて、存在のリアリティを開示する根源語である。こうした存在の本質規定は、すべてのヴェーダーンタの哲学的思惟に共通しているが、その語に込められた意味あいは微妙に異なる。井筒俊彦などの言語哲学的考察が明らかにしているように、言語の意味分節機能は意外に根深い。信仰的意識体験における本質直観が生じると、本質直観された意味の塊りは、すぐに信仰の深みにおける直観的体験内容を意味分節しはじめる。その意味分節のしかたはその人によって微妙な相違がみられるし、またヴェーダーンタ派においても宗派が異なれば、たとえ同じ語であっても、その意味には差異が生じる。

ブラフマン(=アートマン)を、彼らの信仰的志向体験における「超越的なもの」を表現する根源的なノエーマ的意味として捉えるとき、ブラフマン(=アートマン)という絶対的未分節の存在の根源は、ヴェーダーンタの哲学的思惟における意味論的存在空間の原点になる。その主体的意味連関の網目の原点から、有意味的に存在空間すなわちコスモスの構造が再構成されることになる。不二一元論思想を説くシャンカラ派のヴェーダーンタ哲学者たちは、自らの信仰的意識体験を言葉で表現するとき、信仰的な志向体験におけるノエーマ的意味、すなわち、根源的実在であるブラフマンを「無属性ブラフマン」(nirguṇa-brahman)すなわち絶対無限定で非人格的な実在として捉える。それは存在の内的あるいは外的な限定的要素のどの一つによっても限定されることがない。その意味では、それはまさに絶対無限定である。存在のリアリティ全体は無属性ブラフマン以外に、全く何もない完全な「一」の状態である。したがって、それは理性的認識の対象にはなり得ず、日常的言語によっては説明することができない。真の唯一実在は無属性ブラフマンであるが、経験的意識のマーヤー（幻妄）によって、それがあたかも人格的な有属性ブラフマンすなわち人格神のように、私たちに見えるだけにすぎない。無属性ブラフマンこそが「最高ブラフマン」(para-brahman) すなわち真実在なのであって、有属性ブラフマンは無属性ブラフマンの仮現している現象相すなわち「低次ブラフマン」(apara-brahman) にすぎない。

一方、意識の深化に伴い、ついには存在の本質直観に到達するとは言っても、たとえば、ラーマーヌジャをはじめ、ラーマーヌジャ派に属するヴェーダーンタ哲学者たちは、彼ら独自の存在論的読みをウパニシャッドの言葉に込めて、自らの実在体験を独自の言葉の網目的意味構造に沿って言語化する。その際、彼らは根源的実在ブラフマンがシャンカラ派哲学者の言うような絶対無限定の無属性ブラフマンであるとは言わない。ラーマーヌジャ派の哲学者にとっては、絶対的実在ブラフマンは現象界における森羅万象によって限定される絶対有限定な「有属性ブラフマン」(saguṇa-brahman) である。それは「最高の人格〔神〕」(puruṣottama) すなわちヴィシュヌ＝ナーラーヤナにほかならない。(3)

両者の哲学的思惟において、存在リアリティの本質構造あるいはコスモロジーは、根本的には存在世界における絶対的実在ブラフマンをどのように捉えるのかによって、大きく違ったものになる。ブラフマンそれ自体は本来、あらゆる日常言語的分別を超えた、常住不変の根源的実在であり、そのブラフマンの本質直観の内容が、彼らの存在の意味構造論の究極的始点を成している。ヴェーダーンタ哲学者たちは自らの「ブラフマン」の実在体験を究極的始点として、ウパニシャッドの言葉を創造的に解釈しなおす。そのことは、まさしく現前する存在のリアリティを自らの根源的な視座から構成しなおすことでもある。彼らはウパニシャッドのテクストを新たに創造的に読みなおすことによって、ブラフマン（＝アートマン）の内的意識体験を哲学的に説明しようとするのである。

その構成された存在の意味構造あるいはコスモロジーは、シャンカラ（シャンカラ派）とラーマーヌジャ（ラーマーヌジャ派）、またマドヴァ（マドヴァ派）のあいだでは、かなり違ったものになっている。彼らの原体験すなわち本質直観的な意識において把捉される存在の本質それ自体はともに同じ実在、あるいは少なくとも同じ実在の二側面であると考えられる。それは絶対無分節の存在あるいは意識の根源的位相である。言語以前の存在の原風景が理論的思惟をとおして言説され始めるや否や、存在の読みすなわちノエーマ的意味には、微妙な、それでいて根本的な差異が生じるからである。

聖典解釈学として展開した、このようなヴェーダーンタの哲学的思惟は、ヴェーダーンタ派宗教伝統においては、ヴェーダ聖典、とりわけウパニシャッド聖典の字義的な意味の深みに伏在する真の内的意味を明らかにしたものと信じられてきた。シャンカラの哲学的思惟はシャンカラ派の宗教伝統において、また、ラーマーヌジャの哲学的思惟はラーマーヌジャ派の宗教伝統において、人間存在あるいは存在世界の真のあり方を教示する教義あるいは教説としての宗教的意義を担ってきた。したがって、ヴェーダーンタの哲学的思惟は、ヴェーダーンタ派宗教伝統の具体的信仰現象を構成する重要なモチーフの一つとなっている。それらは、とりわけ世俗を離れて、ひたすら解脱を探究しようとして修行する出家遊行者たちにとって、信仰的営みにおける究極的目標を明示するものなのである。

二　「生きたテクスト」としての信仰現象とその理解へ

「生きたテクスト」としての信仰現象

具体的な信仰現象の諸相を眺めるとき、宗教研究者であれば、だれもが経験するように、教義すなわち宗教理念の内容に照らせば、無意味に思えたり矛盾しているように思えたりする信仰現象の側面が多々みられる。ところが、それらは信仰現象という「生きたテクスト」の内部にあるかぎり、一概にそれらを切り捨てることはできない。それはたとえ合理的には理解できなくとも、信仰の意味構造のパースペクティヴからみれば、それにはそれなりの意味があるからである。信仰の担い手の関わりかたを無視して信仰現象を捉えるとき、信仰の意味をとかく見過ごしてしまうことになる。教義レベルからみれば、たとえ無意味に思えたり、矛盾しているようにみえる信仰の事象の背後にも、信仰者の関わりかたが内在しているからである。信仰の「深みの次元」は、聖典とか儀礼などの「見えるもの」の下に横たわる自立的な領域ではなく、「見えるもの」と不可分に結びついた、合理的には十分に捉えきれない「見えないもの」である。その「見えないもの」は垂直的なパースペクティヴにおいてのみ拓かれる。

信仰現象の意味論的構造を理解するためには、その信仰現象の事実性を失うことなく、信仰の担い手の信仰的関わりかたに即して、できるかぎり「それらが与えられるままに」、信仰の「深みの次元」を探究しなければならない。シャンカラ派宗教伝統の場合であれば、シャンカラの哲学的思惟の意味内容が、そのパロール的状況へと引き戻して理解されなければならないのと同じように、シャンカラの真作といわれる哲学文献の内容に照らせば、無意味に思えたり矛盾しているようにみえる在家者の信仰事象も、そのパロール的状況へと引き戻して捉えるとき、信仰の事象の背後に隠されていて、いままで見えなかった意味が、次第に見えてくるようになる。

シャンカラ作と言われる著作とその理解

私たちはここで、興味深い具体的信仰現象のデータの一つとして、シャンカラ派の宗教伝統において、伝統的にシャンカラに帰せられてきた著作について検討してみよう。それらの著作の中には、インド学の文献学的研究によれば、シャンカラ自らが著したと考えられるテクストすなわち真作があるものの、明らかに後代の偽作もかなり含まれている。むしろ伝統的にシャンカラに帰せられているテクストの大半が偽作と考えられる。ところが、宗教学的パースペクティヴにおいては、真作と偽作を識別して、真作と考えられるテクストだけに依拠して、シャンカラの哲学を理解して事足りるというわけにはいかない。偽作と考えられるテクストを、シャンカラ派の人びとはもちろんのこと、インド人のヴェーダーンタ哲学研究者たちがシャンカラの真作として確信しており、それらのテクストが信仰の言語すなわち聖典という意義をもっている、という具体的な事実を見過ごすことができないからである。文献学的な地平からみれば、あまり重要でない、取るに足らないことがらかもしれないが、宗教学的パースペクティヴからみれば、シャンカラ派の信仰現象を理解するうえで重要なモチーフの一つである。

シャンカラ派の宗教伝統では、シャンカラは開祖とみなされ、彼の哲学的思惟はその伝統の人びとのあいだで教義的な意義をもっている。今日、シャンカラの著作とみなされる文献は、伝統的におよそ三〇〇以上にのぼる。それらの著作を大別すると、聖典の注解書、教義綱要書、さらに讃詩（bhakti-stotra）に分類することができる。シャンカラ派の伝承によれば、シャンカラはインド中を遊行して廻るなかに、論敵を破って、東西南北にそれぞれ僧院（maṭha）を創設したといわれる。インドにおいては、シャンカラは一般的に「シャンカラ」の名のあとに「アーチャーリヤ（師）」の語を付け加えて、「シャンカラーチャーリヤ」と呼ばれるが、シャンカラ派僧院の法主も代々、今日にいたるまで、シャンカラーチャーリヤと呼ばれてきた。そのために、シャンカラ（初代のシャンカラ）と後代のシャンカラ派僧院の法主たるシャンカラーチャーリヤとが、しばしば混同されてきた。伝統的にシャンカラに帰せられている著作には、後代のシャンカラーチャーリヤたちの著作がかなり含まれていると考えられる。

序章で論じたように、シャンカラ派の信仰者たちによって伝統的にシャンカラの著作として信じられている著作の大半は、インド学的文献学の研究成果によれば、シャンカラの著作ではなく、後世の著作である。シャンカラの真作として認められている著作は、すでに論じたように、『ブラフマ・スートラ注解』、諸『ウパニシャッド注解』、『バガヴァッド・ギーター注解』、さらに独立作品『ウパデーシャ・サーハスリー』などの哲学文献のみである。伝統的にシャンカラに帰せられている文献の「著者」については、ある意味において、大乗仏典の「著者」とよく似たところがある。大乗仏典は周知のごとく、ブッダの滅後何百年も経ってから書かれたもので、それぞれ著者がいたはずである。ところが、それらの経典すべては、ブッダの口から出た言葉ということになっている。それと同様に、シャンカラの作品として伝統的に継承されてきたテクストの中には、シャンカラの死後、かなりの時代が経ってから書かれたものも多いが、それらのテクストはすべて、伝統的にシャンカラの著作ということになっている。

いわゆる「真作」と考えられる哲学文献だけにもとづいて、シャンカラの本来の哲学を理解し、その理解をシャンカラ派の宗教伝統における具体的な信仰現象に当てはめると、両者のあいだには、それこそ大きなずれが生じる。まずはじめに、シャンカラ派の宗教伝統はすべて、哲学の伝統に還元されてしまい、伝統的に継承されているスマールタ派の儀礼とか信仰慣習などの具体的な信仰現象の事実は、哲学の伝統からの逸脱としてみなさざるをえなくなり、全く説明がつかなくなってしまう。また伝統的にシャンカラに帰せられているが、シャンカラの真作ではないテクストが、シャンカラ派の宗教伝統において担っている、あるいは、長年の間、担ってきた宗教的意味が問われないままに切り捨てられてしまうことになる。このように、すぐさま生起する問題点を指摘するだけでも、私たちは、いわゆる「偽作」のテクストをパロール的状況へと引き戻して捉えなおすことの意義を認識することができるであろう。

三　シャンカラ派におけるバクティ頌とその意義

在家者の信仰とバクティ頌（讃詩）

文献学的に「偽作」とみなされるテクスト群の中には、数多くの讃詩すなわちバクティ頌（bhakti-stotra）がある。エクリチュールとしてのそれらのテクストは、シャンカラ派の宗教伝統のパロール的状況において、在家信者のあいだで語り伝えられてきた。これらのテクストの開示する意味世界は、出家遊行者たちが依拠するシャンカラの哲学文献のそれとは異なっているものの、シャンカラ派伝統における在家者の信仰体験のあり方を言説したものである。宗教学者の楠正弘の表現を借りれば、「正統とみなされる教義、経典」が信仰生活の中に位置づけられるとき、「正統な教義が教えられる通りの非機能的、純粋経典的意義をもってうけとられるのでなく、機能的に歪曲せられている」。こうした状況が「信仰現象の動態的現実」なのである。[4] 言いかえれば、「偽作」の内容はシャンカラ派の宗教伝統において、日常的な生活経験の中で体験される具体的な在家者の信仰のあり方を示している。たとえば、シャンカラ派の総本山であるシュリンゲーリ僧院の伝統につながる一般の信仰者たちは、たとえシャンカラの哲学文献は読まなくとも、『バジャ・ゴーヴィンダム』（*Bhaja Govindam*）などの、シャンカラに伝統的に帰せられているいくつかのバクティ頌をよく暗誦している。また、シュリンゲーリ僧院においては、毎日、早朝にそれらの讃詩がスピーカーから流れ、シュリンゲーリに住む人びとの信仰を喚起している。

シャンカラはシャンカラ派の宗教伝統（スマールタ派）の開祖としてみなされているが、彼は人びとを救うために生まれた「シヴァ神の化身」（śivāvatāra）である、と在家信者のあいだでは信じられている。シャンカラはシャンカラ派の宗教伝統においては、宗教学でいう「聖者」に当たる。ただ、聖者とはいっても単なる聖者ではなく、無限に深い神性を内面に秘めた聖者である。つまり、信仰者にとっては、シャンカラはシヴァ神と同定さ

シュリンゲーリ僧院　僧院の敷地内をツンガ川（手前）が流れる。現在、その川には、橋が架けられている。（1982年11月15日筆者撮影）

れる尊師なのである。また、シャンカラ派僧院の法主である世師すなわちシャンカラーチャーリヤは、シャンカラの化身であると信じられており、在家信者の意識にとっては、まさに神的存在すなわち「超越的なもの」である。

世師は出家遊行者にとってそうであるのと同じように、スマールタ派伝統の在家信者にとっても、まさに唯一の「師（アーチャーリヤ）」である。出家レベルでも在家レベルでも、世師とのあいだに「師と弟子の関係」（guruśiṣya-sambandha）が成立している。出家遊行者は世俗社会を捨離し、ただひたすら解脱に到達するために、代々の世師から適確な指導を受けている。それに対して、在家の信仰者は一般的に、出家遊行者のようにヴェーダーンタ哲学に関する知識をもっているわけではないが、スマールタ派の信仰生活において、自らに課せられた「恒常の儀礼」（nitya-karman）などの儀礼を行ない、世俗社会に生きている。そうした日々の信仰生活において、人びとは病気などの悩みや苦しみに出会うが、それらの悩みや苦しみを呪術宗教的な力をもつと信じられる世師（シャンカラーチャーリヤ）に打ち明け、救いを求めるために、シュリンゲーリ僧院へ巡礼に出かける。このようにして世師に会い、その呪術宗教的な力によって病いや苦しみが癒され救けられた、というエピソードは数多く語り伝えられているし、また、そうした逸話集も出版されている。このように「シャンカラーチャーリヤ信仰」とでも表現できる在家者の信仰現象については、シャンカラに帰せられる哲学文献も、後代のシャンカラ派の哲学文献も全く記してはいない。しかしながら、こうした信仰現象はシャンカラ派の宗教伝統において、長年にわたって実際に続いてきた。

こうしたシャンカラおよび世師に対する在家者の信仰が、讃詩のテクスト成立の背景をなしていると考えられる。救いのためには、「シヴァ神の化身」である世師、あるいはシヴァ神やヴィシュヌ神などの神的存在にひたすら縋って信仰すれば救かる。こうした信仰の重要性を強調する讃詩すなわちバクティ頌は、シャンカラの著作として、長年のあいだ、シャンカラ派伝統において、親の代から子の代へ、子の代から孫の代へと代々、語り伝えられてきた。それらのテクストはまさにヴェーダ聖典と同様、いわゆる「聖典」としての信仰的意義をもってきたのである。

それが親の代から子の代へ、子の代から孫の代へと代々、語り伝えられてきたという具体的な事実は、それらが人びとの信仰の営みにおいて、これまで重要な意味をもってきたことを物語っている。在家レベルで口承され記憶されてきた信仰の言葉が、忘れられることなく語り伝えられてきたということは、宗教民俗学的な視点からみれば、それが人びとの信仰にとって、きわめて重要であったし、また今日もなお重要であるということを意味している。もしも信仰的に重要でなければ、たとえ一時的には口承されたとしても、すぐに忘れ去られてしまい、これほどまでに長い歳月、語り伝えられることはなかったであろう。そうした意味では、讃詩はこれまでほとんど研究対象として注目されることのなかったシャンカラ派の在家信仰の意味構造を暗示する一つの表現形式である。

語り伝えられてきた讃詩は今日、エクリチュールのレベルに移されており、私たちのだれもが、それをテクストとして読むことができる。その言葉がエクリチュールとしてテクストの形で読まれるようになると、そのテクストの具体的なコンテクストを考慮しないで、その内容が理解（あるいは誤解）されることも可能になる。しかし、これらのテクストの内容を理解するためには、いちどパロール的状況に引き戻して、いわゆる「偽作」のテクスト群の内容を信仰的コンテクストの中で捉えることが必要になる。そうすると私たちは、シャンカラ派の宗教伝統において、長年にわたって伝承されてきた在家者の信仰の事実を読みとることができるであろう。それらのテクストは、それらのテクストを生みだした、シャンカラ派における在家者の信仰的基盤を反映しているのである。

バクティ頌とその宗教的意義

シャンカラ派の宗教伝統において、人びとが絶対的に崇敬しなければならないのは、神とともに師、すなわちシャンカラ派伝統のコンテクストにおいては、世師である。世師は「生身解脱者」（jīvanmukta）であると言われる。世師そのものが、シャンカラ派の用語でいえば、存在世界の普遍的な絶対的実在ブラフマン（＝アートマン）の体現者である。だからこそ、出家遊行者にとっては、世師のみが自らを解脱へと導くことのできる唯一の存在であるが、このことはシャンカラがスマールタ派の在家信者たちのシャンカラ信仰の中で、「シヴァ神の化身」として神格化されていったことと同じ意味あいをもっている。こうした事実は、たとえば、空海の真言密教において、師すなわち阿闍梨こそが弟子にとって宇宙の本質的実在たる大日如来の体現者である、という修行僧レベルの信仰が受け継がれてきた一方で、それと同時に庶民レベルにおいては、空海が大師信仰の中で神格化されていった信仰現象とパラレルをなしている。ここに挙げた二つの具体例も明示しているように、讃詩のテクストは、神あるいは師に対する敬虔なバクティ（信愛）をモチーフとしている。こうした事実は、シャンカラ派伝統における在家者の信仰のあり方を示している。

シャンカラの不二一元論哲学によれば、周知のごとく、神へのバクティはあくまでも解脱へと間接的に導くも

シャンカラ像（シュリンゲーリ僧院） シャンカラ像前に据えられているシヴァ・リンガは、シャンカラが「シヴァ神の化身」であるとのシャンカラ派信仰を示す。（1982 年 11 月 15 日筆者撮影）

のである。それは不二一元論思想の存在論的構造からみれば、自明のことである。ところが、文献学的に「偽作」とみなされる哲学文献や讃詩のテクストでは、バクティが解脱に到達するための手段として尊重される。こうした事実は、シャンカラ派の宗教伝統における具体的信仰現象を示す重要な資料の一つであるシャンカラの伝説的伝記（『シャンカラの世界征服』）のテクストの内容とも対応している。シャンカラの伝説的伝記のテクストにおいては、無属性ブラフマンの世界と有属性ブラフマンの世界がともに「最高の境地」（**param padam**）として、優劣の別なく同じ次元に並置されている。つまり、在家者の信仰の意味世界は、出家遊行者のエリート的信仰の意味世界とかなりずれたかたちで、スマールタ派独自の民俗的コスモロジーを構成してきたと考えられる。

文献学的にシャンカラの「真作」として考えられる哲学文献の内容や語彙から判断すると、これらバクティの意義を強調する讃詩などのテクストは、もちろんシャンカラの作品ではない。ところが、シャンカラ派の信仰者たちやインド人の研究者たちは共通して、シャンカラが知識層の人びとに向けて哲学文献を書いたのに対して、一般の人びとのために讃詩を書き残したのだと確信している。シャンカラが語りかける人びとの対象が異なれば、その内容、表現方法、さらには語彙も異なるのは当然であるというわけである。こうした数多くの讃詩のテクストは、文献学的にはシャンカラの「真作」であろうが「偽作」であろうが、長年のあいだ、シャンカラ派の人びとのあいだで、シャンカラが著したテクストすなわち聖典として親しまれて伝承されてきた。また今日でもなお、それらは救いを求める在家レベルの信仰者たちにとって、信仰的な意味を依然として失ってはいない。こうした事実はシャンカラ派の宗教伝統においても、ラーマーヌジャ派やマドヴァ派などの宗教伝統と同様、庶民レベルでの信仰者たちは、神あるいは世師へのバクティを志向してきたという在家レベルの信仰の具体的な事実を示している。(5)

在家レベルの信仰を反映している讃詩が強調するバクティ（信愛）という信仰的志向性は、意味構造論的にみれば、いわゆる「超越的なもの」への信仰者の情的な関わりかたを基本構造とし、両者のあいだに深淵が存在していることを前提としている。このことは人間存在が超越的なものとしての神的存在と連続しているのではなく、むしろ非連続の関係にあることを暗示している。シャンカラ派における讃詩のテクストによれば、後に詳述するように、この非連続の道は母なる神であるシャーラダー神の恩寵のおかげで、人間存在の有限性を超越して、「明知」（vidyā）それ自体である母なる神と一体になることができる。しかし、ラーマーヌジャ派信仰の場合、最高神と人間存在とのあいだには、越えがたい深淵が存在している。最高神が創造神であるのに対して、人間存在は被造者であり、両者のあいだの深淵は究極的に決して解消することはない。この点でシャンカラ派のバクティとは、微妙に意味あいが異なる。ヴィシュヌ神の恩寵を得て救われるとしても、信仰者自らが神と一体になることはないからである。シャンカラ派の讃詩のテクストを繙くかぎり、その庶民的信仰の構造は、人間存在と超越的なものとの合一性あるいは一体性（ブラフマンとアートマンの一体性）を強調する、出家レベルでの信仰の構造と共通した特徴をもっている。

信仰の言語とその意味世界

多種多様な信仰現象の中でも、とりわけ、信仰の言語に注目するとき、それは意味論的に言えば、ノエーマ的意味としての「超越的なもの」が意味連関の網目構造の原点となり、存在のリアリティが織りだされたものである。その「超越的なもの」として捉えられる信仰の対象それ自体、あるいは存在のリアリティの本質それ自体は、多くの意味の可能性を内面に秘めており、多様な意味すなわち「超越的なもの」として表現される。潜在的な意味的構成要素のうち、どの構成要素が中心的になって有機的意味連関が構成されるのかによって、その信仰対象のもつ意味、さらにはその信仰の意味世界はかなり違ったものとなる。

信仰の言語が開示する超越的なものは、信仰の意味世界における多種多様な対象的意味の根底にあって、それらの対象的意味を根拠づける根源的意味である。それらはそれぞれの宗教独自のコスモロジー、すなわち意味世界を開示している。つまり、存在のリアリティは多様な信仰の言語の意味構造体でもって語られているのである。有意味的に構成される意味構造体としての存在空間すなわちコスモスが異なれば、同じ一つの実在でも、全く異なったものとして説かれる。しかし、それはあくまでも言語的イマージュあるいは存在の意味分節のしかたの違いであって、ともに信仰の言語でもって表現しようとする存在のリアリティそれ自体に変わりはない。存在のリアリティは、信仰の言語による意味分節をとおして有意味的に織りだされていく一つの意味空間であるからである。

存在のリアリティは多様な意味でもって語られる。存在のリアリティの本質の構築基盤が異なれば、存在のリアリティの意味分節のしかたも自ずと異なる。それは存在の事物事象が多種多様な存在のしかたをするということ、すなわち、存在が多様に語られることを意味している。意味論的に言えば、存在がさまざまな意味をもつということを示している。存在の事物事象のもつ意味が変われば、存在世界の意味構造は決定的に変わる。意味論的な地平からみれば、シャンカラ派の宗教伝統において、シャンカラの著作として伝承されてきた信仰の言葉は、それが哲学文献であれ讃詩であれ、その言語的表現様式はかなり違っているものの、その本質は一つである。つまり、それらはともに超越的なものと人間存在との究極的同一性という、シャンカラ派の宗教伝統に独自の宗教的コスモロジーを開示しているのである。

本章では、私たちは宗教学的パースペクティヴが開示する、信仰の意味構造あるいは宗教的コスモロジーに関する方法論的射程を、本書で考察するシャンカラ派の宗教伝統の思想および信仰を踏まえながら論じてきた。以上の論述は、私たちがここで探究するシャンカラ派の思想および信仰に関する意味構造論への序という意味あいをもつ。信仰という研究テーマそれ自体が、宗教現象の根本的な部分に関わることがらであるだけに、より綿密な検討を必要とするが、本書における宗教思想および信仰現象の意味論的構造化が新たな宗教学理論の展開へ向けて、一つの方途を拓くことを念願している。

註

(1) シャンカラ派における「聴聞・思惟・瞑想」の修行とその意識階梯に関する議論については、拙論「シャンカラ派の宗教思想の研究」(東北大学学位論文、一九九六年)の第一〇章「修行と意識階梯——シャンカラ派におけるシャンカラの思想の宗教的意義」を参照されたい。シャンカラおよびシャンカラ派の修行論については、前掲論文の第一〇章を踏まえて後日、出版したいと考えている。ところで、「聴聞・思惟・瞑想」の修行に伴う意識の深化に関するシャンカラの思想については、拙論「深層意識の『第四位』」『思想』七五九号、岩波書店、一九八七年、および「ヴェーダーンタ哲学の〈体験知〉的トポス」『思想』八一八号、岩波書店、一九九二年を参照されたい。

(2) 筆者はヴェーダーンタ哲学を、いわゆる「深層の知」の視座から構造論的に捉えなおしたことがある。詳しくは、拙稿「ヴェーダーンタの哲学的思惟の深層」『天理大学学報』(第一七二輯、一九九三年)、および、Yoshitsugu Sawai, "Rāmānuja's Hermeneutics of the Upaniṣads in Comparison with Śaṅkara's Interpretation," *Journal of Indian Philosophy*, vol.19, no.1, 1991, pp.89-98. を参照されたい。

(3) Rāmānuja, *Śrī-bhāṣya*, edited by Vasudev Shastri Abhyankar (Bombay: Government Central Press, 1914), I.i.1, p.2. ラーマー

ヌジャの宗教思想については、たとえば、次のような研究書がある。Carman, John B., *The Theology of Rāmānuja: An Essay in Interreligious Understanding* (New Haven: Yale University Press, 1974). 松本照敬『ラーマーヌジャの研究』春秋社、一九九一年。木村文輝『ラーマーヌジャの救済思想』山喜房佛書林、二〇一四年。なお、ラーマーヌジャ研究に関する詳細な研究文献については、木村文輝『ラーマーヌジャの救済思想』の巻末に詳しい文献リストが記載されている。

（4）楠正弘『庶民信仰の世界』未来社、一九八四年、一六―一七頁。

（5）インドの宗教文化において、バクティの思想がいかに形成されて大きな影響をもつようになったのか、さらに、哲学伝統において、バクティがいかに論じられてきたのかに関して、近年、わが国におけるバクティ研究者たちの最新の研究成果が、次の編著として出版されている。Cf. Iwao Shima, Teiji Sakata, and Katsuyuki Ida ed., *The Historical Development of the Bhakti Movement in India: Theory and Practice* (New Delhi: Manohar, 2011. 同書における拙論では、バクティをインド神秘主義として捉えた二人の研究者、すなわち、ルードルフ・オットーとスレーンドラナート・ダスグプタ（Surendranath Dasgupta）の議論を検討し、バクティと神秘主義の関わりを意味論的に論じている。Cf. Yoshitsugu Sawai, "Reflections on Bhakti as a Type of Indian Mysticism," in *The Historical Development of the Bhakti Movement in India: Theory and Practice*, pp.19-33.

第二部　シャンカラ派の宗教思想とその脈絡

第三章　シャンカラ派僧院の歴史と伝承

前章において論述した宗教学的なパースペクティヴに立脚して、シャンカラ派の宗教伝統における宗教的コスモロジー、およびその信仰現象として具体化される宗教思想を考察するためには、まず、シャンカラ派の信仰現象がみられる場《トポス》を前もって理解しておかなければならない。

その意味において、まずはじめに、シュリンゲーリ僧院の伝統において伝わってきた伝承や文献資料について考察し、さらにそれらの資料をもとに、シャンカラ派の僧院の歴史的変遷を可能なかぎり辿ることにしたい。そのことによって本章は、シャンカラ派における具体的な信仰現象の脈絡《コンテクスト》を明らかにしようとするものである。シュリンゲーリ僧院の伝承や歴史を把握することによって、今日見られるシャンカラ派信仰の様相がより一層鮮明なものになるであろう。

一　シャンカラ派僧院に関する伝承資料

シャンカラ派僧院の伝承資料

インド哲学のヴェーダーンタ学派の中でも、不二一元論（advaita-vāda）を説いたことで有名なシャンカラは、インド中を遊行して廻るなかで論敵を論破し、東のプリー（Purī）、西のドゥヴァーラカー（Dvārakā）、南のシュリンゲーリ（Śṛṅgeri）、北のバダリナータ（Badarīnātha）に、それぞれ僧院（maṭha）を創設したと伝えられている。今日、他にもシャンカラが創設したという伝承をもつ僧院は数多くみられるが、カルナータカ州にあるシュリンゲーリ僧院は、シャンカラ派の総本山とみなされ、インド全土に大きな社会勢力をもっている。

ところが、僧院の伝承と歴史的な事実は混淆していて、明確に区別するのが難しい面も多い。それはシュリンゲーリ僧院初期の状況を再構成することができるだけの刻文などの史料が、第一二代の世師（jagadguru）、ヴィドヤーランヤ（Vidyāraṇya）以前の時代に見当たらないからである。[1] シュリンゲーリ伝統の人びとは、伝承の内容を「歴史的事実」とみなしている向きもあるが、その内容の大半はマーダヴァ著と伝えられる『シャンカラの世界征服』（Mādhava, *Śaṅkaradigvijaya*）という伝説的伝記[2]と、ラクシュマナ・シャーストリー著『世師の系譜の詩』[3]（Lakṣmaṇaśāstrī, *Guruvaṃśakāvya*）の中に記載されている。特にシャンカラの生涯は、シュリンゲーリ僧院の「プラヴァチャナ・マンディラム」（pravacana-mandiram）と呼ばれる講堂の側壁に掲げられている絵図とその下にある簡単な説明（英語とカンナダ語）でもって良く知られているが、その内容は『シャンカラの世界征服』の記載とほぼ同じである。『シャンカラの世界征服』の著者と言われるマーダヴァは、伝統的にシュリンゲーリ僧院の第一二代の世師ヴィドヤーランヤと同一視され、同書は一四世紀の作品とみなされてきた。ところが、すぐ後で論述するように、その著作に関する文献学的研究によれば、おそらく一八世紀の作品と考えられる。

他方、『世師の系譜の詩』は一八世紀に、第二七代の世師であったサッチ・チッド・アーナンダ・バーラティー（Saccidānandabhāratī II）の命を受けて書かれたサンスクリット文献で、シャンカラから第二七代の世師までのシュリンゲーリ僧院の世師の歴史を扱っている。シャンカラに関する記述は伝説にもとづくものであるが、比較的に年代の新しい世師に関する記述の歴史性は部分的にであれ、シュリンゲーリで発見された刻文のデータによって確証されている。第三四代の世師チャンドラシェーカラ・バーラティー（Candraśekharabhāratī）を特に信奉するスマールタ派の知識人の一人、ヴェーンカタラーマンの研究によれば、『世師の系譜の詩』が書かれた年代は一七〇六—一七三九年のあいだ——少なくともサッチ・チッド・アーナンダ・バーラティーの在位（一七〇六—一七四一）がはじまってから、カーラディのソーマシェーカラ・ナーヤカ（Somaśekharanāyaka II 一七一四—一七三九）が在位していた期間——であり、おそらく一七三五年であろうという。(4)

マーダヴァ作と言われる『シャンカラの世界征服』とその年代

シャンカラの生涯に関しては、一〇以上の伝説的伝記が知られているが、マーダヴァ著と言われる『シャンカラの世界征服』は、シュリンゲーリ僧院によって認められている唯一の権威あるシャンカラの伝説的伝記である。この著作はシュリンゲーリ僧院から一九五六年と一九七二年の二回、出版されている。この伝説的伝記の著者と言われるマーダヴァとは、ヴィドヤーランヤの出家遊行以前の名まえであるという。ヴィドヤーランヤは一三三一年に出家遊行者になり、一三八六年に離身解脱（videhamukti）したと言われる。このマーダヴァがシュリンゲーリ僧院の第一二代世師ヴィドヤーランヤと同一人物であるとの伝統的な見解の根拠となっているのは、『シャンカラの世界征服』の最初の詩節である。その詩節において、マーダヴァは彼自身の師、すなわち、伝統的にシュリンゲーリ僧院の第一〇代世師とみなされるヴィドヤー・シャンカラ・ティールタあるいはヴィドヤー・ティールタ（Vidyāśaṅkaratīrtha, Vidyātīrtha 出家遊行一二二八年、離身解脱一三三三年）に対して、次のように敬意を表している。

シュリー・ヴィドヤー・ティールタの姿をした最高アートマンに敬意を表した後で、昔のシャンカラの征服に関する摘要が、〔私によって〕明らかに編集される。(5)

praṇamya paraṃ ātmānaṃ śrīvidyātīrtharūpiṇam/

prācīnaśaṃkarajaye sāraḥ saṃgṛhyate sphuṭam//

ヴィドヤー・シャンカラ・ティールタを継承したのは、第一一代世師バーラティー・クリシュナ・ティールタ（Bhāratīkṛṣṇatīrtha　在位期間　一三三三―一三八〇年）であるが、マーダヴァはヴィドヤー・シャンカラ・ティールタによって出家遊行期へとイニシエートされたと言われる。こうした点にもとづいて、シュリンゲーリの伝統においては、この伝説的伝記の著者がマーダヴァすなわち一四世紀のヴィドヤーランヤであるとみなされている。

しかしながら、この伝統的な見解に対して疑問を呈したのは、H・R・ランガスヴァーミー・アイエンガー（H. R. Rangaswami Iyengar　マイソール大学の元東洋研究所長）とR・チャクラヴァルティー（R. Chakravarthi　元マイソール大学考古学部助手）であった。

> この著書〔『シャンカラの世界征服』〕は（おそらく、各章の終わりに、完全な奥付があるために）、あの名高いマーダヴァ・ヴィドヤーランヤに帰せられているが、それは偉大なヴィドヤーランヤとは無関係であろう。この著作は明らかに、一人のヴィヤーサーチャラ（Vyāsāchala〔Vyāsācala〕）という後代の詩人の作品であり、その人物はマーダヴァとは全く異なっている（ところで、その著作の注釈者は、マーダヴァの別名になるように、ヴィヤーサーチャラの語を歪めようとしたが、成功しなかった）。故ヒリヤンナ教授（M. Hiriyanna）とK・T・テラング（K. T. Telang）などの学者は、注意深く研究した結果、上記の著作がマーダヴァのものではありえないという結論に到達した。(6)

さらに、『シャンカラの世界征服』が一四世紀に生きたマーダヴァすなわちヴィドヤーランヤによって著されたことに対しては、次の点から疑問が残る。それはシャンカラが最後に姿を消した場所に関して、同書における記述が一八世紀に著されたラクシュマナ・シャーストリーの『世師の系譜の詩』のそれと違っているということである。『シャンカラの世界征服』においては、シャンカラが最後に姿を消した場所はケーダーラ（Kedāra そこから、シャンカラはカイラーサへ赴いたという）であると記されているのに対して、『世師の系譜の詩』では、彼が最後に姿を消した場所は聖者ダッタートレーヤ（Dattātreya）のアーシュラマであったと記されている。(7) もしも『シャンカラの世界征服』が『世師の系譜の詩』の著者であるラクシュマナ・シャーストリーに知られていたとすれば、また『世師の系譜の詩』が書かれた当時、『シャンカラの世界征服』が今日のように、シュリンゲーリ僧院において、権威のある伝記としてみなされていたとすれば、ラクシュマナ・シャーストリーは、たしかにシャンカラが最後に姿を消した場所に関する記述についても、『シャンカラの世界征服』の記述に従ったであろう。こうした相異点から、ラクシュマナ・シャーストリーの生きた時代には、『シャンカラの世界征服』が少なくとも今日のシュリンゲーリの伝統にみられるように、聖典の位置を占めていなかったということが明らかであるし、可能性としてはその当時、同書が現在の形ではいまだ存在していなかったと結論せざるをえない。

ムンバイのカルサ・カレッジ（Khalsa College）に所属していたW・R・アンタルカル（W. R. Antarkar）によれば、『シャンカラの世界征服』は「ただひとりの著者が著した独立した作品なのではなく、四つ、あるいは、それ以上の古い著作から詩節を集めて編集しなおして、この作品にしたにすぎず」、「それは、一六三〇年と一八〇〇年のあいだのいつかに書かれたにちがいない」という。(8) 同書は全体で一八四三詩節から成っているが、それらの詩節のうち、一〇八四詩節は以下の四つの作品、すなわち、Vyāsācala's *Śaṅkaravijaya*, Tirumala Dīkṣita's *Śaṅkarābhyudaya*, Rājacūḍāmaṇi Dīkṣita's *Śaṅkarābhyudaya*, Rāmabhadrasūri's *Patañjalicārita* と部分的に共通していることが認められる。(9) アンタルカルの広範囲な研究論文（一九七二年刊）によれば、現在の『シャンカラの世界征服』の文献は「二〇〇年以上も古いことはなく」、したがって、一四世紀のヴィドヤーランヤの作品ではありえないという。さらに、それはある「ナヴァ・カーリダーサ」（Nava-Kālidāsa）によって書かれたものであって、バッタシュリー・ナーラーヤナ・シャーストリー（Bhaṭṭaśrī Nārāyaṇa Śāstrī）という人物が、バンガロール出身のコーッコーンダ・ヴェーンカタ・ラトナム（Kokkoṇḍa Venkataratnam）とスブラマンヤ・シャーストリー（Subramanya Śāstrī）の援助を得て、それに対して多くの変更を行なったとも、アンタルカルは示唆している。[10]また、ナーラーヤナ・シャーストリー（T. S. Nārāyaṇa Śāstrī）は、一九一六年に出版した著書の中で、『シャンカラの世界征服』の成立年代はさらにもっと現代に近いと論じている。すなわち、

たいへん信頼すべき筋からの情報によれば、このマーダヴァの『シャンカラの世界征服』は、ちょうど約八年前に他界した、一人のよく知られたサンスクリット学者によって、特にシュリンゲーリ僧院の偉大さをほめたたえるために、「ナーラーヤナ」の同義語の一つである「マーダヴァ」の仮名のもとに編集されたものである。[11]

ナーラーヤナ・シャーストリーによれば、ある学者は一九〇〇年ごろに「マーダヴァすなわちヴィドヤーランヤの名のもとに出版された *Śaṅkara Vijaya* を著した、いまは亡きバッタシュリー・ナーラーヤナ・シャーストリーを知っていた」。また「ほかの四人がこの著書の出版に際して、彼を手助けした」ともいう。[12]しかしながら、ナーラーヤナ・シャーストリーが『シャンカラの世界征服』を著したという年代は受け入れがたい。それは、同書が編集された年代が少なくとも同書に対するダナパティ（Dhanapati）の『ディンディマ』（*Diṇḍima*）という注釈の年代以前でなければならないからである。『ディンディマ』の奥付によれば、その注釈は一七九九年に完成したと記されている。それはまず最初に一八六四年に出版されたアウフレヒト（Th. Aufrecht）著 *Catalogi Codicum Manuscriptorum Bibliothecae Bodleianae Pars Octava, Codices Sanscriticos* において印刷され、[13]その後、一八九一年になって、アーナンダーシュラマ（Ānandāśrama）版において再版されているが、その奥付は次のよう

になっている。

月（一）、蛇（八）、矢（五）それにパーンダヴァ（五）によって数えられる吉祥な年〔すなわち、ヴィクラマ暦一八五五年＝西暦一七九九年〕に、この〔作品〕は、獅子宮（シンハ）におけるシュラーヴァナ月の白分五日（木曜日）に完成された。

このように、偉大なパラマハンサ出家遊行者バーラゴーパーラ・ティールタ・シュリーパーダ（Bālagopālatīrtha Śrīpāda）の弟子で、サーラスヴァタ（Sārasvata）カースト（jāti）の中にあるダッタ（Datta）家系を飾るものであり、ラーマクマーラ（Rāmakumāra）の息子である、ダナパティスーリ（Dhanapatisūri）によって著された *Śrīmat Śaṅkarācārya-vijaya* に対する『ディンディマ』〔という注釈〕において、第一六章が(14)〔終わる〕。

pāṇḍaveṣvahitāreśapramite śubhavatsare/
śrāvaṇe sitapañcamyāṃ siṃhe siddho gurāvayaṃ//

iti śrīmatparamahaṃsaparivrājakācārya-
bālagopālatīrthaśrīpādaśiṣyasārasvata-
jātyantargatadattavaṃśāvataṃsarāmakumārasūnudhanapati-
sūriviracite śrīmacchaṃkarācāryavijayaḍiṇḍime
ṣoḍaśaḥ sargaḥ

以上のデータに照らしてみると、シャンカラの伝説的伝記（『シャンカラの世界征服』）は一八〇〇年以前に、おそらく一八世紀のうちに著されたと推定することができるであろう。[15]

二　シュリンゲーリ僧院とスマールタ派

シュリンゲーリ僧院とスマールタ派の特徴

シュリンゲーリ僧院（maṭha）は、しばしばスマールタ派の人びとによって「シャーラダー神の玉座」（Śrī Śāradā Pīṭha）とも呼ばれる。「玉座」（pīṭha）の語は、devasthāna（寺院）、maṭha（出家遊行者 saṃnyāsin の住居及び修行の場）、pāṭhaśālā（伝統的な学校）それに pustakālaya（図書室）を含んでいる。シュリンゲーリ僧院を宗教の機能の視点からみれば、Śrī Śāradā Pīṭha の名称は適切な表現である。実際、シュリンゲーリがシュリー・シャーラダーという女神の名でもって、ヒンドゥー教徒のあいだでよく知られていることは事実であるが、それと同時に、「シュリンゲーリ僧院」（Śṛṅgeri Maṭha）という呼称も、スマールタ派の在家信者にとって馴染みのある表現であり、またシャンカラの不二一元論ヴェーダーンタ哲学の伝統を守る僧院としてのシュリンゲーリの重要性を喚起している。

シュリンゲーリ僧院における第三五代の世師、アビナヴァ・ヴィドヤー・ティールタ（Abhinavavidyātīrtha 一九八九年九月二一日に離身解脱）は、シュリンゲーリ僧院を中心とした宗教伝統がシヴァ派でもヴィシュヌ派でもなく、どの宗派にも属さないと強調している。[16] この伝統の人びとはふつう、シヴァ派の印である「トリプンドラ」（tripuṇḍra）と呼ばれる白い三本線の額標を灰で塗っている。この点について、先代の世師は次のように説明している。

シャンカラ派のうちの或る人々はヴィシヌ教徒であり、額にその印をつけている。しかし他の多くの人々はシヴァ教徒であり、その印をつけている。また或る人々は何の印もつけていない。シャンカラの後にヴェーダーンタ学派の内部に、種々の祖師が現われた。ラーマーヌジャ、マドヴァ、ヴァラバなど。かれらは殆どすべてヴィシヌ教徒である。そこでかれに反対するシャンカラ派の多くの人々は、反動的にシヴァ教徒になってしまった。この派のうちに、シヴァ教徒の人々が多いのはそのためである。自分自身はそういう区別には拘泥しない。[17]

世師はこのように説明しているが、この宗教伝統の在家者のあいだには、自分たちのことをシヴァ派だと思い込んでいる者が多い。ところが、そう言う彼らも同時に自らのことを「スマールタ」(smārta)と呼ぶ。「スマールタ」の語はスムリティ(smṛti 聖伝書)、特にカルパ・スートラ[18](Kalpa-sūtras)に規定される行為(祭式など)を遵守する者を指し示している。スムリティの語はごくふつうには、個人的、社会的義務を扱う『ダルマ・シャーストラ』(*Dharma-śāstra*)を意味するものと理解され[19]、また『ヴェーダ』が天啓聖典(シュルテイ śruti)であるのに対して、『バガヴァッド・ギーター』や『マハーバーラタ』などは聖伝書(スムリティ)に当たる。聖伝書に対して従順であることは天啓聖典をも受け容れることを暗示している。

こうした意味あいから、スマールタ(smārta)の行為は個人的なものであれ集団的なものであれ、ヴェーダ祭式とともに家庭祭祀も含む。紀元前六〇〇―三〇〇年頃、スマールタ派はヴェーダ祭式を、シャーラグラーマ(śālagrāma)によって表わされるヴィシュヌ崇拝か、バーナ・リンガ(bāṇa-liṅga)によって表わされるルドラあるいはシヴァ崇拝で補足した。そうした崇拝はヴィシュヌ神かシヴァ神のどちらか片方の神に対してだけ行なわれたようである。[20]数世紀後、伝承によれば、シャンカラが六神への崇拝(プージャー)の確立者となった。その六神とは、パンチャーヤタナ（pañcāyatana 五神）――スールヤ神（Sūrya〔Āditya〕）、アンビカー神（Ambikā〔Devī〕）、ヴィシュヌ神（Viṣṇu）、ガネーシャ神（Gaṇeśa〔Gaṇapati〕）、シヴァ神（Śiva）――さらにクマーラ神（Kumāra スカンダの別名）である。

「スマールタ」の語は、シュリーニヴァーサ・シャーストリー（Śrīnivāsa Śāstrī プーナ、元デカン・カレッジ教授）によれば、[21] 本来はすべてのバラモンに適用されたが、一二世紀以降、ヴィシュヌ派に属するバラモンによって拒否された。さらにスマールタ派には、不二一元論スマールタ（advaita smārta）と二元論スマールタ（dvaita smārta）という二つのタイプがある。不二一元論スマールタは額標によって、二つに区別される。すなわち、灰で書かれた白い横三本線（tripuṇḍra）を付ける者と白土（gopīcandana）で縦にウールドヴァ・プンドラ（ūrdhva-puṇḍra）を付ける者である。前者はパンチャーヤタナの五神、特にナーラーヤナ（Nārāyaṇa）あるいは最高ブラフマン（para-brahman）との仲介者であるシヴァ神を崇拝するパンチャーヤタナ・プージャカ（pañcāyatana-pūjaka「五神を崇拝する者」）であり、後者はヴィシュヌ神だけを礼拝するケーヴァラ・ヴィシュヌ・プージャカ（kevalaviṣṇu-pūjaka「ヴィシュヌ神のみを崇拝する者」）である。二元論スマールタは ūrdhva-puṇḍra だけを額に付けている。彼らは灰を塗るのでなく、黄色い土（gopīcandana）を塗っている。ウドゥピ（Uḍupi）では、八つの隣接した僧院（maṭha）と関係している二元論スマールタ派信者は、アラビア海の海浜でマドヴァによって見つけられたと伝承されるクリシュナ像を祀るシュリー・クリシュナ寺院で、ヴィシュヌ神を崇拝している。シュリンゲーリ伝統のスマールタ派は tripuṇḍra を付けている不二一元論スマールタのカテゴリーに入る。[22] ところが、多くのスマールタ派の人びとは、自分たちをシヴァ派（Śaiva）と考えている。[23] 実際、額標だけでは、スマールタ派とシヴァ派の区別がつかないのである。

シャンカラによるシュリンゲーリ僧院の設立

今日、五〇村から成るシュリンゲーリ郡（taluk）は、カルナータカ州のチクマガルール（Chikumagalur）地方に位置している。この郡名はシュリンゲーリ僧院がある行政的中心地、シュリンゲーリ村の名を取ったものである。シュリンゲーリ村は約四〇〇〇人の人口をもつ。シュリンゲーリ（Śṛṅgeri）の名は、シュリンガ・ギリ（Śṛṅgagiri）という語に由来している。その土地の詳しい名は、リシュヤシュリンガ・ギリ（Ṛśyaśṛṅgagiri）すなわち「聖者リシュヤシュリンガ（Ṛśyaśṛṅga）の丘」というものである。ヴァールミーキ著『ラーマーヤナ』（Vālmīki, *Rāmāyaṇa*）において、子どものないダシャラタ（Daśaratha）の供犠（putrakāmeṣṭi 子授けの供犠）はラーマ（Rāma）の誕生へと導くものであるが、聖者リシュヤシュリンガはその供犠における中心人物として登場する。[24]『ラーマーヤナ』はこの聖者のアーシュラマ（āśrama）の場所を記してはいない。今日では一般的に、シュリンゲーリが聖者リシュヤシュリンガのアーシュラマの場所であると信じられているが、いつ、またどのようにしてリシュヤシュリンガギリが今日のシュリンゲーリと関係をもつに至ったかは不確かである。シュリンゲーリにおいて、リシュヤシュリンガは「雨をもたらす者」（rain-bringer）であるとみなされている。伝説によれば、リシュヤシュリンガが人びとに哀れみをたれ、雨乞いと豊作の祈りをするや否や、たちまち空一面に黒雲が拡がり、激しい雨に見舞われたという。[25] シュリンゲーリ僧院から二、三マイル離れたキッガ（Kigga）のリシュヤシュリンガ寺院（Ṛśyaśṛṅga Temple）において、その聖者は祀られ崇拝されている。シュリンゲーリ僧院の世師がシュリンゲーリを離れるときはいつも、キッガにリシュヤシュリンガを崇拝することが慣習になっている。[26]

シャンカラとシュリンゲーリとの関係は、伝承によれば、彼がシュリンゲーリを訪れたとき、コブラがカエルを保護している光景を見たことに始まるという。ヴァラーハ（Varāha）丘からバドラー（Bhadrā）川へと流れるツンガ（Tuṅga）川がシュリンゲーリ僧院の中を流れているが、シャンカラはその河畔に座ったとき、彼は一匹のコブラが陣痛で苦しむカエルに日蔭を与えるために、コブラの頰をふくらませているのを見た。彼はその土地が平和共存の精神が浸みわたった、僧院を創設するのに最適の場所であると悟った。今日、シュリンゲーリ僧院内を流れるツンガ川の沐浴場に据えられているリンガ（liṅga 男根）はシャンカラがコブラを見たという場所を示しており、一匹のコブラとカエルの彫刻もまた、その近くに置かれている。このリンガは「カエル・シャンカラ」（frog-Śaṅkara）として良く知られている。[27]

シャンカラのシュリンゲーリ僧院設立は、『シャンカラの世界征服』には、次のようにただ間接的に記されているだけである。

そこ〔シュリンゲーリ〕で、彼〔シャンカラ〕は、賢人の中でも卓越した者たちに、彼の注解をはじめとする彼自身の著作を教え、そして、〔この〕知識を把捉することができて、究極的な人間の目標〔すなわち解脱〕が〔師の言うことをただ〕聞くだけで達せられるような人びとに教えを説いた。[28]

adhyāpayām āsa sa bhāṣyamukhyān granthān nijāṃs tatra manīṣimukhyān/
ākarṇanaprāpyamahāpumarthān ādiṣṭa vidyāgrahaṇe samarthān//

シャンカラは不二一元論哲学をパドマパーダ（Padmapāda）といった、彼の弟子たちに教えたのであるという。この点に関して、『世師の系譜の詩』は、

その性格が明知との密接な結びつきから成る彼〔シャンカラ〕は、四人の弟子とともに、そこ〔シュリンゲーリ〕に長い間滞在した。彼の集まりを見て、多くの人びとは「これは地上に五つの顔をもつ者〔シヴァ〕の集まりである」と言った。[29]

śiṣyaiś caturbhiḥ saha tatra vidyāvyāsaṅgaśīlaḥ sa ciraṃ nyavātsīt/

vilokya yasyāsya sabhāṃ janaugho jagāda pañcāsyasabhaṃ bhuvīti//

と記している。『シャンカラの世界征服』も『世師の系譜の詩』も、シャンカラのシュリンゲーリでの滞在年数を記してはいない。ところが、スマールタ派信仰者ヴェーンカタラーマンの『世師の系譜の詩』(III・32)の注釈によれば、シャンカラはシュリンゲーリに約一二年間滞在したと述べている。これはシュリンゲーリ伝統の伝承になっている。[30] これらの伝承資料から出てくる結論は推測の域を出るものではないが、シャンカラとその弟子が住んだと思われる簡素な住居が、後の僧院の中核を成したものと思われる。

シャンカラがシュリンゲーリにシャーラダー神(シャーラダーンバー神)を祀ったという伝承は、『シャンカラの世界征服』には、次のように記されている。

そこ〔シュリンゲーリ〕に、不生なる者〔シヴァ神〕などによってさえも崇拝される女神の寺院、インドラの馬車のようであり、その中にすべての芸術的彫刻が表現されている寺院を建ててから、彼〔シャンカラ〕は〔女神〕崇拝を設けた。[31]

prakalpya tatrendravimānakalpaṃ prāsādam āviṣkṛtasarvaśilpam/
pravartayām āsa sa devatāyāḥ pūjām ajādyair api pūjitāyāḥ//

シャーラダーンバー(Śāradāmbā)という名をもち、また〔以前に〕行なった約束を守り、今日でもなお、シュリンゲーリの町に住んでいる〔女神〕は、〔帰依者に対して〕望みの恩恵を与えながら異彩を放っている。[32]

yā śāradāmbetyabhidhāṃ vahantī kṛtām pratijñāṃ pratipālayantī/
adyāpi śṛṅgeripure vasantī pradyotate 'bhīṣṭavarān diśantī//

また『世師の系譜の詩』によれば、シャンカラはサラスヴァティー（Sarasvatī マンダナ・ミシュラ Maṇḍana-miśra の妻ウバヤ・バーラティー Ubhayabhāratī として、この世に現われた）から、彼女がシュリンゲーリにあるリシュヤシュリンガのアーラシュラマまで同伴するという恩恵を得た。そこで、シュリンゲーリへ赴き、

高貴なシャンカラはツンガバドラー河畔の心地よいところで、彼女〔シャーラダー〕を崇拝した。(33)

śrītuṅgabhadrātaṭaramyabhāge tām arcayām āsa sa śaṃkarāryaḥ//

シャーラダー神はサラスヴァティー神のことである。マイソール地方では、サラスヴァティー神はシャーラダー神とも呼ばれており、シュリンゲーリ僧院にあるシュリー・シャーラダー寺院の側壁には、サラスヴァティー神の彫刻が描かれている。つまり、これらの伝説によれば、シャンカラはシュリンゲーリにシャーラダー神の寺院を建てた後、シャーラダー（あるいはシャーラダーンバー）の名で、そこにその崇拝を定めたのである。『シャンカラの世界征服』は、次のように記している。(34)

女神〔サラスヴァティー神〕はまず最初に、「私は私自身の住居へ向けて旅立ちたいと思います。立派なお方よ、どうか、私に〔出発する〕許可を与えてください」と言った。そのように、〔シャンカラに〕述べてから、彼女はヨーガの力によって消えた。これを見て、注解の著者〔シャンカラ〕は女神に、次のように言った。

ādāv ātmyaṃ dhāma kāmaṃ prayāsyāmy arhasy acchaṃ mām anujñātum arhan/
ity āmantryāntarhitāṃ yogaśaktyā paśyan devīṃ bhāṣyakartā babhāṣe//

「女神よ、私はあなたが創造神の妃で、八体をもつ者〔シヴァ神〕とは同じ母胎から生まれた可愛い〔女神〕であり、また、世界を守るために、〔あなたは実際には〕純粋な知であるけれども、ラクシュミーなどの姿をした原初の神——ヴァーチュ（言葉）——であることを知っている。そのために、私によって定められた場所、すなわち、あなたが有徳な者の供奉を得て、〔彼らに〕願望されたものを与える〔女神〕シャーラダーとして崇拝されるべきである、リシュヤシュリンガなどの場所に、あなたの住居を定めなさい」と。

jānāmi tvāṃ devi devasya dhātur bhāryām iṣṭām aṣṭamūrteḥ sagarbhyām/
vācām ādyāṃ devatāṃ viśvaguptyai cinmātrām apy āttalakṣmyādirūpām//
tasmād asmatkalpiteṣv arcyamānā sthāneṣu tvaṃ śāradākhyā diśantī/
iṣṭān arthān ṛṣyaśṛṅgādikeṣu kṣetreṣv āssva prāptasatsaṃnidhānā//

サラスヴァティーは「そうですね」と約束して、歓喜に満ちたブラフマーの住居〔梵界（brahmaloka）〕へ向けて旅立った。そこで、〔その場に居合わせた人びとの〕すべては〔彼女が〕突然消えるのを目撃して、びっくり仰天した。

tatheti saṃśrutya sarasvatī sā prāyāt priyaṃ dhāma pitāmahasya/
adarśanaṃ tatra samīkṣya sarva ākasmikaṃ vismayam īyur uccaiḥ//

『シャンカラの世界征服』によれば、シャンカラが議論でウバヤ・バーラティーに勝ったとき、サラスヴァティー（ウバヤ・バーラティー）が梵界に昇天するまえに、サラスヴァティーが信奉者の礼拝を受け、人びとに恩寵を与えるように、シャンカラはサラスヴァティーからリシュヤシュリンガやその他の場所にサラスヴァティーの崇拝を定めることの同意を得た。シャンカラのシャーラダー神像の設置に関しては、さらに三つの伝承がある。すなわち、(1)シャーラダー神像の下に、シャンカラは自ら石に彫ったシュリー・チャクラ(Śrī Cakra)を置いたと言われる。[35] (2)シャンカラがシュリンゲーリに滞在しているあいだ、彼はチャンドラマウリーシュヴァラ(Candramaulīśvara)と呼ばれる水晶体のリンガ(sphaṭika-liṅga)と真ん中にルビーのある水晶を彫ったガナパティ像への礼拝を始めたという。[36] 今日、チャンドラマウリーシュヴァラ・プージャー(Candramaulīśvara-pūjā)と呼ばれる礼拝は僧院の長である世師すなわちシャンカラーチャールヤによって個人的に執行されている。スマールタ派の人びとは、シャンカラがシュリンゲーリ僧院をスレーシュヴァラ(Sureśvara)に委ね、水晶体のリンガを引き渡して以降、この日常のプージャーが代々の世師によって途絶えることなく行なわれてきたと信じている。(3)シャンカラはシャーラダー神を守るために、僧院を中心として東西南北に守護神を据えたと信じられている。すなわち、東にカーラ・バイラヴァ神(Kāla Bhairava)、南にドゥルガー神(Durgā)、西にハヌマーン神(Hanumān)、北にカーリカー神(Kālikā)である。[37]

シュリー・シャーラダー神(シュリンゲーリ僧院)
母なる神あるいは知恵の女神として知られ、幅広く人びとの信仰を集めている。

詰まるところ、シャンカラのシュリンゲーリ僧院設立に関する伝説は、次のような三つの主要なモチーフを示している。すなわち、(1)シャンカラは四人の弟子と一緒にシュリンゲーリに滞在し住居を設けたが、それが僧院(maṭha)の原型になった。(2)彼は不二一元論哲学を弟子に教えたが、彼らは知識(jñāna)を得て、解脱に到達することを求める出家遊行者(saṃnyāsin)であった。(3) 彼はシュリンゲーリにシャーラダー神像を据え、その寺院を建立してシャーラダー神を崇拝した。また、チャンドラマウリーシュヴァラ崇拝も始めたと信じられている。[38]

三　巡礼地としてのシュリンゲーリ僧院

シュリンゲーリ僧院における世師の系譜

シュリンゲーリ僧院は、一九八九年九月二一日、第三五代の世師アビナヴァ・ヴィドヤー・ティールタが離身解脱(videhamukti)したのに伴い、現在の第三六代の世師、バーラティー・ティールタ(Bhāratītīrtha)が法主を務めている。先代の世師アビナヴァ・ヴィドヤー・ティールタは、シャンカラ派伝統における世師の座位を代々途絶えることなく継承していくために、すでに一九七四年一一月一一日、現在の世師であるバーラティー・ティールタを出家(saṃnyāsa)させて、彼の後継者に任命していた。現在の第三六代世師の後継者は、世師が自ら特別に教えていた二、三人の学生の中から、昨年(二〇一五年)一月二三日、第三七代の世師として、ヴィドゥシェーカラ・バーラティー(Vidhuśekharabhāratī)が選ばれた。

若い後継者はサンスクリット語で「サムニダーナム」(saṃnidhānam)、カンナダ語では「チッカ・グルガル」(chikka-gurugaḷu「若い師匠」)と呼ばれる。シュリンゲーリ僧院によって指示される僧院の世師の系譜(paramparā)とその年代については、図表に示した通りである。[39] この宗教伝統においては、僧院の法主は代々「シャンカラーチャーリヤ」(シャンカラ師)とか「ジャガッド・グル」(「世界の尊師」つまり世師)として信仰者によって呼ばれてきた。僧院の世師、厳密に言えば、年長の世師(サンスクリット語=マハー・サムニダーナム **mahāsaṃnidhānam**、カンナダ語=ドッダ・グルガル **dodda-gurugaḷu**「老師匠」の意)が離身解脱に達するとき、前もって任命されている年下の世師(チッカ・グルガル)が世師の座に就くことになる。シュリンゲーリ僧院の世師

	出家遊行(saṃnyāsa)	離身解脱(videhamukti)
1. Śaṅkara Bhagavatpāda	788C.E.	820C.E.
2. Sureśvara	813	834
3. Nityabodhaghaṇa	818	848
4. Jñānaghaṇa	846	910
5. Jñānottama	905	954
6. Jñānagiri	950	1038
7. Siṃhagiri	1036	1098
8. Īśvaratīrtha	1097	1146
9. Nṛsiṃhatīrtha	1146	1229
10. Vidyāśaṅkaratīrtha	1228	1333
11. Bhāratikṛṣṇatīrtha	1328	1380
12. Vidyāraṇya	1331	1386
13. Candraśekharabhāratī I	1368	1389
14. Narasiṃhabhāratī I	1388	1408
15. Puruṣottamabhāratī I	1406	1448
16. Śaṅkarabhāratī	1429	1455
17. Candraśekharabhāratī II	1449	1464
18. Narasiṃhabhāratī II	1464	1479
19. Puruṣottamabhāratī II	1473	1517
20. Rāmacandrabhāratī	1508	1560
21. Narasimhabharati III	1557	1573
22. Narasiṃhabhāratī IV	1563	1576
23. Narasiṃhabhāratī V	1576	1600
24. Abhinavanarasiṃhabhāratī I	1599	1622
25. Saccidānandabhāratī I	1622	1663
26. Narasiṃhabhāratī VI	1663	1706
27. Saccidānandabhāratī II	1706	1741
28. Abhinavasaccidānandabhāratī I	1741	1767
29. Narasiṃhabhāratī VII	1767	1770
30. Saccidānandabhāratī III	1770	1814
31. Abhinavasaccidānandabhāratī II	1814	1817
32. Narasiṃhabhāratī VIII	1817	1879
33. Saccidānandaśivābhinavanṛsiṃhabhāratī	1866	1912
34. Candraśekharabhāratī III	1912	1954
35. Abhinavavidyātīrtha	1931	1989
36. Bhāratītīrtha	1974	(1989 以降　世師)

図表　シュリンゲーリ僧院における世師の系譜

の継承は、実際にシャンカラにまで遡るかどうかは別としても、それは長年にわたって続いてきている。[40]

『シャンカラの世界征服』はシャンカラがスレーシュヴァラを僧院の法主に任命したと明記してはいないが、ただカーシュミーラ（Kāśmīra カシミールのこと）で女神シャーラダーの寺院における「一切知の玉座」（sarvajña-pīṭha）に就いた後、彼は「リシュヤシュリンガ（Ṛśyaśṛṅga シュリンゲーリ）などのアーシュラマに、〔彼の弟子の〕幾人かを任命した」[41]と記している。世師継承の形式は、君臨する王が後継者を自分の生きている間に任命し、死後も確実に王位が継承されていくようにする、いわゆるユヴァ・ラージャ（yuvarāja「若い王」の意）の習慣とパラレルをなしている。[42]

巡礼地としてのシュリンゲーリ僧院

シュリンゲーリ僧院の伝統では、シャンカラがシュリンゲーリに僧院を創設して以降、僧院はシャンカラの理想を体現してきたという。前述したように、シャンカラのシュリンゲーリ僧院の創設に関する伝承は、おもに次の三つの宗教的なモチーフを表わしている。すなわち、（1）出家遊行者の住居としての僧院、（2）哲学的探究の場としての僧院、それに、（3）シャーラダー神崇拝の場としてのシュリンゲーリ。ところが、『世師の系譜の詩』によれば、シュリンゲーリ僧院の志向性はヴィドヤーランヤ（Vidyāraṇya）の影響のもとに大きく変わった。ヴィドヤーランヤはハリハラ一世（Harihara I）とブッカ（Bukka）がヴィジャヤナガル王国とその都であるヴィジャヤナガルを建てた際、祝禱でもって指導した。[43] 僧院はスレーシュヴァラからヴィドヤー・シャンカラ・ティールタ（Vidyāśaṅkaratīrtha）の時代までは、哲学的探究の場として簡素であったと思われる。ところが、世師は支持者や帰依者からジャーギール（jāgīr）と呼ばれる寄進地や財産の献身的な寄付を受けることになった。たとえば、『世師の系譜の詩』によれば、ハリハラ王は彼の宝器すべてをヴィドヤーランヤに献上し、後になると、シュリンゲーリ僧院の世師は「カルナータカの王国を支える者たちの師」（karṇāṭasiṃhāsanasthāpakācārya）と呼

シュリンゲーリ僧院　シュリー・シャーラダー寺院（右側の建物）とシュリー・ヴィドヤー・シャンカラ寺院（左側の建物）。毎日、多くの巡礼者で賑わう。（2006年2月24日筆者撮影）

ばれるようになった[44]。また、世師の遊行の形式も一変した。世師は遍歴する際、象、旗、その他、手回り品を伴ない、「パランクイン」（palanquin）という乗物に乗って旅をするようになった[45]。

ヴィドヤーランヤは確保した財産でもって、元来、シャンカラによって据えられた白檀（sandalwood）材のシャーラダー神像の代わりに、今日も伝わっている金色のシャーラダー神像を据えたと言い伝えられている。この神像を安置する寺院の建物も大きなものに建て替えられた[46]。さらに、ヴィドヤーランヤの師匠に相当する第一〇代の世師ヴィドヤー・シャンカラ・ティールタを追憶する意味で、シュリンゲーリで最も大きな寺院、シュリー・ヴィドヤー・シャンカラ（Śrī Vidyāśaṅkara）寺院が第一一代の世師バーラティー・クリシュナ・ティールタ（Bhāratikṛṣṇatīrtha）の祝禱のもと、ヴィジャヤナガル王の加護を得て、一三三八年（Śaka 一二六〇年）に建立されたという[47]。僧院のシュリー・シャーラダー寺院では、日常的祭祀が行なわれ、ナヴァ・ラートリー（Navarātri）には特別な臨時の祭祀が行なわれるようになった。ヴィジャヤナガル王（ハリハラ一世、ブッカ、ハラハリ二世）などからの寄付は祭祀に必要な経費をまかなったり、祭日に各地から巡礼してくるスマールタ派の人びとに食事を接待したりするのに使われた。『世師の系譜の詩』に記されている寄付の記述はシュリンゲーリの刻文によって立証されている。たとえば、同書や刻文資料によれば、ハラハリ二世は宝石をはめ込んだ下駄（pāduke ratnakhacite）、旗（patākā）、円盤（cakra）、青色の布二枚（meghāmbara）、さらに、パランクインなどの寄付を行なったという。(48)

シュリンゲーリに残っている考古学的データは、ヴィドヤーランヤがヴィジャヤナガル王に対して政治的影響を及ぼしていた証拠を示している。ハラハリ二世の寄付について記した銅板刻文（サンスクリット語、西紀一三八四年）は、ヴィドヤーランヤがハリハラ二世の精神的な師であると記している。

出家遊行者の長ヴィドヤーランヤの愛に満ちた一見によって、彼〔ハリハラ二世〕は、他の王たちによっては達しがたい知識の王国（jñānasāmrājyam）を獲得した。(49)

vidyāraṇyamunīśasya kṛpāpūrṇanirīkṣaṇāt/
yo [’]labdha jñānasāmrājyaṃ duṣprāpam itarair nṛpaiḥ//

シュリンゲーリ僧院の世師は代々、出家遊行者の長として宗教的権威を保持してきたが、そのうえに、新たに拡大された僧院とその所有物（saṃsthāna）に対する世俗的権威が付加されたのである。僧院の成立以来、出家遊行者である世師は個人的財産を持つことはなかった。しかし、ヴィドヤーランヤ時代以降、世師たちは躊躇することなく、寄付された土地などを「僧院の理想の維持や伸展のための信託財産」とみなし保有するようになった。(50) 時代の流れとともに、それ以前の、出家遊行者の哲学的探究、瞑想、それに苦行のための静寂な修行の場から、僧院は次第に日常的祭祀や臨時の祭祀を執行する祭官をもち、また大勢の奉仕者をもつ組織立った寺院崇拝と活気に満ちた巡礼の場になっていった。

シュリンゲーリ僧院は、おもに南インドにいくつかの僧院をもっている。それらの中で、二つは特に重要である。すなわち、バンガロールとカーラディにあるシュリンゲーリ僧院である。バンガロールのシュリンゲーリ僧院は高度な哲学的探究の場であり、一九〇七年、第三三代の世師サッチ・チッド・アーナンダ・シヴァービナヴァ・ヌリシンハ・バーラティーによって創設された。彼はその僧院にシャンカラ像を据え、また一九三八年には、第三五代の世師アビナヴァ・ヴィドヤー・ティールタがその僧院内にシュリー・シャーラダー寺院を建立した(51)。筆者が訪問したときには、バンガロールの僧院には三、四人の学生(brahmacārin)がいて、シャンカラの『ブラフマ・スートラ注解』(*Brahmasūtrabhāṣya*)といった哲学文献など、ヴェーダーンタ哲学を学んでいた。シュリンゲーリ僧院では、およそ七〇人の学生が『ヴェーダ』、特に『リグ・ヴェーダ』(*Ṛg-veda*)や『ヤジュル・ヴェーダ』(*Yajur-veda*)を学んでいたが、そこでの学業を終えた学生の中で、特に優秀な学生はヴェーダーンタ研究のためにバンガロールへ行くのが伝統になっている。

シュリンゲーリ僧院に属するもう一つの主要な僧院、すなわち、カーラディのシュリンゲーリ僧院には、シュリー・シャンカラ寺院とシュリー・シャーラダー寺院があるが、それらは一九一〇年、第三三代の世師によって建立された。シュリンゲーリ僧院のスマールタ派信者のヴェーンカタラーマンによれば、「ディワーン・シェーシャードリ・アイヤー(Diwan Seshadri Aiyar)はシャンカラの生誕地、カーラディに古いアグラハーラ(agrahāra)の場所を発見し(52)」、その後、第三三代の世師がカーラディに滞在中、三昧(samādhi)の行を行なっているとき、シャンカラの生誕の場所が明らかになったと言われる(53)。シャンカラ生誕の場所は「サムケータン」(saṃketam)と呼ばれ(54)、神聖な場所として有名で、巡礼地になっている。

ちなみに、シュリンゲーリ僧院の在家信者や巡礼者たちの便宜を図るために、先代の第三五代世師、アビナヴァ・ヴィドヤー・ティールタは、一九八六年、僧院と世師の住居の間を流れるツンガ川に橋を架けることを決心した。長年にわたって、乾季のときには、かろうじて一人が渡れる木製の小さな橋が架けられていたが、それが雨季になると水嵩が増して、ツンガ川を小舟で渡るのが危険な状態であった。世師が離身解脱した一九八九年九月には、かなり架橋の作業は進んでいたが、一九九〇年五月二一日に完成した。当日、第三六代世師バーラティー・ティールタは、「川がかつて洪水になったとき、舟で川を渡っていて災難が起こった。そのとき、〔先代の〕世師は巡礼者の安全のために、ツンガ川に橋を架けることを決心された」と話した。[55] 現在の第三六代世師は、先代の世師の思いを受けて、その橋を「シュリー・ヴィドヤー・ティールタ橋」（Śrī Vidyātīrtha Setu）と名づけた。その後、シュリンゲーリ僧院を訪れる巡礼者の中には、架橋される以前に比べて、シャーラダー神へのバクティばかりでなく、その橋を渡って世師の住居を訪れ、世師へのダルシャンをする人びとが少しずつ増えてきているという。

シャンカラは一般的にシュリンゲーリ僧院の創始者とみなされ、さらにスマールタ派の開祖ともみなされている。シュリンゲーリ僧院の法王が代々、「世師」と呼ばれるばかりでなく、「シャンカラーチャーリヤ」とも呼ばれるということは注目に値する。この呼称はシャンカラのたましいが僧院の法王に代々引き継がれてきたとの信仰を象徴している。それは、世師がいわゆる「シャンカラの化身」であるというシャンカラ派における在家者の信仰の中に具体的にあらわれている。

世師は王族のみならず、スマールタ派の人びとにとっても「師」であった。また、シャーラダー神に対するバクティ（信愛）は広く一般の人びとに受け容れられ、人びとがシュリンゲーリと関わるようになる契機になった。在家信者はシュリンゲーリへ巡礼して、シャーラダー神からの現世利益を望み、恩寵を得ようとする。シュリンゲーリが広範に知られた巡礼地となるに及んで、僧院の宗教生活は変わらざるをえなかった。この変化はシャーラダー神の大寺院の建立という形で具体化された。ヴィドヤーランヤの時代は、シュリンゲーリ僧院にとって、出家遊行者の修行の場から在家信者の巡礼地へと大きく転換する時期であった。

註

（1）ウィリアム・センクナーは、次のように述べている。
「歴史的証拠の中には、宗教的中心勢力間の対抗意識のために破壊されたり、改竄されたりしたものもある。たいていの歴史は特定の師（グル）の信奉者によって記されたものであるので、その人物の生の威厳が衰えないあいだは、筆者が自由に歴史の詳細を変えるという変更の原理が一般的に用いられた。しかしながら、最近ではシュリンゲーリやカーンチーのような中心勢力では歴史的研究が進んできたが、過去の対抗意識が批判的研究を促進させたのである。たとえば、シュリンゲーリでは、ヴィドヤーランヤの時代からは幾人かの過去の師の一生を再構成し、同時に、僧院自体を制度として再構成するのに十分な資料が存在している。」（TT, p.110.）

（2）Mādhava, *Śaṅkaradigvijaya,* Ānandāśrama Sanskrit Series, no. 22（Poona: Ānandāśrama Press, 1891）.
この諸写本には、一般的に *Saṃkṣepaśaṅkarajaya* あるいは *Saṃkṣepaśaṅkaravijaya* というタイトルが付けられている。*Saṃkṣepaśaṅkarajaya* というタイトルが付いている諸写本は、次の文献に記されている。Cf. Th. Aufrecht, *Catalogi Codicum Manuscriptorum Bibliothecae Bodleianae Pars Octava, Codices Sanscriticos*（Oxford: The Clarendon Press, 1864）, pp.252-260; Ernst Windisch and Julius Eggeling, *Catalogue of the Sanskrit Manuscripts in the Library of the India Office*（London, 1894）, part IV, p.741; M. A. Stein, *Catalogue of the Sanskrit Manuscripts in the Raghunatha Temple Library of His Holiness The Maharaja of Jam-mu and Kashmir*（London: Luzac & Co.; Bombay: Nirnaya-sagara Press; Leipzig: Harrassowitz, 1894）, p.128. *Saṃkṣepaśaṅkaravijaya* というタイトルが付けられている諸写本は、次の文献に記されている。Cf. A. B. Keith, *Catalogue of the Sanskrit and Prakrit Manuscripts in the Library of the India Office*（Oxford: The Clarendon Press, 1935）, vol.II, p.615; S. K. Sastri, *A Triennial Catalogue of Manuscripts Collected During the Triennium 1913-14 to 1915-16*（Madras: The Government Press, 1917）, vol.I（part 1）, pp.1547-1548; P. P. S. Sastri, *A Descriptive Catalogue of the Sanskrit Manuscripts in the Tanjore*

Mahārāja Serfoji's Sarasvatī Mahal Library（Śrīrangam: Śrī Vani Vilas Press, 1930）, vol.VII, pp.3227-3229.

Śaṅkaradigvijaya という書名は、アーナンダーシュラマ（Ānandāśrama）版の書名に合わせて採用したものである。今日、シュリンゲーリの伝統においては、この著書はこのタイトルで最もよく知られている。

（3）Kāśī Lakṣmaṇaśāstrī, *Guruvaṃśakāvya*（Śrīrangam: Śrī Vani Vilas Press, 1966）.

（4）K. R. Venkataraman, "Guruvamśa Kavya（A Brief Review）," *Śriṅgeri Vignettes*（Śrīrangam: Śrī Vani Vilas Press, 1968）, p.64.

（5）ŚDV, I.i, p.1.

（6）H. R. Rangaswami Iyengar and R. Chakravarthi, *Śrī Śankara Vijayam*（Madras: Ganesh & Company, second edition, 1976）, p.72.

（7）ŚDV, XVI.96, p.597; XVI.100, p.598. GVK, III.66-70, pp.30-31. 聖者ダッタートレーヤのアーシュラマは、一般的に中央インドに位置していると言われる。Cf. H. R. Rangaswami Iyengar and R. Chakravarthi, *Śrī Śankara Vijayam.*

（8）W. R. Antarkar, "Saṅkṣepa Śaṅkara Jaya of Mādhavācārya or Śaṅkara Digvijaya of Śrī Vidyāraṇyamuni," *JUB*, XLI（new series）, no.77（1972）: 5.

（9）アンタルカルによれば、ŚDV の全詩節のうち、四七五詩節が Vyāsācala に由来し、四七五詩節が Tirumala Dīkṣita に、一二五詩節が Rājacūḍāmaṇi Dīkṣita に、一一詩節が Rāmabhadrasūri に由来したものである。

（10）Antarkar, JUB（1972）: 22.

（11）T. S. Narayana Sastri, *The Age of Śaṅkara*,（1916）, p.158. Cf. Swami Tapasyananda's Introduction, *Śankara-dig-vijaya* or the Traditional Life of *Śrī Śaṅkaracharya*（Madras: Sri Ramakrishna Math, second edition, 1980）, p.ix.

（12）Narayana Sastri, *The Age of Śaṅkara*, p.247. Cf. S. Tapasyananda's Introduction to his English translation of the ŚDV, p.xi.

（13）Th. Aufrecht, *Catalogi Codicum Manuscriptorum Bibliothecae Bodleianae Pars Octava, Codices Sanscriticos*（Oxford: The Clarendon Press, 1864）, pp.252-260.

（14）ŚDV（ダナパティ『ディンディマ』注釈）, p.603.

（15）ジョナサン・ベイダーはおもにアンタルカルの文献学的研究に依拠しながら、伝説的伝記の諸本の比較検討によって、ŚDV がおそらく一七四〇年から一七九八年のあいだに成立したものであろうと指摘している。Cf. Jonathan Bader, *Conquest of the Four Quarters: Traditional Accounts of the Life of Śaṅkara,*（New Delhi: Aditya Prakashanm, 2000）, p.55.

シャンカラの伝説的伝記には、もう一つ別の重要な文献がある。それは、Anantānandagiri's *Śaṅkaravijaya* であるが、カーンチー・カーマコーティ僧院の信者たちは、この文献を権威あるものとみなしている。Cf. Anantānandagiri's *Śaṅkaravijaya*, ed. N. Veezhinathan（Madras: University of Madras, 1971）.

W・R・アンタルカルとS・タパスヤーナンダによれば、アナンターナンダギリ（Anantānandagiri）は、不二一元論ヴェーダーンタ学派の有名な哲学者であるアーナンダギリ（Ānandagiri）とは違う人物であるという。また、アンタルカルによれば、このシャンカラの伝説的伝記は一四世紀以前の作品ではないという。Cf. S. Tapasyananda's Introduction to his English translation of the ŚDV, p.ix; Antarkar, "Śaṅkaravijaya of Anantānandagiri," *Journal of the University of Bombay*, XXX（new series）, part 2（1961）, p.73.

ちなみに、カーンチー・カーマコーティ僧院によれば、シャンカラはカーンチー・カーマコーティ僧院を創設したし、また、彼はカーンチーの地で亡くなり、そこには、シャンカラのサマーディ（samādhi 墓地）があるという。こうしたカーンチー・カーマコーティ僧院の伝統に対して、シュリンゲーリ僧院は強く反論している。

（16）第三五代世師（アビナヴァ・ヴィドヤー・ティールタ）とのインタビュー、シュリンゲーリ僧院にて、一九八三年二月五日。

（17）中村元「シャンカラ派の総本山——シュリンゲーリ」（『印度学仏教学研究』第九巻第一号、一九六一年）、一一八—一一九頁。

（18）カルパ・スートラ（*Kalpa-sūtra* 劫波経）とは、一般的に『シュラウタ・スートラ』（*Śrauta-sūtra* 天啓経）、『グリヒヤ・スートラ』（*Gṛhya-sūtra* 家庭経）それに『ダルマ・スートラ』（*Dharma-sūtra* 法律経）という三つのスートラを示している。

（19）T. K.Venkateswaran," Rādhā-Krishna Bhajanas of South India," *Krishna: Myths, Rites, and Attitudes*, ed. Milton Singer（Chicago and London: the University of Chicago Press, second impression, 1972）, p.145. L. N. Faquhar, *Modern Religious Movements in India*（New Delhi: Munshiram Manoharlal Publishers Pvt. Ltd., first published 1914, Indian edition, 1977）, pp.305-308.

（20）T. K. Venkateswaran, op.cit., p.146.

（21）シュリーニヴァーサ・シャーストリー教授とのインタビュー、プーナにて、一九八三年三月一九日。

（22）ŚDV, IV.58, p.112.

（23）一九世紀の英国人旅行者フランシス・ブキャナン（Francis Buchanan 一七六二―一八二九）は、次のように報告している。スマールタ・バラモンのすべては「シャンカラ師の信奉者」で、「牛糞の灰でもって塗られた額の三本線によって識別される」が、「ふつうはシヴァ派に属する（be of the sect of Śiva）と言われている」。Cf. Francis Buchanan, *A Journey From Madras Through the Countries of Mysore, Canara, and Malabar*, 3vols.（London: W. Bulmer and Co. Cleveland Row, 1807), first volume, pp. 13-14.

（24）*The Vālmīki-Rāmāyaṇa* (critical edition), *the Bālakāṇḍa* (vol.1) critically ed. G.H. Bhatt (Baroda: Oriental Institute, 1960), pp.60-115.

（25）SGPC, p.13.

（26）筆者のフィールドワークにもとづく。

（27）SGPC, p.20. ツンガ河畔の岩の上にあるカンナダ語の刻文によれば、リンガ（liṅga）が一六〇二年、世師ナラシンハ・バーラティー（Narasiṃhabhāratī）によって据えられたという。*ARMAD, for the year 1933* (Bangalore: The Government Press, 1936), p.131.

（28）ŚDV, XII.66, p.452.

（29）GVK, III.32, p.27.

（30）GVK, editor's note, p.32.

（31）ŚDV, XII,68, p.452.

（32）ŚDV, XII,69, p.452.

（33）GVK, III,31cd, p.27.

（34）ŚDV, X.69-72, pp.398-399.

（35）SGPC, p.20. TTW, p.14.

（36）TTW, 1959, p.14. GVK, III.33, p.27.

（37）TTW, p.155. SGPC, p.50. GVK, VIII.26, p.79; editor's note, p.87.

（38）シュリンゲーリ僧院の歴史に関して、シャンカラ派の二大勢力であるシュリンゲーリ僧院とカーンチー（Kāñcī）僧院とのあいだには意見の対立がある。シュリンゲーリ僧院の方は、（1）シャンカラはカーンチー僧院を創設しなかった。シャンカラが創設したのは、シュリンゲーリ、プリー、ドヴァーラカー、バダリナータにある四つの僧院である。また、（2）シャンカラが没したのはケーダーラ（Kedāra）であって、カーンチーではないと主張して、カーンチー・カーマコーティ（Kāñcī Kāma-koṭi）僧院の権威を認めようとしない。

他方、カーンチー僧院側は、シュリンゲーリ僧院がシャンカラによって創設された元々の僧院ではない、と主張している。マイソールの学者、アイエンガーとチャクラヴァルティも、シモガ（Shimoga）地区のツンガバドラ（Tungabhadra）河畔にあるクーダリ僧院（Kūdali Maṭha）が本来のシュリンゲーリ僧院であると論じている。というのは、一五七〇年頃、当時のシュリンゲーリの世師ナラシンハ・バーラティーが北インドへ旅に出かけた。長年、シュリンゲーリへ戻らなかったので、人びとはすでに世師が没したものと思い、「プスタカ・サンヤーサ（pustaka-sanyāsa〔ママ〕）と呼ばれるユニークな聖儀の方法」によって新しい世師を据えた。その後、旅に出ていた世師が戻ってきた。この事情は当時のマイソールの王によって調査され、長旅から帰ってきた世師は「元々の座位すなわちクーダリ（Kūdali）」に住み、新しい世師はシュリンゲーリに住むことになったという。Cf. H. R. R. Iyengar and R. Chakravarthi, *Śrī Śankara Vijayam*, 2nd ed.（Madras: Ganesh & Company, 1976), pp.63-64.

おそらく、シュリンゲーリ僧院史のこうした説明に対する反証は、シュリンゲーリ僧院にあるシュリー・ヴィドヤー・シャンカラ寺院（Śrī Vidyāśankara Temple）がナラシンハ・バーラティーの時代よりも二世紀以上も前、一三三八年に第一一代目の世師バーラティー・クリシュナ・ティールタ（Bhāratikṛṣṇatīrtha）によって建てられたという点である。Cf. TTW, p.146. K. R. Srinivasan, "The Vidyāśaṃkara Temple | Śringerī," *Śringerī Vignettes*, ed. by K. R. Venkataraman（Śrīrangam: Śrī Vani Vilas Press, 1968), p.14. ともあれ、アイエンガーとチャクラヴァルティの示唆は、さらに厳密に検討する必要がある。

（39）*Souvenir*, pp.27-28. この著書は、シャンカラの出家遊行の年代を七八八ＣＥとし、「離身解脱」（videhamukti）の年代を八二〇ＣＥと記している。ここで出家遊行の年代として示される七八八ＣＥは明らかに誤記であって、シャンカラの生誕年とみなされるべきものである。ŚDV の記述にもあるように、シャンカラは三二年間生きたが、八歳のとき出家遊行者になった。たとえ八二〇ＣＥが、彼の没した年だとしても、三二年を逆算すると、七八八ＣＥは生誕の年に当たることになり、七九六ＣＥが出家遊行の年になる。

（40）カーンチー（Kāñcī）僧院とドヴァーラカー（Dvārakā）僧院には、世師系譜とその年代の記録があるが、プリー（Purī）僧院については十分な記録が揃っていない。バダリナータ（Badarinātha）のジュョーティル（Jyotir）僧院の伝統は長い間、途絶えていた。センクナーも述べているように、「いくつかの記録によれば、ジュョーティル僧院は、ほぼ三世紀のあいだ途絶えたままであった」が、その僧院では「ただ一六五年の途絶え」を認めているにすぎない。

ちなみに、シュリンゲーリ僧院を除く、これら四つの僧院の伝統では、シャンカラの年代を五〇九—四七七ＢＣＥとみなしている。Cf. TT, pp.110-111.

（41）ŚDV, XVI.93, p.596.

（42）一九世紀の英国人旅行者フランシス・ブキャナンは、こうした習慣を次のように報告している。

「シュリーンガ・ギリ（Śrīnga-giri）のおもな学校には、多くの弟子たちがいる。彼らはすべて「ヴェーダを尊奉する」（Vaidika）家庭に育った未婚者で、バラモンがもつ学識を念入りに教育されている。彼らは「ブラフマ・チャーリ」（Brahma Chāris〔ママ〕）と呼ばれ、彼らの間から世師は死ぬまえに、彼にとって最も適任であるように思える人物を選び、「ウパデーシャ」（Upadesa〔ママ〕）を授け、彼らの長にする。世師（Swamalu）は死の直前まで、後継者に「ウパデーシャ」を授けようとはしない。それを獲得すると、彼の力はすぐに世師のそれと同じになる。」Cf. Francis Buchanan, op.cit., 1807, vols.3, first volnme, p.305.

（43）GVK によれば、ヴィジャヤナガルの都は一三三六（Śaka 一二五八）年に設立された。Cf. GVK, VI.8, p.53.

（44）GVK, VI.42, P.59. Cf. K. R. Venkataraman, op.cit., 1959, p.32; K. R. R. Sastry, *Sri Sringeri Jagadguru and the Karnataka Sama-sthanam*（Madras: The Sringeri Jagadguru Sanatana Dharma Vidya Samithi, 1965）, p.3.

（45）"The Śringeri Math and Its Gurus," *ARMAD, for the year 1928*, pp.15-20. Cf. F. Buchanan, op.cit., p.22.

（46）TTW, pp.44-45.

（47）K. R. Srinivasan, "The Vidyāśaṃkara Temple｜Śringerī," p.14.

（48）GVK, VIII.4-18, pp.77-78. 寄付の明細については、*ARMAD, for the year 1928*, p.17. に詳しく記されている。

（49）*ARMAD, for the year 1933*, pp.134, 136.

（50）TTW, pp.47-48.

(51) TTW, p.104. SS, p.90.
(52) TTW, p.102.
(53) TTW, p.105. Cf. K.A. Nilakantha Sastri, "Śrīngeri," *The Illustrated Weekly of India* (1963, November 17), p.10.
(54) TTW, p.103.
(55) K. Suresh Chandar, *Inspiring Saint*, pp.71-72.

第四章　シャンカラ派の宗教思想の特質——特に「信仰」の概念と意味をめぐって

本章は、シュリンゲーリ僧院を中心としたシャンカラ派伝統のコンテクストにおける「信仰」の概念とその意味に関する考察をとおして、シャンカラ派の宗教思想の特質を明らかにしようとするものである。筆者はシャンカラ派における「信仰」現象が宗教理念的あるいは哲学思想的なレベルと、実践的あるいは慣習的なレベルの両レベルから成っていると把捉する。そこでシャンカラ派における「信仰」の理解は、シャンカラなどの不二一元論思想を研究するだけでは不十分であるし、一方、その哲学思想を無視して、シャンカラ派に関する人類学的あるいは社会学的な研究だけでも、これまた十分なものではない。それは信仰の理念としての不二一元論思想とシャンカラ派の伝統にみられる具体的な信仰現象との重なり合いが、シャンカラ派の宗教伝統を構成しているからである。したがって、シャンカラ派における「信仰」現象、およびその中に内在する宗教思想を理解するためには、宗教理念となっているシャンカラの哲学思想と伝統的な慣習や儀礼などの実際の具体的な信仰の両レベルに注目しなければならない。

筆者は一方では、シャンカラの哲学思想をただ単に「理念」として文献学的、解釈学的研究の対象としてのみ扱うのではなく、それがシャンカラ派の人びとの信仰にとってもつ宗教的意味に注目する。他方、具体的信仰の様相に関するデータも、ただ単に「事実」として説明するのではなく、それが信仰者にとってもつ宗教的意味に注目する。こうした問題意識に立脚して、シャンカラ派の信仰を研究するに際して、筆者はまず、自らのもっている社会的、文化的価値の判断や先入見をできるかぎり抑制し、また自らをその宗教伝統における人びとの信仰の営みへと可能な限り感情移入させながら、その信仰のあり方を共感的に考察することになる。

　ここでは宗教学的パースペクティヴにおいて、哲学思想の文献、シャンカラ派の信仰者の著述に加えて、フィールドワークから得た資料も考慮しながら、シャンカラ派の人びとにとって「信仰」とは何であるか、また何がどのように信じられているのかを探究したい。つまり、本章は前章において考察したシャンカラ派信仰の脈絡《コンテクスト》の理解を踏まえて、在家と出家遊行という二つの宗教的生き方を基軸として、シャンカラ派の宗教伝統における「信仰」の概念とその具体的な意味内容を検討し、シャンカラ派の宗教思想の根本的な特徴を探究しようとするものである。

　シャンカラ派では、日本語でいう「信仰」の語にぴったり対応する語は見当たらない。ところが、信仰的な関わりかたを表現するときには、「シュラッダー」（śraddhā）の語がよく使われ、また「バクティ」（bhakti）の語も頻繁に使われている。それら二つの語の意味は、日本語でいう「信仰」とは少しずれている。ここでは「シュラッダー」と「バクティ」の語を手がかりとしながら、シャンカラ派における「信仰」の概念とその意味の検討を進めていくことにしたい。

一　シュラッダー（信）――聖典と師の言葉への信頼

シュラッダー（信）の語とその意味

　まずはじめに、シャンカラ派の開祖として慕われているシャンカラが、シュラッダーの語とその意味をどのように論じているのかということから、ここでの考察を始めることにしよう。シャンカラは『バガヴァッド・ギーター注解』（*Bhagavadgītābhāṣya*）と諸々の『ウパニシャッド注解』において、シュラッダー（信）を「『ヴェーダ』の教えを肯定する判断」（āstikyabuddhi）と説明している。[1] たとえば、『ブリハッド・アーラニヤカ・ウパニシャッド注解』（*Bṛhadāraṇyakopaniṣadbhāṣya*）において、シュラッダーを次のように規定している。

シュラッダー（信）とは不可見の目的のための儀礼行為とか神々などに関して、『ヴェーダ』の教えを肯定する判断である。アシュラッダー（不信）とは、これと反対の判断のことである。[2]

śraddhā adṛṣṭārtheṣu karmasv āstikyabuddhir devatādiṣu ca/
aśraddhā tadviparītā buddhiḥ/

『チャーンドーグヤ・ウパニシャッド注解』（*Chāndogyopaniṣadbhāṣya*）によれば、

シュラッダー（信）とは思慮の対象に対する尊敬〔の感情〕である。すなわち、それは『ヴェーダ』の教えを肯定する判断である。[3]

mantavyaviṣaye ādaraḥ āstikyabuddhiḥ śraddhā

シャンカラの哲学によれば、出家遊行者は『ヴェーダ』を肯定するシュラッダーを保持すべきなのである。[4] シャンカラのいうシュラッダーは「心の作用」[5]（hṛdayasya vṛttiḥ）であるけれども、それは宗教的関わりかたとしての「信仰」の概念よりは狭い概念である。それは、シュラッダーが「知識の獲得のための手段」（jñānalabdhyupāya）であり、聖典や師の言葉に対する「信頼」（viśvāsa）にすぎないからである。[6] シャンカラのシュラッダーとは、解脱を示す宗教的関わりかたなのではなく、聖典や師への信すなわち信頼を示す態度のことであるが、その主体はおもに出家遊行者である。シュラッダーはいまだ解脱の状態を示すものではない。つまり、パウル・ハッカーの指摘を待つまでもなく[7]、シャンカラのシュラッダーとは聖典や師の言葉への信頼であるばかりでなく、それらの言葉を適切に理解するための先行要件でもある。

次にシャンカラ派において、伝統的にシャンカラに帰せられる哲学文献に出てくるシュラッダーを見てみよう。文献学的にはシャンカラの真作ではないが[8]、シュリンゲーリ僧院の伝統では、シャンカラが著したと信じられている『ヴィヴェーカ・チューダーマニ』(*Vivekacūḍāmaṇi*)は最も重要な文献になっている。それによれば、

聖典や師の言葉を、それらが真理であるとの判断でもって確認することは、善なる人びとによって、それを通じて実在〔の知識〕が得られるシュラッダー(信)と呼ばれる[9]。

śāstrasya guruvākyasya satyabuddhyāvadhāraṇā
sā śraddhā kathitā sadbhiḥ yayā vastūpalabhyate//

と、シュラッダーの対象は聖典および師の言葉であると記されている。さらに同書によれば、シュラッダーとはブラフマン(=アートマン)に到るための準備段階を構成する六つの「徳」(guṇa)のうちの一つである。六徳とは静穏(śama)、自己抑制(dama)、世俗的行為の停止(uparati)、忍耐(titikṣā)、信(śraddhā)それに専心(samādhāna)である[10]。これら六徳は出家遊行者の解脱にとって不可欠なものである。特に解脱に到るためには、聖典と師が実際に不可欠であるので、出家遊行者には聖典と師の言葉へのシュラッダーが、とりわけ重要である。もしもシュラッダーがなければ、その出家遊行者の宗教的関わりは、解脱論の視座からみれば、根本的に不十分なのである。さらにまた、文献学的にみれば、シャンカラの真作ではないが、伝統的にシャンカラに帰せられる『全ヴェーダーンタ哲学精髄概要』(*Sarvavedāntasiddhāntasārasaṃgraha*)は、解脱に到るためのシュラッダーの必

然性を、

信（シュラッダー）とは、師や『ウパニシャッド』の言葉に関して、それらが真理であるとの確乎たる判断である。それは解脱に到るための前提条件である。（二一〇）

guruvedāntavākyeṣu buddhir yā niścayātmikā/
satyam ity eva sā śraddhā nidānaṃ muktisiddhaye//

と記し、さらに続いて、シュラッダーの意義を次のように説明している。[11]

信をもつ善なる者によってのみ、前述した人間の目的〔すなわち解脱〕は達成されるが、それ以外の場合はありえない。『ヴェーダ』〔*Chāndogyopaniṣad* VI.xii. 2〕曰く、「親愛なる者よ。述べられた大変微細な絶対的実在に対する信を持て。」（二一一）

śraddhāvatām eva satāṃ pumarthaḥ samīritaḥ sidhyati netareṣām/
uktaṃ susūkṣmaṃ paramārthatattvaṃ śraddhatsva somyeti ca vakti vedaḥ//

しかし、信を欠く者にとっては、〔解脱へと導く〕行為はありえない。行為を欠く者にとっては、目標〔すなわち、解脱〕の達成はありえない。それに、不信（アシュラッダー）に悩む者すべては、輪廻の大海に沈むのである。（二一二）

śraddhāvihīnasya tu na pravṛttiḥ pravṛttiśūnyasya na sādhyasiddhiḥ/
aśraddhayaivābhihatāś ca sarve majjanti saṃsāramahāsamudre//

人が自らの中に、神[12]、『ヴェーダ』、師、マントラ（呪文）、聖地、偉大なるたましい、または護符に対する信をもつ〔かどうか〕にしたがって、人びとが達成するものも〔異なって〕生じる。（二一三）

deve ca vede ca gurau ca mantre tīrthe mahātmany api bheṣaje ca/
śraddhā bhavaty asya yathā yathāntas tathā tathā siddhir udeti puṃsām//

〔或るものが〕存在すると〔いう判断〕は、その実在の存在を確信することから得られる。このことに関して、その存在の確信は、聖典を通じて得られる信によって〔なされる〕。（二一四）

astīty evopalabdhavyaṃ vastusadbhāvaniścayāt/
sadbhāvaniścayas tatra śraddhayā śāstrasiddhayā//

そのために、師とヴェーダーンタ（すなわち『ウパニシャッド』）の言葉への信は、うまく生ぜられるべきである。信を実践する解脱追求者は、果報〔すなわち解脱〕を達成するが、それ以外の場合はありえない。（二一五）

tasmāc chraddhā susaṃpādyā guruvedāntavākyayoḥ/
mumukṣoḥ śraddadhānasya phalaṃ sidhyati nānyathā//

真理の叙述は人びとの信を惹き起こす原因である。『ヴェーダ』が主宰神の言葉であるために、その真理に関しては、疑いの余地はない。（二一六）

yathārthavāditā puṃsāṃ śraddhājananakāraṇam/

vedasyeśvaravākyatvād yathārthatve na saṃśayaḥ//

解脱者は主宰神と同じであるために、〔解脱に到った〕師の言葉もまた〔主宰神の言葉〕と同じである。そのために、善なる人びとが持つ、主宰神や師の言葉への信は解脱へと導く。（二一七）

muktasyeśvararūpatvād guror vāg api tādṛśī/
tasmāt tadvākyayoḥ śraddhā satāṃ sidhyati dhīmatām//

これらの頌の中でも、特に二一三の頌はシュラッダーの対象を非人格的なもの（『ヴェーダ』、マントラ、聖地、護符）ばかりでなく、人格的なもの（神、師匠、偉大なるたましい）にも認めている。しかし、それら一連の頌は、聖典と師の言葉がシュラッダーの対象であること、またシュラッダーの主体が出家遊行者ばかりでなく、在家信者でもあることを示している。シャンカラ派における在家者の信仰のデータを含んでいるシャンカラの伝説的伝記（『シャンカラの世界征服』）によれば、シュラッダーは次の三種類に分かれる。[13] すなわち、（1）聖典や師匠の言葉に対して、出家遊行者のもつシュラッダー、（2）聖典に対して庶民のもつシュラッダー、（3）対象が限定されないシュラッダーである。[14]

シュラッダーと「信仰」

スマールタ派信仰者であるクリシュナスワーミー・アイヤー（Krishnaswami Aiyar）は、シュリンゲーリのシャンカラ派伝統に従って、シュラッダーを「聖典の真理と宗教的師匠（グル）の言葉への信仰」（belief in the truth of the Holy Scriptures and the words of the Spiritual Guru 〈Master〉）と規定しているが、シュラッダーを英語の faith と訳している。[15] また、シュリンゲーリ伝統から出版された文献の中では、シュラッダーは earnestness

とか faith in ourselves とか説明されている。シュリンゲーリ僧院の第三五代の世師アビナヴァ・ヴィドヤー・ティールタ（Abhinavavidyātīrtha）は、次のように述べている。

神に対する信愛と神に対する内在的な信仰（devotion to God and an abiding faith in Him）は、我の理解にとって必須なものである。われわれは賢者や偉大な者の恵みを受けなければならない。われわれすべては祈り（バジャン）を行なうように努め、また、主宰神の恩寵にふさわしいように、したがって、救いを得るように努めなければならない(16)。

この引用句に出てくる「信愛」（devotion）はバクティ、「信仰」（faith）はシュラッダーのことであるが、キリスト教などの宗教伝統におけるのと同じような神への関わりかた（コミットメント）を暗示している。このように、シュラッダーが英語に翻訳されるとき、シャンカラの使った本来の意味では使用されずに、宗教的関わりという広い概念になったりする。けれども、スマールタ派庶民はシュラッダーについては、ほとんど語ることがなく、むしろ再三、バクティの語をよく口にする。シャンカラの哲学思想や法典に関して、ある程度の知識をもち、英語教育も受けているスマールタ派知識層の人びとだけには、シュラッダーは馴染みのある語であるが、バクティは知識層の人びとばかりでなく、スマールタ派の在家信者にとってもポピュラーな語になっている。シュリンゲーリを中心としたシャンカラ派における「信仰」の概念とその意味の探究のためには、バクティの検討へと進まなければならない。

二　バクティ（信愛）——カルマン（祭祀的行為）とヨーガとの関連において

シャンカラ派におけるバクティの意味

バクティは、シャンカラの哲学においては、解脱へ間接的に導くものであるが、有属性ブラフマン（saguṇa-brahman）に関わっている。それは神的存在への人格的な関わりかたである。シャンカラは二通りにバクティを説明する。すなわち、（1）解脱のための漸次的な準備段階にあるバクティと（2）「最高の実在の知識（jñāna）によって特徴づけられるバクティ」[17]（paramārthajñānalakṣaṇām bhaktim）とである。二番目の説明、すなわち、「知識」とバクティとの等置は、彼の『バガヴァッド・ギーター注解』においてみられることを考慮するとき、シャンカラは自らの哲学的視点から、『ギーター』に出てくるバクティを知識として解釈しようとしていることを示している。[18] シャンカラのいうバクティはシュラッダーと同じではない。『ウパデーシャ・サーハスリー』（*Upadeśasāhasrī*）に出てくる śraddhābhaktī という相違釈（dvandva）が示すように、シャンカラはシュラッダーとバクティを区別し、宗教的な関わりかたにおいて、シュラッダーがバクティに先行すると論じている。たとえば、『ギーター注解』によれば、

信（シュラッダー）をもちながら、すなわち、信をもっている者であって、私〔主宰神〕を崇拝する（bhajate）、すなわち、尊崇する者は……。[19]

… śraddhāvāñ śraddadhānaḥ san bhajate sevate yo māṃ sa …

とあるが、彼のシュラッダー先行論は『ギーター』を注釈する際、そのテクストの内容に沿って説明されている。

シュリンゲーリ僧院では、シャンカラの哲学文献は『ヴェーダ』聖典の本義を的確に述べたものとして、解脱に到るための指針を示す教典的な意義をもつが、それらの中でも、特に『ヴィヴェーカ・チューダーマニ』は大変尊重される。この哲学文献をめぐって、シュリンゲーリ伝統は、シャンカラの哲学を宗教理念として堅持しながらも、彼の哲学を拡大解釈してきた。たとえば、『ヴィヴェーカ・チューダーマニ』においては、不二一元論者によって使用されるバクティは、シュラッダーよりも重要なものと記されている。すなわち、

解脱〔に到達するため〕の手段の中では、バクティが最も重要なものである。自らの本質の探究（svasvarūpānusandhānam）がバクティであると言われる。[20]

mokṣakāraṇasāmagryām bhaktir eva garīyasī/
svasvarūpānusandhānam bhaktir ity abhidhīyate//

この頌を注釈して、シュリンゲーリ僧院における第三四代世師であったチャンドラシェーカラ・バーラティー（Candraśekharabhāratī）は、シャンカラがバクティを「我（アートマン）の悟得に到るための直接的な（内的な）手段」とみなしていると説明し、[21]さらに、

自らの本質の探究（svasvarūpānusandhāna）とは、深遠な反復的瞑想、すなわち nididhyāsana のことである。それだけが直接的な悟得に対する直接の手段として役立つのである。[22]

と述べている。『ヴィヴェーカ・チューダーマニ』が「自らの本質の探究」として規定しているバクティは、不二一元論思想の観点から理解されるものであって、出家遊行者の宗教的関わりを特徴づけるモチーフである。僧

院の世師も、このバクティを瞑想（nididhyāsana）と同一視している。[23] したがって、このバクティは一般的に神的存在と人間との関わりにおいて論じられる、神への敬虔な、専心的な信愛あるいは敬慕としてのバクティと区別して理解されるべきものである。敬虔な信愛あるいは敬慕としてのバクティは、瞑想（nididhyāsana）のための「直接的、内的手段」であり、「瞑想のための手段の中では、最も優れたもの」として、世師によって説明されている。[24]

解脱の修行法——聴聞・思惟・瞑想

瞑想（nididhyāsana）は、シャンカラ派の伝統において、聴聞（śravaṇa）と思惟（manana）とともに、特に出家遊行者が解脱に到るための一連の修行法を構成してきた。これら三つのうち、どのモチーフを重視するかで、不二一元論学派の哲学的見解は異なる。ヴィヴァラナ（Vivaraṇa）派は聴聞が解脱にとって最も重要だとみなし、思惟と瞑想には二次的な意義しか認めないが、シュリンゲーリの伝統においては、バーマティ（Bhāmatī）派と同様、これら三つを順序よく経ることを説いている。[25] この修行法の概念の原型は、『ブリハッド・アーラニヤカ・ウパニシャッド』におけるヤージニャヴァルキヤ（Yājñavalkya）とその妻マイトレーイー（Maitreyī）との対話の中に出てくる。

> ああ、実に、アートマンこそ、見られるべきもの、聞かれるべきもの、思惟されるべきもの、瞑想されるべきものである、マイトレーイーよ。ああ、まことに、アートマンが見られ、聞かれ、思惟され、認識されるとき、この世のすべては知られるのである。[26]
>
> ātmā vā are draṣṭavyaḥ śrotavyo mantavyo nididhyāsitavyo
> maitreyy ātmani khalv are dṛṣṭe śrute mate vijñāta idaṃ sarvaṃ viditam/

この一節が、シャンカラの不二一元論哲学の論点から解釈されるとき、その意味内容が異なってくる。

ああ、実に、アートマンこそ、見られるべきものである。すなわち、聞かれるべきもの、思惟されるべきもの、瞑想されるべきものである、マイトレーイーよ。ああ、まことに、アートマンが聞かれ、思惟され、また、認識されることによって見られるとき、この世のすべては知られるのである。[27]

『ウパニシャッド』の文脈では、「見られるべき」(draṣṭavyaḥ) は、他の三つの語すなわち「聞かれるべき」(śrotavyaḥ)、「思惟されるべき」(mantavyaḥ)、それに「瞑想されるべき」(nididhyāsitavyaḥ) と同列に取られるべきものであるが、シャンカラ・ヴェーダーンタ学派の哲学的脈絡では、三つの語彙が纏まった概念を構成している。シャンカラによれば、「聴聞」とは聖典や師の言葉に耳を傾けることであり、「思惟」とは聴聞したことがらに関して、論証 (tarka) でもって熟考することである。また、「瞑想」とは聴聞したり、思惟したりしたことがらのもつ意味に専心することである。[28] さらに『ブリハッド・アーラニヤカ・ウパニシャッド注解』において、シャンカラは、

ウパニシャッド聖典の聴聞、思惟それに瞑想は即座に認識されるべきもの〔すなわちブラフマン〕を、それらの対象としてもっているからである。[29]

vedāntaśravaṇamananididhyāsanānāṃ ca sākṣajjñeyaviṣayatvāt/

と述べ、この修行法がブラフマンの知識の生起にとって有効であることを明示している。パウル・ハッカーの指

摘によれば、『ウパデーシャ・サーハスリー』の散文篇における第一章、第二章、第三章の各章は、「聴聞・思惟・瞑想」という修行法に対応しているという。[30] つまり、第一章は、師が天啓聖典（śruti）と聖伝書（smṛti）の聖句を引用しながら、聖典の目的を弟子に説くというものであり、第二章は弟子が論証（tarka）でもって、また無明（avidyā）や附託（adhyāropaṇā）のような基本的論点を師と一緒に語り合うことによって、弟子が聖典の目的を省察するものである。さらに、第三章は瞑想（parisaṃkhyāna）に関するものである。

出家遊行者の慣習の一つとして、グル・バクティ（guru-bhakti 師へのバクティ）と呼ばれるバクティがある。これは師の言葉へのシュラッダーにもとづいて生じるバクティの具体的な表現であって、神的存在に対する敬虔なバクティとは区別されるべきものである。解脱に到ろうとする出家遊行者の宗教的関わりかたの特質は、瞑想（nididhyāsana）——聴聞と思惟を前提とした——とその遂行の態度を規定するヨーガ（yoga）である。『ヴィヴェーカ・チューダーマニ』には、次のように記されている。

> 天啓聖典の言葉は、次のように述べている。すなわち、シュラッダー、バクティ、ディヤーナ（瞑想）それにヨーガ（心の抑制）は、解脱を求める者にとって解脱に到る直接的手段である。それらを実践する者にとっては、無明によって引き起こされる身体の束縛からの解脱が保証される。[31]

śraddhābhaktidhyānayogān mumukṣoḥ mukter hetūn vakti sākṣāt śruter gīḥ/
yo vā eteṣv eva tiṣṭhaty amuṣya mokṣo 'vidyākalpitād dehabandhāt//

この頌の注釈において、世師チャンドラシェーカラ・バーラティーは、ヨーガを『ヨーガ・スートラ』にしたがって、「心の活動の抑制」と説明し、[32] さらに、信（シュラッダー）はこれらすべて〔すなわちバクティ、ディヤーナ、ヨーガ〕の根本条件である。バクティ、ディヤーナそれにヨーガのなかでは、前者が後者の原因である。心の活動が抑制されるとき、サマーダーナ（samādhāna 専心）が生じる。そのうえで、また、聖典や師の教え（upadeśa）にしたがって、自らの本質の瞑想という形の nididhyāsana が行なわれるのである。(33)

と説いている。瞑想は、心の活動の抑制を伴なうという点からみれば、ヨーガのプロセスを含む。こうした意味では、出家遊行者の規律および伝統的慣習は、伝統的なヨーガ派苦行者のそれと大変似ている。(34) また、『ウパデーシャ・サーハスリー』において、シャンカラが解脱を求める者の徳として記している禁戒（yama）や勧戒（niyama）は、ヨーガ派の八段階にわたる実修法の中の概念である。(35)『ブラフマ・スートラ注解』においても、シャンカラは天啓聖典（śruti）に矛盾しないかぎり、ヨーガ学派を認容し、

同様にまた、「さて出家遊行者は色あせた衣を着て、剃髪し、所有する物はない」〔ヂャーバーラ五〕などの聖典によって、まさに広く知られた無行為への専心が、ヨーガ〔の人々〕によっても、出家遊行などの教示に従って実行される。(36)

tathā ca yogair api "atha parivrād vivarṇavāsā
muṇḍo 'parigrahaḥ" ity evam ādi śrutiprasiddham eva
nivṛttiniṣṭhatvaṃ pravrajyādy upadeśānugamyate/

と述べている。また、シャンカラは結果として「微細などの自在力の獲得(37)」（animādy aiśvaryaprāpti-）が可能になると述べ、聖伝書に説かれるヨーガ実修法を認めている。出家遊行者はヨーガの修練を遂行し、心と身体を深

遠な深層意識のレベルで結びつけ、ブラフマンとアートマンの合一を達成しようとする。マーダヴァ作といわれるシャンカラの伝説的伝記（『シャンカラの世界征服』）では、シャンカラは再三、ヨーガ行者（yogin）と呼ばれる。出家遊行者のヨーガと瞑想は理念的には識別されるが、実際には、両者は密接に結びついていて、区別することはほとんど不可能である。

スマールタ派在家者のバクティとその意義

次にスマールタ派の在家者のバクティについて見てみよう。今日までシャンカラ作であると伝統的に伝えられてきた多くのバクティ頌（bhakti-stotra）は、神への敬虔なバクティをモチーフとしているが、すでに序章において論じたように、シャンカラの不二一元論哲学の枠組や語彙から判断すると、それらのほとんどが彼の作品ではない。ところが、シャンカラ派の人びとは、シャンカラが知識層に対して哲学文献を書いたのに対して、在家者のためにはバクティ頌を書き誌したのだという強い信念を共通に抱いている。この事実は、シャンカラ派における在家信者たちの具体的信仰の一断面を示すとともに、バクティ頌が在家信者の信仰を反映していることも暗示している。たとえば、『ダクシナームールティ・ストートラ』（*Dakṣiṇāmūrtistotra*）には、スレーシュヴァラの『注釈』（Sureśvara, *Vārttika*）が伝えられており、ロバート・E・グスナー（Robert E. Gussner）が行なった、伝統的にシャンカラに帰せられるバクティ頌の文体・韻律に関する研究によれば、『ダクシナームールティ・ストートラ』の著者は断言することはできないが、たぶんシャンカラ作であろうという。(38) このバクティ頌は神や師へのバクティを、知識（jñāna）を達成するために必須なものであると述べている。すなわち、

神に対して、また神に対するのと同様、師に対して、最高のバクティをもつ優れた者にとっては、これらの教えられた真理が輝く。(39)

yasya deve parā bhaktir yathā deve tathā gurau/
tasyaite kathitā hy arthāḥ prakāśante mahātmanaḥ//

『シヴァーナンダ・ラハリー』(*Śivānandalaharī*)は、「心の作用」(cetovṛtti)であるバクティが熟したとき、それは生きながらに解脱に到ること、すなわち生身解脱(jīvanmukti)へ導くと記している。[40]また『サウンダルヤ・ラハリー』(*Saundaryalaharī*)も伝統的にシャンカラに帰せられているが、すでに序章において触れたように、W・ノーマン・ブラウンによれば、おそらく西紀一〇〇〇年以降の創作であるという。[41]このバクティ頌はシュリンゲーリの宗教伝統において崇拝されている「最高のシャクティ(paraśakti)、すなわちシャーラダーンバー(Śāradāmbā)の栄光」について述べており、タントリックな特徴をもっている。[42]母なる神(Devī)の直観すなわち人間の最高目標である絶対原理との同一化は、母なる神シャーラダーンバー(あるいはシャーラダー)の恩寵を得ることによって可能になる。つまり、バクティを通じて、またマントラ(mantra 秘密の呪文)——その知識はシュリー・ヴィドヤー(Śrī Vidyā 聖なる知識)である——の誦唱を通じて成就される。母なる神シュリー・シャーラダー(Śrī Śāradā)を敬虔に信愛する者は、『サウンダルヤ・ラハリー』におけるマントラを唱えるとき、母なる神の恩寵を得て母なる神と一体になる。たとえば、

おお、女(神)よ。汝の下僕たる我に、慈悲深い瞥見を与え給え。[43]
bhavāni tvaṃ dāse mayi vitara dṛṣṭim sakaruṇām …

シュリンゲーリ僧院を中心としたシャンカラ派伝統においては、シャクティ(śakti 性力)崇拝はシュリー・シャーラダー崇拝の形式をとっている。『シャンカラの世界征服』はシャーラダー崇拝がシュリンゲーリ僧院の

開祖シャンカラによって始められた、と記している。[44] インド思想史的な視点からみれば、それは歴史的な事実とは考えにくいが、今日、シュリンゲーリのシャンカラ派伝統においては、それが歴史的な事実であると信じられている。

『シャンカラの世界征服』にはバクティの類例はたくさんあるが、それは三つのタイプに分けられる。すなわち、（1）師へのバクティ、（2）神へのバクティ、それに（3）対象が限定されないバクティである。第一のタイプのバクティの対象は、特に師の「蓮華足」（pādapaikaja-, padāravinda-）である。このバクティは、とりわけ出家遊行者の師に対するシュラッダーにもとづくグル・バクティを指し示している。[45] 尊師（聖者）に対する在家者のバクティの例もみられる。たとえば、

> なお、人びとは出家遊行者（yati）の長〔シャンカラ〕の蓮華足を崇拝する瞬間、苦悩が滅せられ浄化され、また、〔人びとの〕心が慈悲に満ちて幸運になる。[46]
>
> tathā 'py ete pūtā yatipatipadāmbhojabhajana-
> kṣaṇakṣīṇakleśāḥ sadayahṛdayābhāḥ sukṛtinaḥ//

バジャナ（bhajana）はバクティ（bhakti）と同様、動詞語幹√bhaj に由来している。同書では、シャンカラは人びとの罪を滅ぼし、数々の奇跡を行なうといった呪術宗教的な力をもつシヴァ神（Śiva）の化身（avatāra）として描写され、「蓮華」の形容辞はシャンカラの神性を象徴している。今日でも、世師は呪術宗教的な力をもつと信じられ、シャンカラ派における在家信者の世師への関わりかたは、病気治癒などの現世利益を目的としている場合が多い。第二のタイプのバクティの場合も、その対象は神の足、特に蓮華足であり、その主体は出家遊行者の場合も、在家者の場合もある。[47] 第三のタイプのバクティは特定の対象をもたないが、他の宗教伝統とパラ

レルを成していると言えよう。その他、『シャンカラの世界征服』にはバクティと同じ意味内容をもつ語彙として、アルチャナー（arcanā）とプージャー（pūjā）が頻繁に使われ、それらは神と師のどちらにも使われている[48]。また、シャンカラ派の在家信者は、他のヒンドゥー教徒と同様、シュリンゲーリ僧院の世師やシャーラダー神との出会いを「ダルシャン」（darśan 本来は「見ること」の意。サンスクリット語 darśana）と呼んでいる。彼らにとって、ダルシャンはバクティよりも広い概念で、心の状態ばかりでなく、礼拝という具体的な宗教的行為をも表わしている。

シュリンゲーリ僧院における第三四代世師チャンドラシェーカラ・バーラティーによれば、バクティとは「心に、口に、身に、一定に表わされる専心的な信愛」であり、本当に信愛をもつ者（bhakta）とは、次の二つの点を理解している者のことであるという。すなわち、（1）『ヴェーダ』が主宰神の教令であり、（2）『ヴェーダ』によって教令されるカルマン（karman 祭式）の遂行が主宰神の恩寵を得る唯一の方法であり、神に仕える唯一の方法であるということである[49]。したがって、バクティを優先して、カルマンを軽視する者は真のバクタ（信愛をもつ者）ではない。この世師の説教の内容は、在家信者のバクティ優先の信仰を反映しているが、バクティとともにカルマンも強調する点に、バラモン教的祭式主義を遵守しようとするシャンカラ派の保守的な特徴の一面が窺える。アグニ・ホートラ（agnihotra）やサンドヤー・ヴァンダナ（saṃdhyā-vandana）などのカルマンが遂行されるとき、願望が叶えられるという前ミーマーンサー学派（pūrvamīmāṃsā）が期待するのと同様に、カルマンが遂行されるとすれば、バクティの余地はありえない。だが、シャンカラ派において、そうしたカルマンは理念的には可能であるとしても、めったに存在しない。カルマンとバクティは、スマールタ派における在家信者の宗教的関わりにおいて、密接に結びついているからである。

シュラッダーはカルマンに関わってくる。ちょうど、バクティのないカルマンがありえないのと同じように、いかなる形式のカルマンを伴わないようなバクティも現実にはありえない抽象理念なのである。パウル・ハッカーも指摘しているように、バクティと類似しているバジャナ（bhajana）も、しばしば「純粋に精神的なもの」（ein rein geistiges）であるが、「行為」（ein Tun）である。[50] インド内外を問わず、いかなる宗教伝統においても、儀礼行為に伴なう内面的な関わりは、関わっている個人やその場面によって変わるものである。スマールタ派信仰者の一人であるK・アイヤーの報告によれば、[51] シュリンゲーリのシャンカラ派においては、「ふつうの人びとは祭式の効験に対する信仰（faith）に欠けている」。彼らはバジャナを「神に対して直接に訴えかけるもの」とみなして、バジャナに頼っているのに対して、前述したような世師の説教にもかかわらず、カルマンを「祭式遵守を通じて、〔神に対して〕間接的に訴えかけるもの」と考え、カルマンを軽視しがちなのである。この点に、バクティに傾斜しているスマールタ派の在家信者たちの具体的な信仰のあり方が窺える。

三　シャンカラ派における「信仰」の特質

シャンカラ派信仰の意味構造

シャンカラを開祖とするシュリンゲーリのヴェーダーンタ伝統において、出家遊行者のシュラッダーはグル・バクティ、瞑想それにヨーガの中にあらわれる。他方、スマールタ派庶民のシュラッダーはカルマンやバクティ、とりわけバクティの中に顕著にあらわれる。これら各々の関わりかたは、すでに示唆したように、個別的にあらわれるのではなく、互いに複雑に絡み合って具体的な信仰を構成している。

出家遊行者は祭火を扱うアグニ・ホートラという祭式は行なわないが、サンドヤー・ヴァンダナという恒常の（āhnika）カルマンは執行する。それは出家遊行者のカルマンのようにみえるが、世間の人びとに模範を示すという意図をもち、「人びとのために」（loka-saṃgraha）行なっていると説明される。それによって解脱に到達したいとか、世俗的な利益を得たいといった期待感からではない。出家遊行者のサンドヤー・ヴァンダナは、マハー・ヴァーキヤ（mahāvākya）と呼ばれる聖句を繰り返して誦唱することからなり、ヨーガ実修にとって必須である精神集中を生み出すのに有効であるといわれる。したがって、それは実質的には、出家遊行者が解脱に到るための修行の一側面となっている。

スマールタ派の在家信者も、世師の言葉とヴェーダ聖典を信奉しているが、それらがシュリンゲーリのスマールタ派伝統の根本であるとは知りながらも、シャンカラの哲学をよく知っている者は、全体的にみれば、ごくわずかである。そうは言うものの、ブラフマチャーリンの中には、シャンカラの思想に精通しており、出家しないけれども、生涯にわたってブラフマチャーリンのままで、世師の弟子として熱心に帰依する者もある。また、結婚して家住者になった後も、世師の弟子として、世師への強い信（シュラッダー）を持ち続ける者もあり、彼らの中には、シュリンゲーリ僧院やケーララなど、各地の伝統的な学校（pāṭhaśālā）において、ヴェーダやウパニシャッドを教えている者もある。それらの人びとはシャンカラの哲学文献の内容に精通しており、彼らの信仰的なコミットメントは、内面的には出家遊行者のそれに近いが、ライフスタイルとしては、シャンカラ派の在家信者のそれである。それに対して、出家遊行者は、いわゆるシュラッダーが信仰的な関わりの本質的な部分であることを自覚しているし、シャンカラの哲学にも精通していて、文字通り、シャンカラの思想に生きようとしている。

宗教学者のあいだで一般的に認容されているように、信仰は超越的なものに対する信仰の担い手の志向的な関わりを基本構造としている。ところが、シャンカラ派において、出家遊行者が志向的に関わっている超越的なものとスマールタ派の在家信者が志向するそれとの間には、意味論的に相違がみられる。出家遊行者にとって、超越的なものとは「最高のブラフマン」（para-brahman）であり、ブラフマンの知識が出家遊行者の究極的目標である。生きながらに解脱に達している生身解脱者（jīvanmukta）は別として、出家遊行者はいまだにこの目標に到達しておらず、それへと向かって精進している。スマールタ派の在家者にとっては、超越的なものとは母なる神シャーラダー、日常生活における信仰対象として各家庭に祀られているパンチャーヤタナ（pañcāyatana）、すなわち、すでに述べたようにスマールタ派信者によって信奉される五神――スールヤ神（Sūrya）、デーヴィー神（Devī）、ヴィシュヌ神（Viṣṇu）、ガナパティ神（Gaṇapati）、シヴァ神（Śiva）――さらにクマーラ神（Kumāra）である。また、呪術宗教的な力をもち、「シャンカラの化身」とも信じられている世師も重要な信仰対象である。シャンカラの哲学的視点からみれば、出家遊行者の関わる（あるいは、関わろうとする）超越的なものは無属性ブラフマン（nirguṇa-brahman）であり、他方、在家信者の関わる超越的なものは有属性ブラフマン（saguṇa-brahman）である。

けれども、シュリンゲーリ僧院を中心としたシャンカラ派の伝統における信仰現象を意味構造論的に眺めると、出家遊行者のコミットするブラフマンも在家者の関わるシャーラダー神も、ともに共通の宗教的意味をもっている。すなわち、出家遊行者はブラフマンの「知識（jñāna）」を得ようとしているし、シャンカラ派の在家者も「明知（vidyā）」それ自体であるシャーラダー神に関わっている。ところが、具体的なコミットメントのしかたは異なっている。出家遊行者は修行を通して「解脱」という究極的目標に関わっていくのに対して、在家の人びとはシャーラダー神の恩寵や慈悲に縋って、救いを求めたり、また現世利益を得ようとする。こうした出家遊行者と在家者の宗教的関わりを具体的なレベルで結びつけてきたのは世師である。つまり、出家遊行者は世師の言葉を頼りにしながら解脱へと導かれる。一方、シャンカラ派の在家信者は世師がもっていると言われる呪術宗教的な力を信じて、救いや現世利益を求めているのである。

「師と弟子の関係」の二重性

シャンカラ派伝統における人びとの信仰のあり方は、いわゆる「師と弟子の関係」（guruśiṣya-sambandha）において把捉されるとき、その信仰の構造がいっそう明らかになる。前章において考察したように、シュリンゲーリ僧院は、元々、出家遊行者の修行の場であった。シャンカラを師と仰ぐ弟子たちは、シャンカラの導きにしたがって、解脱を追求する出家遊行者であった。こうした本来的な意味における「師と弟子の関係」は、今日まで、世師と出家遊行者とのあいだで、長年にわたって継承されてきた。一方、特に一四世紀以降、在家信者たちがシュリンゲーリ僧院の信仰的な枠組の中へ有機的に組み込まれることになったことで、シャンカラ派の在家者もまた、世師の弟子であるとみなされるようになった。ここに在家レベルにおいても、「師と弟子の関係」が成立したのである。シャンカラ派の在家者は、自分たちのことを世師の「弟子」であると言っている。人びとにとって、世師は「シャンカラの化身」として呪術宗教的な力をもつ「師」であり、シャンカラ派における在家的信仰の対象になった。シャンカラ派の在家者にとって、世師はいかなる悩みや苦しみをも癒すことのできる呪術宗教的な聖者なのである。このようにシャンカラ派の伝統においては、出家遊行レベルとともに、在家レベルにおいても、いわゆる「師と弟子の関係」が見られる。

出家遊行レベルにおいては、シャンカラと同定される世師の言葉を頼りに、弟子の出家遊行者は厳しい修行をとおして、シャンカラのいうブラフマンとアートマンの一体性をどうにかして追体験し、解脱に到達しようとする。出家遊行者にとって、世師はすでに存在世界の本質を直観している生身解脱者であり、弟子をブラフマンの知すなわち解脱へ導くことのできる唯一の師であり、そのたましいはシャンカラのそれであると信じられている。ところが、解脱に到るための生きかたとしての出家遊行は、ほとんどのシャンカラ派信仰者にとっては不可能である。世師の弟子を自認するシャンカラ派の在家者にとっては、世師はいかなる悩みや苦しみをも癒すことのできる呪術宗教的な聖者、すなわち、「シャンカラの化身」であると信じられており、世師に対して、あくまでも病気治癒などの現世利益が求められている。シャンカラ派の宗教伝統において、世師は出家遊行者とはもちろんのこと、在家信者とも「師と弟子」という信仰的な関わりをもっているが、信仰の意味構造には、大きな差異がみられる。

また同時に、シャンカラ派における具体的な信仰現象は、シャンカラの不二一元論思想にみられる宗教理念とかなりのずれがみられる。このずれは宗教理念と具体的な信仰現象との相違を如実に表わしているが、それと同時に、シャンカラの高邁な哲学が在家者のあいだで、どのように受け容られてきたのかを物語るものでもある。その顕著な具体例は、シャンカラに帰せられる多くの讃詩（バクティ頌）である。インド学的文献研究によれば、それらは偽作として一蹴されるけれども、現にスマールタ派の人びとは、それらがシャンカラの著作であって、彼が人びとを救いへと導くために、だれにでも分かりやすく、また覚えやすいように頌の形で教えを説いたと信じている事実を無視することはできない。

シャンカラが哲学文献において、解脱に到るための生きかたとして強調した出家遊行は、ごく限られた少数の者にとっては可能であっても、世俗に生きる一般信者にとっては不可能である。ところが、シャンカラ派は出家遊行という生きかたとともに、在家でありながら救われる道も、伝統的にシャンカラに帰せられるバクティ頌やシャンカラの伝統的伝記などの権威でもって積極的に強調している。こうした具体的な信仰現象の事実にこそ、シャンカラ派における信仰のあり方、あるいは、その信仰のあり方に内在する宗教思想の特質が顕著に現われている。

註

（1）GBh, VI.37, p.113, IX.23, p.145, XVII.1, p.246, XVII.17, p.251, BUBh,I.v.3, p.698, III.ix.21, p.841, CUBh, VII.xix.1, p.560, MUBh, II.i.7, p.157, PUBh,I.2, p.107, KUBh, I.i.2, p.59. Cf. Minoru Hara, "Note on Two Sanskrit Religious Terms: Bhakti and Śraddhā," *Indo-Iranian Journal* 7 (1964): 124-145.

（2）BUBh, I.v.3, p.698. ちなみに、シャンカラ派における信の概念とその意味に関する議論については、拙論「シャンカラ派における信（śraddhā）の概念とその意味」『印度学仏教学研究』第六四巻第二号、二〇一六年を参照されたい。

（3）CUBh, VII.xix.1, p.560.

（4）BSBh, III.iv.17, p.789, III.iv.18, p.790, III.iv.19, p.791-792.

出家遊行者に関する詳細な議論については、本論文の第六章を参照されたい。ちなみに、『ブリハッド・アーラニヤカ・ウパニシャッド注解』（BUBh, III.ix.21, p.841）において、シャンカラは世俗にある供犠者（yajamāna）のシュラッダーを、次のように論じている。

信（シュラッダー）とは、『ヴェーダ』の教えを肯定する判断であり、バクティによって伴われる。

śraddhā ... āstikyabuddhir bhaktisahitā

ここに出てくるシュラッダーとは祭式行為に関わるもので、出家遊行者のシュラッダーではない。この文脈におけるバクティは、宥和の対象に関する知識という祭式の専門的な意味に使われている。Cf. Mahāmahopādhyāya Bhīmācārya Jhalakīkar, *Nyāya-kośa or Dictionary of Technical Terms of Indian Philosophy*, revised and re-edited by Mahāmahopādhyāya Vāsudev Shāstrī Abhyan-kar（Poona: The Bhandarkar Oriental Research Institute, 1978), pp.615-616.

（5）BUBh, III.ix.21, p.841.

（6）シャンカラの śraddhā の規定は aśraddhā の説明によって補われる。GBh, IV.40, p.81. ... aśraddadhānaś ca guruvākyaśāstreṣu aviśvāsavāṃś ca シャンカラは aśraddhā を aviśvāsa とみなしている。

ちなみに、ŚDV の Ḍiṇḍima 注釈によれば、śraddhā は viśvāsa であり（ŚDV, V.85, p.174, XVI.36, p.585）、bhakti は anurāga である（ŚDV, XVI.36, p.585）と説明される。

ŚDV には、viśvāsa は少なくとも五回出てくるが、すべて世俗的な脈絡においてのみ使われている。Cf. ŚDV, XIII.12c, p.460, XIII.21ab, p.462, XIII.54, p. 467, XIV.25d, p.478, XIV.140a, p.499.

（7）Paul Hacker, "Über den Glauben in der Religionsphilosophie des Hinduismus," *Zeitschrift für Missionswissenschaft und Religions-wissenschaft* 38（1954）: 61.

（8）Daniel H. H. Ingalls, "The Study of Śaṃkarācārya," *Annals of the Bhandarkar Oriental Research Institute* 33, I-IV（1952）: 7.

アイヤーによれば、「先代〔第三三代目〕の世師〔Saccidānandaśivābhinavanṛsiṃhabhāratī 離身解脱 一九一二〕が師シャンカラの有名な著作『ヴィヴェーカ・チューダーマニ』の注釈を書き始めて、今の世師〔第三四代目、Candraśekharabhāratī 離身解脱 一九五四〕がそれを引き継いだが、その原稿がだれにも手渡されなかったということは公然の秘密である。今の世師自身の思いでは、それ〔『ヴィヴェーカ・チューダーマニ』〕は資格のある真摯な探究者の教導のための書であって、だれにでも伝えてよいというものではない」という。Cf. SS, p.80.

（9）VC, 26, p.40.

（10）VC, 19-30, pp.33-44.

（11）"Sarvavedāntasiddhāntasārasaṃgraha," in *Minor Works of Śrī Śaṅkarācārya*, Poona Oriental Series, no.8, ed. by H. R. Bhagavat, 2nd ed.（Poona: Oriental Book Agency, 1952), 210-217, p.148. Cf. Paul Hacker, "Über den Glauben," ZMR, 38（1954）: 56-57.

（12）シュリーランガム（Śrīraṅgam）版によると、deva（神）は daiva（運命）になっている。

（13）伝統的には、マーダヴァすなわちヴィドヤーランヤ（シュリンゲーリ僧院の第一二代世師）に帰せられるが、おそらく一八世紀ごろの作品であろうと思われる。詳しくは、本書の第三章を参照されたい。

（14）第一のタイプのシュラッダー、ŚDV VI.9, p.217, XVI.36, p.585, XVI.39, p.586. 第二のタイプ、ŚDV I.59ab, p.21, I.79ab, p.25. 第三のタイプ、ŚDV, XIV.134, p.498. ŚDV は出家遊行者のもつシュラッダーが六徳のうちの一つであると記しているが、六徳とは śānti, dānti, uparati, kṣānti, samādhi それに śraddhā である。Cf. ŚDV, V.85, p.173. Dhanapati の Ḍiṇḍima 注釈（ŚDV, p.174）は、シュラッダーを「師とウパニシャッドの言葉に対する信頼という形をとる」（guruvedāntavākyeṣu viśvāsarūpā）と説明している。

（15）DWG, p.180.

（16）"Two Teachings of Our Master—The Jagadguru," FD, p.13.

（17）GBh, XII.20, p.188.

（18）拙稿「出家遊行——シャンカラの不二一元論ヴェーダーンタ哲学をめぐって」（楠正弘編『解説と救済』平楽寺書店、一九八三年）三四六—三四七頁。

（19）GBh, VI.47, p.116. Cf. GBh, VII.21, p.122, VII.22, p.123, XII.20, p.188.

（20）VC, 32, p.46.

（21）VC, pp.46-47.

（22）Ibid.

（23）シャンカラの哲学においては、瞑想（nididhyāsana）は念想（upāsana）と同義であり、「反復」（āvṛtti）という属性を内包する「動作」（kriyā）である。したがって、upāsana の語彙は「崇拝」と訳される向きもあるが、それはあまりにも語源的に解釈しすぎである。さらに、念想も不二一元論ヴェーダーンタ哲学の伝統では、恒常的祭祀（nitya-karman）などの行為（karman）とは異なるものと考えられている。中村元「シャンカラにおける瞑想」（『禅文化研究所紀要』第九号、山田無文老師喜寿記念特集、一九七七年）参照。

ちなみに、バラモン教の伝統的立場とシュリー・ヴァイシュナヴァ派（Śrī Vaiṣṇava）信仰との融合を試みた十一世紀のラーマーヌジャは、『ブラフマ・スートラ』に対する注解書である『聖注』（*Śrī-Bhāṣya*）や『ギーター注解』などにおいて、バクティ（bhakti）を念想（upāsana）すなわち瞑想（nididhyāsana）と同一視している。松本照敬「ラーマーヌジャにおけるバクティの概念」（『神秘思想論集』インド古典研究VI、成田山新勝寺、一九八四年）参照。

（24）VC, p.47.

（25）Candraśekharabhāratī は *Vivekacūḍāmaṇi* の注釈において、心の浄化手段を説明するとき、śravaṇādi の ādi を manana と nididhyāsana であると説明している。VC, 184, pp.206-207.

バーマティー派の立場は、伝統的にマンダナミシュラや『バーマティー』の思想的な流れを汲んでおり、śabdaparokṣaprasthāna（聖典から生ずる知識は間接的なものであるとする立場）と呼ばれる。それに対して、ヴィヴァラナ派の立場は、スレーシュヴァラやパドマパーダの流れを汲んでおり、śabdāparokṣaprasthāna（聖典から生ずる知識は直接的なものであるとする立場）と呼ばれている。Cf. Tilmann Vetter, *Maṇḍanamiśra's Brahmasiddhiḥ—Brahmakāṇḍaḥ, Übersetzung, Einleitung und Anmerkungen,* Sitzungsberichte, 262. Band, 2. Abh., Wien 1969, p.18; K.S. Murti, *Revelation and Reason in Advaita Vedānta,* (Delhi: Motilal Banarsidass, 1974, pp.103-111. 島岩「不二一元論学派における解脱への道」『宗教研究』（二六九号）一九八六年、一一一頁、および島岩『「バーマティー」の文献学的研究』東京外国語大学アジア・アフリカ言語文化研究所、二〇一二年、三八—四二頁を参照されたい。

（26）BU, IV.v.6, p.941. 服部正明訳「ウパニシャッド」（『世界の名著』1、中央公論社、一九六九年）、一〇四頁。Cf. BU, II.iv.5, p.760.

（27）BUBh, IV.v.6, p.941 を参照されたい。

（28）Ibid.

（29）BUBh, I.iv.2, p.649.

（30）Paul Hacker, *Upadeshasāhasrī von Meister Shankara*（Bonn: Ludwig RohrscheidVerlag, 1949）, p.9. また前田專學によれば『ウパーデシャ・サーハスリー』の散文篇における三章は、仏教伝統における聞思修の三慧に類似した実践法であるという。前田專學「インド思想における自我と無我——シャンカラの思想を中心として」『日本の哲学』第一二号、昭和堂、二〇一一年、一二頁。

（31）VC, 48, p.63.

（32）VC, p.63.

（33）Ibid.

（34）シャンカラ派の出家遊行者とヨーガ派の苦行者とのあいだには、明らかに強調点の違いがある。ヨーガ派にとっては、解脱はプルシャ（puruṣa）とプラクリティ（prakṛti）とのあいだの違いを知ることから生じるが、他方、ヴェーダーンタ派にとっては、解脱はブラフマンだけが真の実在（vastu）、自らのアートマン（ātman）であるとの知識によって生じるのである。Cf. S. Dasgupta, *A History of Indian Philosophy,* vol. 1, p.490.

（35）Upad, II.ii.4, pp.191-192. ヨーガ派の八段階実修法とは禁戒（yama）、勧戒（niyama）、坐法（āsana）、調息（prāṇāyāma）、制感（pratyāhāra）、凝念（dhāraṇā）、禅定（dhyāna）それに三昧（samādhi）である。『ヨーガ・スートラ』（Patañjali, *Yoga-sūtras*, Ānandāśrama Sanskrit Series XLVII, Poona, 1904）のII・30によれば、禁戒（yama）とは不殺生（ahiṃsā）、真実を語ること（satya）などであり、II・32によれば、勧戒（niyama）とは（身心の）清浄（śauca）、知足（saṃtoṣa）、苦行（tapas）、読誦（svādhyāya）それに主宰神に対する祈念（īśvarapraṇidhāna）である。

（36）BSBh, II.i.3, p.354.

（37）BSBh, I.iii.33, p.274. 訳書二七一頁。

(38) Cf. Robert E. Gussner, "A Stylometric Study of the Authorship of Seventeen Sanskrit Hymns Attributed to Śaṅkara," *Journal of the American Oriental Society* 96, no.2 (April-June 1976): 266.

(39) *Dakshinamurti Stotra of Sri Śaṅkaracharya*, Sanskrit texts and English trans. by Alladi Mahadevan Sastry (Madras: Samata-Books, first printing: 1978), X.23, p.188.

(40) T. M. P. Mahadevan, *The Hymns of Śaṅkara*, Sanskrit texts and English trans., (Delhi: Motilal Banarsidass, 1980), v.61, p.139, v.81, p.156.

(41) *The Saundaryalaharī or Flood of Beauty*, traditionally ascribed to Śaṅkarācārya, ed., trans. and presented in photographs by W. Norman Brown, The Harvard Oriental Series, vol.43 (Cambridge: Harvard University Press, 1958), p.7.

(42) *Souvenir*, p.12.

(43) *Saundaryalaharī*, v.22a, p.56. Cf. ibid., p.17.

(44) ŚDV, XII.68-69, p.542.

(45) ŚDV, VI.68, p.240.

(46) ŚDV, XIV.106cd, p.494. Cf. ŚDV, IV.43, p.105, IX.42, p.355.

(47) ŚDV, II.47, p.46, II.63, p.51, V.172, p.213, XVI.14, p.582. ŚDV, VI.4, p.215, XII.31, p.443.

(48) (師に対するもの) arcanā: ŚDV, V.134, p.202; XV.28, p.532; XVI.36, p.585. pūjā: ŚDV, V.101, p.181; XII.47, p.447; XIII.54, p.467; XV.7, p.529; XVI.8, p.580.

(神に対するもの) arcanā: I.37, p.17; V.118, p.194; V.172, p.213; XII.6, p.435; XIV.80, p.489; XV.14, p.530; XVI.104, p.601; XVI.107, p.602. pūjā: V.2, p.140; XII.38, p.446; XII.68, p.452; XV.4, p.511.

(49) DWG, pp.151-153.

(50) Paul Hacker, "Śraddhā," WZKSO, VII (1963): 155.

(51) DWG, pp.145-146.

第三部　シャンカラ派における在家信仰とその思想

第五章　シャンカラ派の在家信仰と伝統的慣習

シャンカラ派における在家者の信仰、およびその中に内在する宗教思想を考察するためには、具体的な信仰や伝統的慣習を把捉しておく必要がある。こうした意味において、本章は、シュリンゲーリ僧院を中心としたシャンカラ派における、在家信者の信仰と伝統的慣習について明らかにしようとするものである。

一　シャンカラ派の在家信仰

シュリンゲーリ僧院と「ダルシャン」

シュリンゲーリ僧院は、特に南インドにおいては、よく知られた巡礼地の一つである。シャンカラ派すなわちスマールタ派の人びとばかりでなく、一般のヒンドゥー教徒も、シュリンゲーリを訪れている。シュリンゲーリにおける筆者のフィールドワークによれば、スマールタ派の人びとがシュリンゲーリ僧院を訪れる主要な理由は、母なる神シャーラダー神とシャンカラーチャーリヤ（世師）への「ダルシャン」（サンスクリット語 darśana 本来は「見ること」の意）のためである。ところが、スマールタ派に属さない一般のヒンドゥー教徒たちがシュリンゲーリ僧院を訪れるのは、シャーラダー神へのダルシャンと僧院の見物を目的としている。そういう人びとは、シュリンゲーリ僧院が伝統的にシャンカラによって創められたと信じられていることを知らないし、シャンカラの哲学思想、あるいはシャンカラという人物の存在をほとんど知らない。

こうした具体的なデータを見るだけでも、次のような二つの具体的な信仰のあり方が明らかになるであろう。まず第一に明らかになるのは、シャンカラーチャーリヤに直接、関わりをもつのは、スマールタ派の信仰者だけであるということである。スマールタ派の信仰者たちは、母なる神シャーラダー神に祈りを捧げるために、シュリンゲーリ僧院を訪れる。あるいは、シャンカラーチャーリヤにダルシャンすなわち面会するために、シュリンゲーリ僧院を訪れ、シャンカラーチャーリヤからいろいろな悩みごとや信仰的なガイダンスを得て、自らの生活の場へと再び戻っていく。一方、シュリンゲーリ巡礼の第二のタイプは、たとえシュリンゲーリを訪れたとしても、シャンカラーチャーリヤの存在を知らない、いわゆる物見遊山の人びとの場合である。そうした人びとは、僧院に祀られているシャーラダー神の寺院に詣でて、僧院内の寺院や建物を見学した後、僧院を離れていく。シュリンゲーリ僧院のことは、特に南インドの一般大衆のあいだで、シャーラダー神の名でもって、よく知られているが、それに反して、シュリンゲーリ僧院の開祖であるシャンカラ、あるいはシャンカラーチャーリヤ（世師）のことは、ほとんど知られていない。

これらの事実は、いわゆるシャンカラーチャーリヤ信仰が、シュリンゲーリ僧院の開祖シャンカラ、あるいはシャンカラーチャーリヤ（世師）に対する「信」（śraddhā）をもっているスマールタ派の人びとのあいだでのみ、これまで存在してきたものであることを示している。こうしたシャンカラーチャーリヤ信仰およびその内容については、第六章において詳細に論究するが、シャンカラあるいはシャンカラーチャーリヤの存在を意識しない、あるいは、シャンカラーチャーリヤを自らの信仰対象として意識しない——すなわち、シャンカラあるいはシャンカラーチャーリヤの存在を知識として知ってはいても、自らの信仰の対象とはしていない——人びとの場合には、当然のことながら、シャンカラーチャーリヤ信仰はありえないわけである。

シャンカラ派における在家信仰とその形成

こうしたシュリンゲーリ僧院を中心としたシャンカラ派における在家者の信仰と伝統を理解するためには、私たちはまず、その信仰現象のコンテクストに注目しなければならない。それはシュリンゲーリ僧院の内容が時代の推移にともなって、かなり大きく変容し、結果として、シャンカラ派における在家信者の信仰が形成されてきたという具体的信仰現象が見られるからである。その僧院の変容に関する詳細な説明については、すでに第三章「シャンカラ派僧院の歴史と伝承」において詳論したので、ここでは、シュリンゲーリ僧院を中心としたシャンカラ派の信仰的コンテクストを確認しておくことにしよう。

まず、シュリンゲーリ僧院の設立に関する伝承あるいは伝説を辿れば、おもに次の三つの共通点が明らかになる。すなわち、（1）シャンカラは四人の弟子とともに、シュリンゲーリに滞在し、簡素な住居を設けたが、これがシュリンゲーリ僧院（maṭha）の原型であったということ。（2）シャンカラの弟子たちは、知識（jñāna）を得て解脱に到ろうとする出家遊行者（saṃnyāsin）であったということ。（3）シャンカラはシュリンゲーリにシャーラダー神像を据え、その寺院を建立し、シャーラダー神を崇拝したということ。こうした三つの伝承あるいは伝説は当然、シュリンゲーリ僧院の設立に関する事実そのものではないかもしれない。しかし、シュリンゲーリ僧院を中心としたスマールタ派の人びとが昔から語り伝えてきたことがらは、それなりにスマールタ派伝統の事実の一端を物語っていると思われる。ともあれ、初期のシュリンゲーリ僧院の内容に関しては、確実なデータがないので、あくまでも推測の域を出ないが、シュリンゲーリ僧院は、はじめのうちは、出家遊行者の住居であるとともに、それが同時に、彼らの哲学的あるいは信仰的な探究の場であったと考えられる。

ところが、シャーラダー神が徐々に在家信者の信仰対象として、一般大衆のあいだに受け入れられるようになっていった。それと同時に、シャンカラをはじめ、シャンカラーチャーリヤに関する伝承とか信仰も、スマールタ派の人びとのあいだで受け継がれていった。そうした信仰的状況のもとで、シュリンゲーリ僧院の内容は一四世紀以後、大きく変わることになった。つまり、シュリンゲーリ僧院の信仰的志向性は、第一二代の世師ヴィドヤーランヤ（Vidyāraṇya）の影響のもとに変化したのである。まず、（1）僧院は、ヴィジャヤナガル王はもとより、一般の支持者や帰依者から寄進地や財産の献身的な寄付を受けとるようになった。また、（2）世師の遊行形式が変化した。世師が遍歴するさい、象や旗、そのほか手回り品を伴い、パランクインという乗物に乗って、旅をするようになった。さらに、（3）シャーラダー神像が据え替えられ、シュリー・シャーラダー寺院が建て替えられた。ヴィドヤーランヤは確保した財産でもって、元々、シャンカラの据えた木製のシャーラダー神の代わりに、金色のシャーラダー神像を据えたと言われる。また、この神像を安置する寺院の建物も大きなものに建て替えられた。そして、シュリー・シャーラダー寺院では、日常的祭祀が行なわれるようになった。

このように、シュリンゲーリ僧院のシャンカラーチャーリヤは、出家遊行者の長であると同時に、新たに拡張された僧院とその所有物（saṃsthāna）の長にもなった。また、シュリンゲーリ僧院は、日常的祭祀や臨時の祭祀を執行する祭官をもち、組織立った寺院崇拝と活気に満ちた巡礼の場になっていったのである。

二　ヴェーダの学習と儀礼

ブラフマチャーリンと『ヴェーダ』の学習

今日、シュリンゲーリ僧院では、サンスクリット学校が運営されている。その学校はサンスクリット語で、シュリー・サッドヴィドヤー・サムジーヴィニー・サンスクリタ・マハーパータシャーラー（Śrī Sadvidyā Saṃjīvinī Sanskṛta Mahāpāṭhaśālā「聖なる真の知識を活らせるサンスクリット大学校」の意）と呼ばれている。この学校では、サンスクリット聖典を学習させる、すなわち、記憶させることを目的とする伝統的な教育を行なっている。教育の対象は男子学生に限られ、その間の衣食住は無料で支給される。一九八二―八三年に筆者が滞在していたあいだは、その学校には、一三人のパンディット（伝統的な意味での「師」paṇḍita）と七〇人のブラフマチャーリン（学生 brahmacārin）がいた。アメリカの宗教学者でシュリンゲーリ僧院を訪れたことのあるウィリアム・センクナーは、シュリンゲーリ僧院には、八〇人のブラフマチャーリンとおよそ一三人のパンディットがいたと一九八三年に報告している。[1]

僧院において、特定のヴェーダ聖典、あるいは、文法学などのサンスクリット研究の部門に精通しているパンディットは、家住者（グリハスタ gṛhastha）であり、僧院の周りに住んでいる。ブラフマチャーリンの年令は、一〇歳から二〇歳までであり、インド全土、とりわけ南インドにおけるスマールタ派信者の子弟である。ふつう、シュリンゲーリ僧院には、五年から七年ぐらい滞在しているが、もっと長く滞在したいと思うブラフマチャーリンは、それも可能であるということである。

伝統によれば、シャンカラはシュリンゲーリ僧院に対して、特に『ヤジュル・ヴェーダ』を学び、『シュクラ・ヤジュル・ヴェーダ』の『ブリハッド・アーラニヤカ・ウパニシャッド』における「大文章」（mahāvākya）すなわち「われはブラフマンなり」（ahaṃ brahmāsmi）を瞑想するように命じたと言われている。しかしながら、筆者がシュリンゲーリ僧院において見たところでは、七〇人のブラフマチャーリンの中には、『ヤジュル・ヴェーダ』を学習している者ばかりでなく、『リグ・ヴェーダ』などを学習している者もあった。[2]四つのヴェーダ聖典のマントラは、チャンドラマウリーシュヴァラ・リンガやシャーラダー神、さらにシャンカラなどの崇拝対象のプージャー（礼拝 pūjā）に際して、日常的にブラフマチャーリンたちによって詠唱されている。スマールタ派では、一般的にグル（guru）とかプローヒタ（purohita）として知られている教養あるバラモンも多いが、彼らはダルマ・シャーストラやその他の聖伝書に精通しており、ウパナヤナ（加入儀礼 upanayana）やヴィヴァーハ（結婚式 vivāha）などの儀礼、さらにその他の日常的な行為に関して、一般の人びとを導いている。シュリンゲーリにおいて学んでいるブラフマチャーリンのうち、何人かはグルあるいはプローヒタになっていく。また、シュリンゲーリにおける伝統的な宗教教育を終えた後、世俗的な学校に進む者もあれば、世俗的な職業に就く者もある。ともあれ、シュリンゲーリ僧院は、カーンチー、プリーあるいはドヴァーラカーの僧院と同様に、聖なるヴェーダの伝統を保持する手段としてブラフマチャーリンの教育に力を入れている。僧院における教育は、ヴェーダ聖典に表現され、また後代の聖典の伝統において継承されてきた「サナータナ・ダルマ」（永遠のダルマ）を、ブラフマチャーリンに教えることによって次世代へと伝えていくという目的をもっている。

スマールタ派における教養ある信者の一人、K・アイヤーの報告のなかに、第三四代世師チャンドラシェーカラ・バーラティーと自分の息子を英語教育の学校に行かせたいと思っている一人のパンディットとの会話が記されている。世師は次のように言っている。「幼少であって、まだ入学前であるあなたの息子さんのために、自分の息子さんをあなたの許において、私たちの先祖が大いに尊重してきた教育養成を与えてほしいと、私はあなたに助言したいと思う。[3]」このように、世師はブラフマチャーリンが『ヴェーダ』やその他の聖典を学び、また、それをとおしてヒンドゥー教のダルマを実践するという伝統的な教育方法の必要性を強調している。一九八九年に離身解脱した第三五代世師アビナヴァ・ヴィドヤー・ティールタは、「シャンカラによるダルマの確立あるいは安定は、『ヴェーダ』にそのルーツがある」と述べている。[4] シュリンゲーリの伝統の目的は、ヴェーダ聖典に記されているサナータナ・ダルマを維持していくことである。したがって、シュリンゲーリのスマールタ派伝統は、その他のスマールタ派伝統と同様、ヴェーダの遺産を継続していこうとしている。

スマールタ派のブラフマチャーリンの日常生活は、シャンカラの伝説的伝記の一節に記されている。その一節は、シャンカラの七歳以後の生活を記述したものである。

〔この〕子どもは、彼の母に仕え、『ヴェーダ』を読み、また、規定にしたがって〔一日に〕二回、最良のヴェーダ・マントラでもって、火と太陽を崇拝して、太陽のようであった。[5]

paricaraj jananīṃ nigamaṃ paṭhann api hutāśaravī savanadvayam/
manuvarair niyataṃ paripūjayañ śiśur avartata saṃstaraṇir yathā//

この一節から、スマールタ派のブラフマチャーリンは日々、ヴェーダ聖典の学習（vedādhyāya）、祭火の崇拝（samidhādhāna）と太陽の崇拝（saṃdhyāvandana）に専念しなければならないことが明らかになる。これらの行為はスマールタ派の信仰者の義務であるばかりでなく、バラモン一般の義務でもある。Samidhādhāna とは、毎朝毎夕に行なわれるブラフマチャーリンの祭火の崇拝であり、saṃdhyāvandana とは、次のようなよく知られたヴェーダ・マントラ、すなわち、「ガーヤトリー・マントラ」（gāyatrī-mantra Ṛg-Veda, III.62.10）でもって行なわれるものである。

それがわれわれの思考を鼓舞するように、サヴィトリ神の輝かしいあの栄光を、われわれが得ることができますように。

tát savitúr váreṇyam bhárgo devásya dhīmahi/ dhíyo yó naḥ pracodáyāt//

このマントラは、特にバラモンには大変親しまれている祈禱句であるが、ヴェーダの代表的な韻律であることから「ガーヤトリー・マントラ」と呼ばれている。太陽神すなわちサヴィトリ神に対して唱えられる。そこで、それは「サーヴィトリー・マントラ」（sāvitrī-mantra）とも呼ばれている。世師チャンドラシェーカラ・バーラティーによれば、「ガーヤトリー以上のマントラはない」。それは「今世でも来世でも、善なるものすべてをもたらすことができるからである」[6]。そうしたマントラは、伝統によれば「知れ渡らないように注意すべき」ものである[7]。こうした『リグ・ヴェーダ』の秘密のマントラは、子どもたちにウパナヤナ儀礼のときに教えられるが、一生涯、一日に一〇八回唱えなければならないと言われている。一方、女性たちはウパナヤナ儀礼によって聖紐(yajña-upavīta)を受け取ることができないので、「ガーヤトリー・マントラ」を唱える資格はないが、その代わり毎朝夕、バクティ・ストートラ（讃詩）でもって礼拝を行なうように、と言われている。

ともあれ、シュリンゲーリ僧院においては、できるだけ多くのブラフマチャーリンに聖典や儀礼的行為の知識を与えることによって、スマールタ派の人びとはサナータナ・ダルマ（永遠のダルマ）を継承・保持し、次世代へとスマールタ派の信仰と慣習を伝えていくように努めている。

スマールタ派家住者の儀礼的行為

シュリンゲーリのスマールタ派の人びとは、天啓聖典（シュルティ śruti）ばかりでなく、聖伝書（スムリティ smṛti）も大変尊重している。それは、天啓聖典も聖伝書もともにサナータナ・ダルマを示しているからである。このダルマの主要な内容の一つは、天啓聖典と聖伝書の中に記されている儀礼の遵守である。そうした儀礼は、しばしばシャンカラの伝説的伝記に記述されている。たとえば、シュリンゲーリの近くに、シュリーバリ(Śrībali)という「バラモンの村」(agra-hāraka)があるが、その村の日常的な宗教生活が、シャンカラの生きた時代を想起させるかのように、次のように述べられている。その記述は、現代のスマールタ派伝統によって描かれる理想的な宗教生活そのものである。(8)

それから、いつか、彼〔シャンカラ〕は、彼の弟子たちと一緒に、各家において捧げられているアグニホートラの牛乳の行き渡った清浄な匂いのために魅力的であり、その〔村〕からは、不時の死が〔いかなる犠牲者も〕得ることなく去っていくシュリーバリと呼ばれるバラモンの村へ、その外側で、ゆっくりとぶらついた後、バラモンたちが自らの〔規定された〕行為に注意深く従事しているのを遠くから眺めながら、また禁止されていることを避けながら行った。

śrayati sma tato 'grahārakaṃ śrībalisaṃjñaṃ sa kadācana svaśiṣyaiḥ/
anugehautāgnihotradugdhaprasaratpāvanagandhalobhanīyam//

yato 'pamṛtyur bahir eva yāti bhrāntvā pradeśaṃ śanakair alabdhvā/
dṛṣṭvā dvijātīn nijakarmaniṣṭhān dūrān niṣiddhaṃ tyajato 'pramattāt//

そこには、祭火の崇拝者であり、『ヴェーダ』の詠唱者であり、『ヴェーダ』によって命じられた行為に関しては、たしかに熟練しており、また、その権威が広く知られている、二千人の人びとが住んでいた。

yasmin sahasradvitayaṃ janānām agnyāhitānāṃ śrutipāṭhakānām/
vasaty avaśyaṃ śruticoditāsu kriyāsu dakṣaṃ prathitānubhāvam//

これらの一節からも明らかなことは、スマールタ派家住者が「朝のアグニ・ホートラ」(prātar-agnihotra)と「夕方のアグニ・ホートラ」(sāyam-agnihotra)を行なうということである。彼らは『ヴェーダ』を詠唱し、また天啓聖典(シュルティ)において命じられている行為を行なっているのである。『シャンカラの世界征服』におけるもう一つ別の一節には、シャンカラの父シヴァグル(Śivaguru)が天啓聖典と聖伝書に規定されている儀礼的行為を行なったと記されている。[9] 同書によれば、そうした行為は「結果を期待せずに」(vinā 'bhisaṃdhiṃ)行なわれるとき、心に「清浄さ」(śuddhi)をもたらすのである。[10]

シュリンゲーリの伝統にとって、サンドヤー・ヴァンダナ(太陽の崇拝)のような儀礼的行為の重要性は、シャンカラの伝説的伝記の一節によっても示されている。その一節とは、仏教の影響下にある嘆かわしい世界の状態を、神々がシヴァ神に述べる、というものである。

サンドヤー・ヴァンダナのような儀礼的行為とか出家遊行を、だれも行なおうとしない。すべての人びとは異端になっている。(11)

na saṃdhyādīni karmāṇi nyāsaṃ vā na kadācana/
karoti manujaḥ kaś cit sarve pākhaṇḍatāṃ gatāḥ//

シュリンゲーリの伝統においては、オーソドックスな在家信者は、理念的には儀礼的行為を行なうか、それとも、出家遊行するかのどちらかを実行しなければならない。もっとも現実には、出家遊行はほとんどの家住者にとって不可能であるので、儀礼的行為の遵守が義務づけられている。儀礼的行為の中で、最も重要なのはサンドヤー・ヴァンダナである。サンドヤー・ヴァンダナとは、一日の中の三つの「サンディ」（境界 saṃdhi)、すなわち、日の出のとき、太陽が中天にあるとき、日の入りのときに行なわれる太陽の崇拝のことである。(12) 筆者がスマールタ派信仰者に行なったインタビューによれば、毎朝夕、規則的にサンドヤー・ヴァンダナを行なっているが、毎昼のそれは行なっていないという。

サンドヤー・ヴァンダナの信仰対象とは、第三四代の世師チャンドラシェーカラ・バーラティーによれば、「全知全能であって、その信仰者の言うことに耳を傾け、また、信仰者に応える知的な存在(13)」である。「どうみても、崇拝はスーリヤ神だけに捧げられているようにしかみえない」が、それは「スーリヤ神でさえも支配する、より高次な力(14)」である。世師チャンドラシェーカラ・バーラティーは、サンドヤー・ヴァンダナの意義を強調して、次のように言う。

行為（カルマ）、信愛（バクティ）それに知識（ジュニャーナ）として知られている道はすべて、サンドヤー崇拝の中に組み込まれている。(15)

サンドヤー・ヴァンダナが、いわゆる救済の道のすべてを内包したものであるという言説は、サンドヤー・ヴァンダナが次第に解脱（mokṣa）へと導くものであることを意味している。

先にも記したように、シュリンゲーリのスマールタ派伝統に特有な特徴は、六神に対する崇拝である。それは、パンチャーヤタナ（pañcāyatana）——スマールタ派によって識別される五神、すなわち、アーディトヤ神（スーリヤ神）、アンビカー神（デーヴィー）、ヴィシュヌ神、ガネーシャ神（ガナパティ）それにシヴァ神——とクマーラ神（スカンダ）である。パンチャーヤタナ・プージャー（pañcāyatana-pūjā）においては、すべて五神が崇拝されるが、主要な礼拝が信者の、いわゆるイシュタ・デーヴァター（iṣṭa-devatā 個々の信者によって「選ばれた」神）に対して捧げられている。さらに、それらの神々はそれぞれ、毎年、特別な場合に、特に崇拝されている。つまり、アーディトヤ神はマカラ・サンクラーンティ（Makara-saṃkrānti 毎冬の冬至祭）において崇拝されるし、デーヴィー神はナヴァラートリー（Navarātrī 九日間行なわれる女神祭）において、ヴィシュヌ神はクリシュナーシュタミー（Kṛṣṇāṣṭamī クリシュナの生誕祭）とラーマナヴァミー（Rāma-navamī ラーマの生誕祭）において、ガネーシャ神はガネーシャ・チャトゥルティー（Gaṇeśa-caturthī 例年のガネーシャ祭）において、シヴァ神はシヴァ・ラートリー（Śivarātrī 例年のシヴァ祭）において崇拝される。クマーラ神（スカンダ）は、パンチャーヤタナとは別に、スカンダ・シャシュティー（Skandaṣaṣṭhī 例年のスカンダ祭）において、六日間崇拝される。こうした六神の崇拝は、伝統的にシャンカラによって始められたという。シュリンゲーリ僧院のスマールタ派信者の一人であるヴェーンカタラーマンは、次のように言っている。

シャンカラはシヴァ神、デーヴィー神、ヴィシュヌ神、スーリヤ神、ガナパティ神それにクマーラ神の崇拝の儀礼を浄化し（purified）、信者たちを手助けするために、これらの神的形態のそれぞれに讃詩（devotional hymns）を作った。これらの神的形態は異なったものではない。つまり、それらは至高なものの顕現したものであり、それらのどの神に対しても、完全に自己を無にして熱心に信仰すると、神の恩寵がもたらされ、それが崇拝者を知識と解脱へと導くのである。(16)

先代の世師アビナヴァ・ヴィドヤー・ティールタも、同じような内容について、リトヴィク（ṛtvik ヴェーダ祭官）やヴェーダ学者たちに語りかけながら、次のように詳しく説明している。

ほかの人びとが特定の崇拝様式を好み、また、それを説いたのに対して、シャンカラは違った生まれの人びとの傾向と要求に合わせるために、六〔神の崇拝〕を確立した。これら六つの崇拝形態のそれぞれの背後には、名称と形態を超えており、〔真理・〕知識・無限（satyaṃ jñānaṃ anantam）である、森羅万象に内在している非人格的ブラフマンの認識が存在している。ヴェーダに一致する教えはすべて、こうした真理を説いている。この超越的実在（Transcendental Reality）を崇拝することはむずかしい。われわれは、それに或る形態を与えなければならない。しかし、いかなる形態においてであれ、超越的実在を崇拝する一方で、われわれは根本的にそのことを認識しようと努力すべきなのである。(17)

シャンカラは、六つの神的形態の崇拝を受け入れたために、伝統的に「六つの教説の確立者」（ṣaṇmatasthāpaka）であると言われている。オーソドックスなスマールタ派の教説の立場からみれば、これら六つの神々は究極的に異なってはいない。それは、それらが「至高なものの顕現したもの」あるいは「非人格的ブラフマン」の顕現であるからである。ブラフマンのどの形態に対して捧げられたバクティも、信仰者を知識へと導く神の恩寵をもたらすのである。世師チャンドラシェーカラ・バーラティーは言う。

彼〔ヴィヤーサ〕は諸『プラーナ』を書いたので、どの特定の神のバクタ（信仰者）も、信愛的な営みの強さによって、他の神々に対する信愛の結果をも得ることができ、他の神々を別々に崇拝する必要はない。そして最終的には、さらに努力することによって、自らの特定の神に対する信愛をとおして、絶対的なブラフマンの知識さえも得ることができる。[18]

ちなみに、シュリンゲーリのシュリー・シャーラダー寺院において、世師は毎日、真昼にシャーラダー神をプージャーするのと同時に、シャンカラとガナパティ（ガネーシャ）にもプージャーを行なう。世師のこうしたプージャーのあいだ、シュリー・シャーラダー寺院の門戸は閉じられる。それはスマールタ派の在家信者には、世師の礼拝の様子を見ることが禁じられているからである。[19]ガナパティ像の一部は水晶やルビー（ratnagarbha）からできており、「障壁を取り除き、知恵を与える者」であると信じられている。[20]シュリンゲーリ僧院のシュリー・シャーラダー寺院内のガナパティ像は、スマールタ派の信仰者にとってばかりでなく、その他の巡礼者たちにとっても、よく知られている崇拝対象である。すでに述べたように、スーリヤ神はサンドヤー・ヴァンダナのときに崇拝される。ヴィシュヌ神の象徴であるシャーラグラーマ（sāla-grāma）は、世師の行なうチャンドラ・マウリーシュヴァラ・リンガ（candramaulīśvara-liṅga）のプージャーの際に、そのリンガの脇に置かれている。チャンドラ・マウリーシュヴァラ・リンガとは、伝説によれば、シャンカラがカイラーサから持ち帰ったものであり、教養あるスマールタ派信者によって、無属性の最高ブラフマン（para-brahman）の最も相応しい象徴としてみなされている。このリンガは、世師がシュリンゲーリを離れるときには必ず持参して、彼がどこにいようとも、一日に二回、毎朝夕、世師によって崇拝されている。[21]

さらに、個々のスマールタ派信者はヴィシュヌ神（ヴェーンカテーシュヴァラ）、ガネーシャ神、パールヴァティー神それにイーシュヴァラ神（シヴァ）など、自らの家の神を祀っていて、サンドヤー・ヴァンダナの後、毎日、家の神を崇拝している。たとえば、シュリンゲーリ僧院のサンスクリット学校における一三人のパンディットの一人で、『リグ・ヴェーダ』を教えていたラーマバッタ（M. S. Ramabhatta）は、家の神としてガネーシャ神を崇拝していた。彼の家の先祖は、第一二代世師ヴィドヤーランヤの時代に、シュリンゲーリへ移り住むようになり、今日、彼の家族は第三四代世師チャンドラシェーカラ・バーラティーの生家に住んでいる。毎朝、まずはじめに、家長であるラーマバッタがガネーシャ神にプージャーを行ない、次に彼の夫人がその後、彼の娘がプージャーを行なう。一方、夕方には、彼らはただアーラティ（ārati; サンスクリット語 āratrikā）だけを行なう。また、ナヴァラートリー、シヴァラートリー、クリシュナーシュタミーなどの祭日には、毎朝夕、ガネーシャ神をプージャーする。朝には、ラーマバッタはガーヤトリー・マントラを唱える。彼の夫人と娘は、シュリー・チャクラ・プージャー（Śrī Cakra-pūjā シュリー・チャクラ崇拝）とパンチャーダシ・プージャー（Pañcādaśi-pūjā 新月と満月の日に行なわれる崇拝）を行ない、「ヴァイディカ・マントラ」（vaidika-mantra ヴェーダのマントラ）と違って、スマールタ派の女性信者に対して許されている「ターントリカ・マントラ」（tāntrika-mantra）を唱える。[22] スマールタ派信者へのインタビューによれば、スマールタ派の家長たちが、典型的にヴァイディカ・マントラを唱え、日に二回、サンドヤー・ヴァンダナを行なうのに対して、スマールタ派の女性たちは、家族の者のために祈るのに、ターントリカ・マントラとか讃詩（バクティ頌 bhakti-stotra）を用いている。ともあれ、男女を問わず、一日に一度か二度、スマールタ派家住者は神あるいは神々にプージャーを行なっている。

スマールタ派伝統におけるもう一つ別の特徴は、プローヒタ（purohita）、「グル」（guru）あるいは「バッタ」（bhaṭṭa）と呼ばれる教養ある祭司階級の役割である。プローヒタの起源については、あるスマールタ派信者によって、次のように説明されている。家住者はそれぞれ、日々、ヴェーダ祭式を行なうように義務づけられているが、実際のところ、たいていの人びとは忙しくて、ヴェーダ祭式の手順を習得することができない。そうした人びとは儀礼に精通した者の援助を求めるようになった。それがプローヒタの起源であるという。これらのプローヒタは結婚するまえに、ヒンドゥー教寺院において、ブラフマチャーリンとして育成されている。多くの子どもたちがプローヒタになるために、ヴェーダ祭式、マントラ、それにプージャーに関する教育を受けている。スマールタ派の人びとは、これらのプローヒタを助言者あるいは儀礼を司る者としてみなしている。彼らはチャウラ（caula 剃髪式）やウパナヤナ（upanayana 加入儀礼）それに結婚式のようなサンスカーラ（saṃskāra 通過儀礼）を遂行したり、また年に一回、家々の祖霊に対する儀礼にも招かれたりしている。大抵どの地方においても、世襲的なスマールタ派のプローヒタがいるが、彼らは人びとの相談にのったり、依頼に応じて儀礼を行なったりしている。しかし、幾人ものスマールタ派信者が言うように、今日、いろいろな儀礼を行なうプローヒタの中で、「ほんとうに聡明で、教養があり、私欲のない人を見つける」ことは大変難しいようである。(23)

シュリンゲーリにおける祭

シュリンゲーリの伝統においては、毎年、多くの祭が行なわれている。それらの祭のうちで、スマールタ派の在家信者にとって、最も大切な祭はシャンカラ・ジャヤンティー（Śaṅkara-jayantī シャンカラ生誕祭）とナヴァラートリー（navarātrī 九日間続く女神祭）である。(24) 在家信者にとって馴染みのある、もう一つ別の祭は、シヴァラートリー（Śiva-rātrī）である。一九六三年二月二三日の夜に行なわれたこの祭の様子は、次のように記されている。

世師は、夜を徹して、チャンドラ・マウリーシュヴァラ〔リンガ〕にプージャーを行ない、（シュリンゲーリ僧院の）すべての寺院において、念入りにプージャーを行なった。ホーマ（homa〔護摩〕）、ジャパ（japa〔低声の祈禱〕）それに浄化儀礼が四日間続いた後、シュリー・マラハニカレーシュヴァラ（Sri Malahanikaresvara）に対するクンバービシェーカ（kumbhabhishekam〔灌頂儀礼〕）が、二月二八日の正午ごろ、世師自らによって行なわれた(25)。

一九八三年の場合、先代の第三五代世師アビナヴァ・ヴィドヤー・ティールタは、二月一一日の夕方から二月一二日の早朝にかけて、チャンドラ・マウリーシュヴァラ・リンガに対するプージャーを行なった。二月一一日には、シュリンゲーリ僧院のすぐそばにあるシヴァ寺院であるシュリー・マラハニカレーシュヴァラ（マリカールジュナ Mallikārjuna）神寺院において、プージャーに三時間を費やした。二月一二日には、マラハニカレーシュヴァラ・ラトーツサヴァ（Malahanikareśvara-rathotsava マラハニカレーシュヴァラ神の山車祭）が正午に始まった。ナヴァラートリーとシヴァラートリーは、インド中で盛んなヒンドゥー教の祭であるが、シュリンゲーリにおいても、これらの祭は、スマールタ派の在家信者のニーズに応えて行なわれるようになったようである。

註

（1）ウィリアム・センクナーの一九八三年の報告によれば、「過去数十年間、カーンチーのシャンカラーチャーリヤの台座」であったクンバコーナムに設立された、カーンチーカーマコーティ僧院（Kāñcikāmakoṭi Maṭha）が運営する学校には、ふつう一五人から二〇人の学生がおり、三人か四人のパンディットがいたという。ちなみに、筆者が訪れたとき（一九八二年一二月一三日）には、カーンチーカーマコーティ僧院には、三人のパンディットと二〇人の学生がいて、『ヤジュル・ヴェーダ』などを学んでいた。Cf. TT, pp.118-119.

（2）スマールタ派伝統によれば、シャンカラは、彼が創設したと考えられている四つの僧院のそれぞれに対して、四つのヴェーダ聖典の一つの学習を割り当てたという。つまり、『ヤジュル・ヴェーダ』の学習は南インドのシュリンゲーリ僧院に対して割り当てられた。『アタルヴァ・ヴェーダ』は北インドのバダリカーシュラマのジュヨーティル僧院に対して、『サーマ・ヴェーダ』は西インドのドヴァーラカ・カーリカー僧院に、『リグ・ヴェーダ』はジャガナータ・ゴーヴァルダナ僧院に当てがわれた。

それと同じように、四つの僧院にはそれぞれ、「大文章」(mahāvākya) が割り当てられたという。すなわち、シュリンゲーリ僧院には「われはブラフマンなり」(ahaṃ brahmāsmi)、ジュヨーティル僧院には「この我はブラフマンなり」(ayam ātmā brahma)、ドヴァーラカ・カーリカー僧院には「汝はそれなり」(tat tvam asi)、ジャガナータ・ゴーヴァルダナ僧院に対しては「知はブラフマンなり」(prajñānam brahma) が当てがわれた。Cf. TTW, p.15; G. S. Ghurye, *Indian Sadhus*, (Bombay: The Popular Book Depot, 1953), pp.99-101.

(3) DWG, p.30.

(4) *Souvenir*, p.5. シャンカラによれば、ダルマとは「ヴァルナとアーシュラマなどによって特徴づけられ」、また「人間の繁栄と至福の手段」なのである。dharmasya ... varṇāśramādilakṣaṇasya prāṇinām abhyudayaniḥśreyasasādhanasya... Bh, IV.7, p.63.

(5) ŚDV, V.2, p.140. この文章の中に記されている paricaraj は paricarañ と訂正されるべきものである。

(6) SS, p.165, p.195.

(7) ŚDV, II.32, p.40.

(8) ŚDV, XII.39-41, p.446.

(9) ŚDV, II.39, p.43.

(10) ŚDV, XIV.105, p.493.

(11) ŚDV, I.33, p.16.

(12) DWG, p.133.

(13) DWG, p.135.

(14) DWG, p.138.

(15) SS, p.165.

（16）TTW, p.12.

（17）*Souvenir*, p.5.

（18）DWG, p.159.

（19）シャンカラ生誕祭のような祭においては、世師がシャンカラに対して礼拝するとき、その様子が参拝者に見えないように、カーテンで覆われる。Cf.TT, p.117.

（20）TTW, p.138.

（21）ウィリアム・センクナーは、シュリンゲーリ、カーンチー、ドヴァーラカーそれにプリーなどの異なった僧院を調査して、「リンガ崇拝は、どの僧院においても目立っており、グルたちが旅に出るときには、ふつう、水晶のリンガを持参しているのを、私ですら見たことがある」と報告している。Cf. TT, p.116.

（22）ラーマバッタとその家族とのインタビュー、シュリンゲーリ、一九八三年五月一八日。

（23）スマールタ派信者とのインタビュー、シュリンゲーリ、一九八三年五月一六日。ここに述べた南インドにおけるスマールタ派のプローヒタの宗教的な意義については、一九世紀のイギリス人旅行家フランシス・ブキャナンの報告にも記述されている。Cf. Francis Buchanan, *A Journey From Madras Through the Countries* ..., 3 vols. (London: W. Bulmer & Co. Cleveland Row, 1807).

（24）シャンカラ生誕祭については、第六章（第二節）を、また、ナヴァラートリーについては、第六章を参照されたい。

（25）*Souvenir*（1964）, p.2.

第六章　シャーラダー神信仰とその意味構造

シュリンゲーリ僧院を中心とするシャンカラ派の宗教伝統において、長年のあいだ、多くの人びとの心を引きつけてきたのは、シャンカラが祀ったと伝承されているシャーラダー神への信仰である。一般大衆のあいだでは、シュリンゲーリの地は、シャーラダー神の名によってよく知られている。本章においては、シャンカラ派の伝統における、いわゆるシャーラダー神信仰の様態、および、その信仰に内在する宗教思想を明らかにしたい。

一　シャーラダー神信仰とその様態

シャーラダー神と聖地巡礼

世界の諸宗教の伝統にも普遍的にみられるように、巡礼とは、聖なる場所に参詣することによって、功徳を得ようとする宗教的な行為のことである。インドの宗教全般においてもそうであるが、シュリンゲーリ僧院を中心としたスマールタ派の伝統においても、巡礼は信仰的に大変重要な意味をもっている。シュリンゲーリに巡礼し、神を礼拝する者には、功徳あるいは利益がもたらされると言われる。たとえば、シャンカラの伝説的伝記（『シャンカラの世界征服』）によれば、「聖地」（tīrtha あるいは divyasthala）への「巡礼」（tīrtha-pravāsa）や神の礼拝は、巡礼者の「罪」(agha) あるいは「苦しみ」(duḥkha) を除去するという。同書は次のように記している。

真理を知っている人びとは、次のように言う。すべての苦しみの感情を取り除きたいと願う人びとは神を礼拝するだろう、と。(1)

sarvavyathāvyatikaraṃ parihartukāmā devaṃ bhajanta iti tattvavidāṃ pravādaḥ/

スマールタ派の信仰によれば、シュリンゲーリ僧院のシュリー・シャーラダー神寺院に祀られているシャーラダー神への礼拝は、苦しみや不幸を取り除き、人びとを救うばかりでなく、健康や繁栄をもたらす。本来、サンスクリット語の「ティールタ」(tīrtha) は「川の浅瀬」を意味する。その意味も暗示しているように、インドにおいて、たいていの有名な聖地は川辺に位置している。シュリンゲーリでも、シャーラダー神への礼拝と川は、切り離すことができない関係にある。シャンカラの伝説的伝記は、次のように記している。

〔その水に〕ただ触れるだけで、〔すべての〕幸運を与える、ツンガ・バドラー〔川〕が輝いている〔シュリンゲーリにおいて〕、……(2)

saṃsparśamātreṇa vitīrṇabhadrā vidyotate yatra ca tuṅgabhadrā/

シュリンゲーリの伝統に属しているスマールタ派の人びとによれば、ガンジス川が北インドにおいて有名であるのと同じように、ツンガ川は南インドにおいては有名であるという。筆者もしばしば、次のようなカンナダ語の諺を聞いた。すなわち、「ガンジス川では沐浴せよ。そして、ツンガ川〔の水〕を飲め」(gaṅgā snāna tuṅgā pāna)。スマールタ派の巡礼者たちは、シャーラダー神を礼拝するまえには、ツンガ川の川辺で沐浴して、身を浄める。したがって、シャーラダー神の礼拝とツンガ川での沐浴とは、彼らの宗教的なコミットメントにおいて、密接不可分なのである。

シャーラダー神信仰と祭

「シュリー・シャーラダー神」（Śrī Śāradā）といえば、南インドにおいて、母なる神あるいは知恵の女神として知られている。シャンカラの名を知らない人びとも、またシュリンゲーリ僧院の由来を知らない人びとも、シャーラダー神のことはよく知っているし、シャーラダー神を礼拝するために、シュリンゲーリへ巡礼にやってくる。スマールタ派の信者たちは共通に、シャンカラがシュリンゲーリに僧院を開くとともに、シュリー・シャーラダー神寺院（Śrī Śāradā Temple）を創立したと信じている。[3]

この母なる神であるシャーラダー神に関する大きな祭は、「シュリー・シャーラダーンバー・マハーラトーツサヴァ」（Śrī Śāradāmbā Mahārathotsava「聖なる母神シャーラダーの大山車祭」）と呼ばれるものである。筆者は一九八三年一月三一日に行なわれたこの祭を見たが、この祭が行なわれるのは毎年、シャンカラがシュリンゲーリ僧院にシャーラダー神像を据えたと信じられている日に当たる。ちなみに、今年（二〇一六年）は二月二五日に行なわれた。この祭において、シャンカラがシャーラダー神を祀った行為が象徴的に反復される。シャーラダー神の祭像（utsava-mūrti）を乗せて運ぶ巨大な山車《だし》（ratha）が、ブラフマチャーリンたちによってシュリンゲーリ僧院の中へと引っぱられて入っていく。その行列の後からは、パランクインの上に座して乗っている若い世師がついていく。大きな山車を引っ張っている人びとは、通りを取り巻いている見物人たちに向かって、何度も何度も大声で「アーディ・シャンカラ」（Ādi Śaṅkara）と叫びながら進んでいく。「アーディ・シャンカラ」とは、もちろん言うまでもなく、シュリンゲーリ僧院の開祖である「初代のシャンカラ」を意味する。

ナヴァラートリー祭においては、デーヴィー（女神）すなわちシャーラダー神が崇拝される。ナヴァラートリー祭が始まる前日、シャーラダー神は灌頂（アビシェーカ）を受ける。それは「シュリー・シャーラダーンバー・マハービシェーカ」（Śrī Śāradāmbāmahābhiṣeka「聖なる母神シャーラダーの大灌頂」の意）と呼ばれる。そして、ナヴァラートリー祭のときには、毎日、シャーラダー神像は特に色とりどりの花でもって飾られる。この祭について、先代の世師は次のように言っている。

その名まえ自体が暗に意味しているように、ナヴァラートリー祭は、九夜のあいだ、祝祭され、「勝利日」（Victory Day）として知られている一〇日目に、ヴィジャヤ（Vijaya）すなわち勝利を表現する行列が行なわれる。シュリー・ラージャ・ラージェーシュヴァリー神（Śrī Rāja Rājeśvarī）が、多くの家々や寺院において、信愛をもって礼拝されている。『サプタ・シャティー』（Saptaśatī）やヴァールミーキの『ラーマーヤナ』を韻律に合わせて詠唱することが、ナヴァラートリー祭のあいだ、行なわれる。(4)

ナヴァラートリー祭の第六日目には、「サラスヴァティー・ヴァハナ」（sarasvatī-vahana「サラスヴァティー神〔像〕を〔行列において〕運ぶこと」）が行なわれる。マハーナヴァミー（mahānavamī）と呼ばれる第九日目には、ホーマ（homa）が行なわれる。一〇日目は「ヴィジャヤ・ダシャミー」（vijayadaśamī シャーラダー神が悪の力を鎮圧したことを祝う勝利の日）として知られ、また、一一日目は「シュリー・シャーラダーンバー・ラトーツサヴァ」（śrī-śāradāmbā-rathotsava「聖なるシャーラダー神の山車祭」）として知られている。この期間中においては、シャンカラ生誕祭のときと同様、毎夕、「ヴィドヴァット・サバー」（vidvat-sabhā「学者の会合」の意）が開かれる。ラーマリンゲーシュヴァラ・ラオ（T. Ramalingeswara Rao）は、次のように述べている。

例年開かれるヴィドヴァット・サダス（Vidwat Sadas「学者の会合」の意）、すなわち、ガナパティ・ナヴアラートリー祭のあいだ、伝統的な学問のすべての部門（ニヤーヤ、文法学、ダルマ、ミーマーンサー、天文学、その他の哲学（ダルシャナ）、アーガマ、ヴェーダ、それにヴェーダ補助学）にわたって、この国の優れた学者たちは、深くかつ目的のある議論をしたり、意見を交換したりするために、世師を主宰者として会合をもっている。(5)

ナヴァラートリー祭の「ヴィドヴァット・サダス」における哲学的な議論は、シャンカラ生誕祭に開かれるそれとよく似ている。(6) これら二つの祭にやってくる多くの在家信者の中では、ただ二、三人の学識ある人びとだけが、こうしたパンディットや学者の集まりに出席しようとする。シュリンゲーリを訪れるたいていの在家者たちはカンナダ語を理解することはできるが、ヴィドヴァット・サバーの言語（サンスクリット語）、哲学に関する講話や議論が大変難解であるので、広範囲の聴衆を引きつけることはない。筆者がこの会合に出席しているあいだも、およそ一〇〇人ぐらいのスマールタ派の在家信者がこの会合に加わってみようとしたが、ほとんどの人びとがすぐに立ち去ってしまった。

二　シャーラダー神寺院におけるプージャーの諸相

シャーラダー神へのプージャー

シュリー・シャーラダー神寺院においては、毎日、プージャーが早朝、正午それに夕方の三回行なわれている。夕方のプージャーには、僧院に学ぶブラフマチャーリンたちのすべてが出るが、早朝と正午のプージャーに出るブラフマチャーリンの数は少ない。シャーラダー神へのプージャーは、次のようなモチーフから成っている。

（1）一人の祭官がシャーラダー神に対して、三回、アーラティ（ārati）を行なう。（2）参列しているすべての者がスッカーサナ（sukhāsana 楽な座位）で座ったあと、プラサーダ（prasāda）、すなわち、クンクマ（kuṅku-ma）、ティールタ（tīrtha 聖水）、ミシュターンナ（miṣṭānna 甘い菓子）が参拝者全員に配られる。（3）『リグ・ヴェーダ』、『ヤジュル・ヴェーダ』、『サーマ・ヴェーダ』、『アタルヴァ・ヴェーダ』の一部のマントラを、参拝しているブラフマチャーリンたちが順に詠唱する。（4）一人の祭官がシャーラダー神像に対して、マンガラ・アーラティ（maṅgala-ārati）を行なう。（5）祭官が参拝者のために廻す祭火へ、参拝者がそれぞれ恭しく自分の手をかざし、その手でもって自分の頭を触る。（6）寺院を離れるまえに、五体投地礼（sāṣṭāṅga-praṇāma）を行なう。シャーラダー神へのプージャーは、このような六つの側面を含んでいる。特に毎週金曜日の夕方だけは、マハープージャー（mahāpūjā）が行なわれる。つまり、プージャーを受けた後、シャーラダー神像が「デーヴァースタラ」（devāstara「神の台座」）と呼ばれる台車の上に置かれ、ヴェーダ・マントラを唱えるブラフマチャーリンたちに伴われて、シュリー・シャーラダー神寺院内を、三周巡行する。また、すでに述べたように、ナヴァラートリー祭のあいだは、特別なプージャーが行なわれる。シャーラダー神像は花とか野菜や果物、さらにはドゥルガー神、カーリー神、その他の母なる神の形態との関連を想起させるようなものでもって、いろいろと飾られる。

また、シャーラダー神に対する個人的なプージャーもまた、信仰者の願いに応じて、祭官によって行なわれている。そのような個人的なプージャーは、一定の時間内にだけ行なわれる。すなわち、午前八時から午後零時三〇分までのあいだと、夕方六時から夜八時三〇分までのあいだである。そのプージャーには、次の五種類がある。（1）「アシュトッタラ」（aṣṭottara）と呼ばれるプージャー。シャーラダー神を花でもって、一〇八回アルチャナー（arcanā 崇拝）するもの。（2）「トリシャティ」（tri-śati）と呼ばれるプージャー。三〇三回アルチャナを行なうもの。（3）「サハスラナーマ」（sahasranāma）と呼ばれるプージャー。ミシュターンナ（miṣṭānna 甘い菓子）とナイヴェードヤ（naivedya 供物）でもって、一〇〇八回アルチャナを行なうもの。（4）「ウトサヴァミン・シルヴァー・ディンディ」（utsavamin Silver Dindi）と呼ばれるプージャー。シャーラダー神へのアルチャナーとシャーラダー神像の車巡行から成るもの。（5）「ラクシャールチャナー」（lakṣārcanā）と呼ばれるプージャー。ふだん一般的にみられるプージャーは、「アシュトッタラ」および「トリシャティ」であり、「サハスラナーマ」と呼ばれるプージャーは時折、行なわれている。もっとも、シュリンゲーリ僧院の周辺に住んでいるスマールタ派信者たちの中には、毎日、祭官にプージャーを依頼することなく、シャーラダー神に対して個人的にプージャーを行なう人びと、とりわけ、女性の姿が目立っている。こうした個人的なプージャーは、シャンカラの生誕地であるカーラディやバンガロールにある、シュリンゲーリ僧院のシュリー・シャーラダー神寺院においても、信者たちの依頼に応じて行なわれている。

ちなみに、シュリンゲーリ僧院のシュリー・シャーラダー神寺院では、ドゥルガーンバー（Durgāmbā）、アーンジャネーヤ（Āñjaneya）、シャクティ・ガナパティ（Śaktiganapati）などの他の神々に対するプージャーも、特に願い出ることによって行なわれる。このようなプージャーにおいては、ふつうプージャーを願い出る者は前もって、ココヤシの実、花、バナナなどの果物を自分で用意し、それらを祭官に手渡す。それらの供物は、僧院前の店屋で売られているので、簡単に準備することができる。そして、ヴェーダ・マントラを伴うプージャーが終われば、プージャーを願い出た人は、祭官から供物（あるいはそれらの一部）をプラサーダ（prasāda 神の恩寵）として受け取ることになる。

シャーラダー神の守護神とそのプージャー

シャーラダー神の四守護神がシャンカラによって、シュリンゲーリの四つの寺院に据えられたと伝統的に信じられている。シュリー・シャーラダー神寺院を中心として、東の方向にはカーラ・バイラヴァ神（Kāla-bairava）が、南の方角には、ドゥルガー神が据えられている。また、西の方角には、ハヌマーン神（シュリンゲーリでは、アーンジャネーヤ神と呼ばれている）が祀られ、北にはカーリカー神（Kālikā）が祀られている。しかしながら、『グルヴァンシャ・カーヴィヤ』（*Guruvaṃśakāvya*「世師の系譜の詩」の意）という僧院の沿革を記している文献は、第一二代の世師ヴィドヤーランヤがそれら四つの神々を据えたと記している。(7) ナヴァラートリー祭においては、これらの神々に対して、特別なプージャーが行なわれる。

これら四つの寺院のそれぞれに対しては、シュリンゲーリ僧院は、毎日一回、プージャーを行なう祭官を任命している。カーリカー神へのプージャーは、ただ一つのマントラでもって、朝に行なわれる。カーラ・バイラヴァ神（シヴァ神の召使い）に対するプージャーは、シヴァ・マントラを唱えることによって、正午前に行なわれる。アーンジャネーヤ神は、朝のうちに『ラーマ・ストートラ』（*Rāma-stotra*）と『アーンジャネーヤ・ストートラ』（*Āñjaneya-stotra*）という讃詩（バクティ・ストートラ）でもって、プージャーが行なわれる。ドゥルガー神の寺院は、他の三神の寺院に比べると、ずっと大きい。ドゥルガー神寺院の祭官、クリシュナムールティー（Kṛṣṇamūrti）によれば、ドゥルガー女神（シヴァ神の配偶者）の神像はシャンカラによって据えられた。ドゥルガー神の近くには、シヴァ・リンガが祀られているが、それは「土の中から生まれた」ものであるという。また、ドゥルガー神の脇に祀られているガナパティ神とバーラスブラマンヤ神（シヴァ神の息子たち）の神像は、後代になって据えられたものであるという。

この寺院におけるプージャーは、午前一〇時から午後一時まで行なわれる。まずはじめに、ガナパティ神へのプージャーが、ガナパティ・マントラ（Gaṇapati-mantra）を唱えながら行なわれる。次にシヴァ・リンガに対して、ルドラ・マントラ（Rudra-mantra）を唱えながら、プージャーが行なわれる。それから、ドゥルガー女神へのプージャーが、ドゥルガームーラ・マントラ（Durgāmūla-mantra）を唱えながら行なわれる。そして最後に、バーラスブラマンヤ神へのプージャーが、『バーラスブラマンヤ・ストートラ』（*Bālasubramaṇya-stotra*）を唱えながら行なわれる。

さらに一年に一回、毎年春には、ドゥルガー神の寺院において、ドゥルガー・ホーマ(Durgā-homa)が「人びとの繁栄のために」行なわれる。(8) 第三三代の世師は、彼の著した『バクティ・スダー・タランギニー』(*Bhakti-sudhātaraṅgiṇī*「バクティの甘露の河」の意)の中で、災いがシュリンゲーリを脅かしたとき、彼がドゥルガー神に祈ったところ、その後は、全く何一つ災いが起こらなくなったと記している。(9) ドゥルガー神をはじめ、シャーラダー神を取り囲む、これら四つの神々は、シャーラダー神の守護神であるばかりでなく、シュリンゲーリ全体の守護神でもある。

シャーラダー神への祈願

ほとんどの巡礼者たちが、必ずしも定期的にシュリー・シャーラダー神寺院を訪れるわけではない。巡礼者たちへのインタビューによれば、シュリンゲーリ巡礼は、時折、いろいろな目的に応じて行なわれるが、特に僧院における祭に参加するために訪れる人びとが多い。筆者の出会った大勢の巡礼者たちのおよそ半分ぐらいは、シュリンゲーリをはじめて訪れた人びとであるか、二回目あるいは三回目であるかであった。

筆者は一九八二年から一九八三年にかけて、シュリンゲーリを訪れた巡礼者の中で、無作為に一八九人の巡礼者に対して、折りに触れ、宗教意識調査あるいはインタビューを行なった。たまたま、それらの巡礼者の中には、六〇名(男性三九名、女性二一名)のスマールタ派信者が含まれていた。宗教意識調査の結果、いろいろな事実が明らかになったが、そのうちの一つは、表1が示しているように、スマールタ派の信者の場合、ほとんどの巡礼者がシャンカラの名まえを知っていたのに対して、スマールタ派以外の巡礼者の場合、およそ三分の二の割合の人びとは、シャンカラの名すら知っていなかったということ、さらに、スマールタ派信者のおよそ三分の二の割合の人びと、あるいは、スマールタ派信者以外の巡礼者のうち、およそ八分の一の割合の人びとが、たとえわずかであれ、シャンカラの教えを知っていたということである。このデータは、裏返して言えば、スマールタ派

	男性	女性
シャンカラの名を知っている巡礼者	59(35)	40(19)
シャンカラの名を知らない巡礼者	53(4)	37(2)
シャンカラの教えを知っている巡礼者	31(26)	21(12)
シャンカラの教えを知らない巡礼者	81(13)	56(9)

表1　シャンカラとその教えに関する知識（カッコ内の数字は、スマールタ派信者数を示す。1982–1983年のインタビュー）。

の人びと以外には、シャンカラの教えがあまり知られていなかったことを示している。もっとも、シャンカラの教えを知っていた人びとの中でも、その教えの内容を説明してほしいと言うと、ごく数人だけが説明できただけであった。

さらに、シュリンゲーリにおける宗教意識調査、あるいは、スマールタ派信者に対するインタビューをとおして明らかになったのは、スマールタ派信者の具体的な宗教的コミットメントが、インド哲学、特にシャンカラの哲学のパースペクティヴからみれば、シャンカラの哲学思想とかなりずれていたという点である。言いかえれば、スマールタ派の人びとは、必ずしもシャンカラが教示した教えにしたがって信仰しているとは言えないのである。たいていの巡礼者は、シャンカラがインド文献学的にみて、彼の真作と言われる哲学文献において、バクティ（信愛）とカルマン（行為）を、解脱に到達するための予備的条件として捉え、ただ単に「心の浄化」に役立つと説いていることを知らなかった。スマールタ派以外の巡礼者については、もしもその人が南インド出身か、あるいは南インドに住んでいれば、シュリンゲーリをシャーラダー神で有名な巡礼地としては知っていた。ところが、それらの人びとも、シャンカラの名まえやその教えについては、ほとんど何も知らなかった。

シュリンゲーリを訪れるスマールタ派信者の中で、解脱を求めている人はほとんどいなかった。そのことは、筆者がインタビューした六〇名のスマールタ派信者の回答から明らかであった（表2）。スマールタ派の信者の人びとは、シャーラダー神を礼拝するのに、実にさまざまな動機をもっていたことが明らかである。

回答の内容	男性	女性
＊信者の義務を遂行するため	9	5
＊学業成就	6	6
＊学業と幸福	5	3
＊来生において、より良く生まれたい	5	2
＊繁栄	4	1
＊幸福	2	1
＊今生における出世	2	0
＊幸運をつかみたい	2	0
＊心を浄めるため	2	0
＊シャーラダー神の恩寵を得たいため	1	1
＊慰めのため	0	1
＊解脱に到達したいため	1	1

表2　スマールタ派信者がシャーラダー神を礼拝する動機

シャーラダー神は、明知（vidyā）と教育の女神として礼拝されているばかりでなく、幸福や幸運、さらには（商売や安産などの）すべての繁栄をもたらす女神としても礼拝されてきた。次のエピソードは、シャーラダー神が健康をもたらす者であるとも信じられていたことを示している。すなわち、第三四代の世師チャンドラシェーカラ・バーラティーが離身解脱（videhamukti）する前日、一人のスマールタ派信者は、世師の健康状態が大変心配になって、世師の「健康回復」をシャーラダー神に祈ったという。[10] また、シュリンゲーリに近いチクマガルールから巡礼に訪れたという、あるスマールタ派信者とのインタビューにおいて、彼がシュリンゲーリを訪れたのは、シャーラダー神を礼拝するためばかりでなく、シュードラ出身の女性との結婚について、世師から特別な許しを得るためでもあると話してくれた。現代でも、伝統を重んじるスマールタ派においては、シュリンゲーリの世師の特別許可がなければ、もしもスマールタ派の男性がシュードラ出身の女性と結婚すると、彼はスマールタ派の共同体から出ていかざるをえなくなってしまう。その若い男性には、その結婚に反対している母親が一緒に付き添ってきていた。[11] このことは、たとえ伝統重視のスマールタ派においても、世師の言葉が最も尊重されていることを示す一つの具体例であろう。

巡礼者たちがどのような動機あるいは目的でもって、シュリンゲーリを訪れるのかについて、人びとの内面に立ち入って詳細に知ることはとても難しい。しかし、時間が経つのも忘れて、シャーラダー神の前で頭を垂れて真剣に祈っている姿を見ると、人びとの抱いている悩みや苦しみの深刻さが、こちらにもひしひしと伝わってくる。スマールタ派信者の中にも、ごく一般のヒンドゥー教徒と同様、シュリンゲーリを観光気分で訪れる人たちもいるが、自分の願いが叶ったとき、シュリンゲーリへお礼のために戻ってくる人びとの姿も見かける。シャンカラの生誕地であるカーラディのシュリンゲーリ僧院にも、シュリー・シャーラダー神寺院があるが、その寺院の前には、いくつかの揺りかごが掛かっている。その寺院の祭官の話によれば、子どもを授けてほしいとの願いが叶えられたスマールタ派信者が、シャーラダー神に対する感謝の思いから、揺りかごを掛けて帰ったものであるという。シュリンゲーリへの巡礼者にとって、シャーラダー神への祈りは、巡礼の最も重要な動機であるが、スマールタ派における在家信者の信仰にとっても大切な側面なのである。

三　シャーラダー神信仰の意味構造

讃詩にみるシャーラダー神信仰

シャーラダー神の慈悲深い恩寵への信仰は、たとえば、毎朝、夜明け前に拡声器から流れてくる讃詩『シュリー・シャーラダーンバー・ストートラ』（*Śrī-śāradāmbā-stotra*）の中に明らかに示されている。この讃詩は巡礼者にもシュリンゲーリ在住の人びとにも親しまれており、僧院の周辺の信仰と神聖さの雰囲気を反映しているように思われる。シュリンゲーリにおいて、しばしば詠唱される讃詩は、シャーラダー神に対する在俗信者の信仰を具体的に示している。

シュリンゲーリ僧院前の大通り　日々、インド各地からの巡礼者を乗せたバスが走る（2006 年 2 月 25 日　筆者撮影）。

たとえば、『バヴァーニ・アシュタカ』（*Bhavānyaṣṭaka*「〔母神である〕バヴァーニ神に対する八頌」の意）には、次のように記されている。

私は布施も、また、瞑想の道も知りません。
私はタントラも、また、讃詩やマントラも知りません。
私は礼拝も、また、ニヤーサの道も知りません。
バヴァーニ神、あなただけが、私の頼りなのです。(12)

na jānāmi dānaṃ na ca dhyānayogaṃ
na jānāmi tantraṃ na ca stotramantram/
na jānāmi pūjāṃ na ca nyāsayogaṃ
gatis tvaṃ gatis tvaṃ tvam ekā bhavāni//

同様に、『デーヴィ・アパラーダ・クシャマーパナ・ストートラ』（*Devyaparādha-kṣamāpaṇastotra*「母神に罪の赦しを乞うための讃詩」の意）には、次のように記されている。

ああ！　私はマントラもヤントラも、また、讃詩も知りません。
私は祈りも、また、讃美の話も知りません。

私はムドラも知りません。また、悲嘆も知りません。
しかし、母〔なる神〕よ、このことは知っています、
苦悩の除去が、あなた次第であることを。(13)

na mantraṃ no yantraṃ tad api ca na jāne stutim aho
na cāhvānaṃ tad api ca na jāne stutikathāḥ/
na jāne mudrās te tad api ca na jāne vilapanaṃ
paraṃ jāne mātas tvadanusaraṇaṃ kleśa haraṇaṃ//

母なる神であるシャーラダー神に対する信者の熱情的な信仰は、これらの讃詩において明らかである。人びとが、たとえマントラやタントラ、さらに讃詩をほとんど知らなくても、シャーラダー神は恩寵をとおして願いを叶えてくれるとの確信が、その信仰の深みに流れている。

『デーヴィ・アパラーダ・クシャマーパナ・ストートラ』における、もう一つ別の句は、自分の罪に苛まれている在家信者の思いを詠っている。

ああ、黒ずんだ色をした〔母なる神〕よ。あなたは〔私によって〕、〔聖典の〕命令に従って、さまざまな儀軌でもって礼拝されたことはありません。無作法な思念や言葉でもって、何がされなかったでしょうか。もしも、あなたがどの程度であれ、保護なき私に対して、慈悲を示してくださるとすれば、それは、あなたにとって最も至当なものなのでしょう。(14)

nārādhitāsi vidhinā vividhopacāraiḥ
kiṃ rūkṣacintanaparair na kṛtaṃ vacobhiḥ/

śyāme tvam eva yadi kiñ cana may anāthe
dhatse kṛpām ucitam amba paraṃ tavaiva//

これらの祈りの中には、文献学的にシャンカラの真作といわれる哲学文献を特徴づけている厳密な論理は存在しない。これらの讃詩が示しているのは、慈悲深く寛大な母親のイメージをもつ女神への、信仰者の率直な信愛（バクティ）である。在俗信者たちは、必ずしも絶えずシャーラダー神に対して絶対的に帰依しているというわけではない。しかし、人びとがシャーラダー神の恩寵を必要とするとき、シャーラダー神はいつでも人びとの願いを叶えてくれるという。そうした信仰の本質は、ラーマーヌジャのいう、いわゆるバクティの思想においても強調されている。

先代の世師は、シャーラダー神への信仰が、信者にとって利益をもたらすという自らの確信を、次のように述べている。

シュリー・シャーラダーンバー（聖なる母シャーラダー）神は、その無敵なマーヤー（Maya 幻力）に圧倒され、また、世俗生活をすることを強いられている者すべてに対して、最も相応しい恵みを注いでくださるであろう。シャーラダー神を熱心な信仰でもって礼拝することによって、すべての者はモーハ（moha 心の迷妄）を征服し、最高の解脱、すなわち、すべての存在の至高善であるディヴヤ・ジュニャーナ（Divya Jnana「神聖な知識」の意）を得ることができるであろう。[15]

世師のこの言葉は、オーソドックスなスマールタ派の教えを表現している。この引用文から明らかなのは、スマールタ派における在家信者がシャーラダー神を礼拝することによって、（1）最も相応しい恵み、（2）心の迷妄（moha）の征服、（3）「最高の解脱」（supreme enlightenment）、すなわち、ディヴヤ・ジュニャーナ（Divya Jnana 神聖な知識）がもたらされるということである。「最高の解脱」に到るための前提は、シャーラダー神を熱心に信仰することである。このように、バクティを強調することは、バクティについてはほとんど語らず、ジュニャーナ（知識）を解脱のための第一の前提条件として強調するシャンカラの宗教思想とは、実に対蹠的である。世師のこうした公の言説から判断すると、シュリンゲーリのスマールタ派伝統においては、バクティはシャンカラの思想の中で、ジュニャーナがもっているのと同じ枢要な意義をもっている。バクティは、シャンカラ派の伝統において、すでにかなり長い年月にわたって強調されてきたと考えられる。そのことは、伝統的にシャンカラに帰せられてきた多くの讃詩——実際のところは、後代の世師たちによって作られたと考えられる——が、しきりにバクティを強調している事実によっても実証される。

タントラの教えでは、信仰者はシヴァ神と結びついたシャクティ（śakti）を崇拝することによって、力を獲得することができる。タントラは、顕教的な儀礼（ヴェーダ祭式であれ、ヴェーダ以後の儀礼であれ）によって、また同時に、マントラなどの密教的な要素を使うサーダナー（sādhanā 手段）によって、自然の諸力を統御することができる方法を規定している。このサーダナーの最高目標は二つの原理、すなわち、シヴァ神とシャクティの結合である。タントラは神的なものとの直接的な結合の体験を強調する。マントラを正しく詠唱することが、願い通りの結果を生み出すための重要な方法なのである。マントラに精通していないスマールタ派の巡礼者たちは、シュリンゲーリの祭官（プローヒタ）たちに相談し、その助言を受けて、その願いに最も適したプージャーを行なう。儀礼に精通している祭官たちは、シャーラダー神やその他の神々の加護を求めて、適切なマントラを唱えるのである。

シュリー・ヴィドヤー（śrī-vidyā）の秘密は、願い通りの結果を生み出すのに有効であり、タントラに従って、敬虔にシャーラダー神を崇拝する信者に顕現すると考えられている。シャーラダー神像は、左手に不死の甘露の壺、右手に数珠、また、もう一つの左手に知識の書をもち、もう一つの右手は「知識」を象徴するチン・ムドラー（cin-mudrā）を示している。(16) シュリンゲーリにおける女神の崇拝は、不二一元論的な実践的サーダナを成していると信じられている。それは、ブラフマンの明知（brahma-vidyā）のもう一つ別の形態である。伝統によれば、シャンカラはシュリンゲーリ僧院において、シュリー・チャクラ（Śrī Cakra 世界を示す最も重要な象徴）のうえに、シャーラダー神像を据えたという。シュリー・チャクラは二組の三角形から成っている。一組の三角形は四つの男性原理、すなわち、シヴァ神の三角形から構成されており、「シヴァ・チャクラ」（Śiva Cakras）と呼ばれている。もう一組の三角形は五つの女性原理、すなわち、シャクティの三角形から構成されており、「シャクティ・チャクラ」（Śakti Cakras）と呼ばれている。その中心の一点（bindu）において、「カーメーシュヴァラ」（Kāmeśvara）、すなわち「部分をもたないシヴァ神」（niṣkala Śiva）と「カーメーシュヴァリー」（Kāmeśvarī）あるいは「ラリター」（lalitā）、すなわち「シヴァ神のサカラ（sakala「部分をもつ」）側面」とが、未分化（abheda）に結び合っている。(17)

スマールタ派信者の一人、K・R・ヴェーンカタラーマンは次のように説明する。

シュリー・シャーラダー神、すなわち、宇宙の最高の母体は、トリムールティー〔Tṛmūrtī 原文のまま〕とそのシャクティ、すなわち、ウマー神、ラクシュミー神、ヴァーニー神の統合的な概念を示している。〔中略〕そして、最高ブラフマン（Para-brahman）として、それらすべてを超越している。(18)

このイメージは「最高の母体すなわち世界の母の側面とは異ならない」ブラフマンの明知（brahma-vidyā）を表現している。(19) 第三三代の世師が著した讃詩『バクティ・スダー・タランギニー』は、次のように言う。

私はあなたに、すなわち、シュリンガ山の住居で遊び戯れ、すべての聖者の心の中で動くのに慣れており、その本質的な形態が全〔世界〕であり、ハリ神の信奉者たちが伝統的に「ヴィシュヌ神」と呼び、母なる神の足にすがる人びとが「アーリアー（高貴なる者）」（Āryā）と呼び、ガネーシャ神の崇拝者たちが「障壁を取り除く者」と呼び、また、優れたシヴァ派信者たちが「シヴァ神」と呼ぶ、水銀に似た〔輝きをもっている〕蓮華生の女神シャーラダーに敬礼する。[20]

naumi tvāṃ śaivavaryāḥ śiva iti gaṇanāthārcakā vighnahartety
āryety ambāṅghrisaktā haribhajanaratā viṣṇur ity āmananti/
yāṃ tāṃ sarvasvarūpāṃ sakalamunimanaḥpadmasaṃcāraśīlāṃ
śṛṅgādcāvāsalolāṃ kamalajamahiṣīṃ śāradāṃ pāradābhām//

教養あるスマールタ派の人びとは、シュリー・チャクラのうえに祀られているシャーラダー神がすべての個々の神々を超越しており、「その本質的な形態が全〔世界〕である」絶対的な母神であると考えている。世師チャンドラシェーカラ・バーラティーは、上述した詩が「神はすべての名称と形態を超えており」、「特定の形態が本質的に無限定の神の限定された側面にすぎない」というスマールタ派の人びとの認識を例証している、と指摘している。[21]

讃詩『バクティ・スダー・タランギニー』のもう一つ別の句は、次のように言う。

シャーラダー神は、すべてのウパニシャッドの意味を明らかにする、ブラフマンの明知（brahma-vidyā）である。[22]

sarvavedāntārthaprakāśinī brahmavidyā śāradā/

シャーラダー神への信仰は、シャンカラの不二一元論ヴェーダーンタ哲学と調和している。先代の世師アビナヴァ・ヴィドヤー・ティールタも、シャーラダー神とシャンカラの不二一元論思想の関係について尋ねられて、シャーラダー神が「明知の女神」(the goddess of learning)であり、「私たちにとって最高の位置を占めている」と明言している。(23) シュリンゲーリにおいては、シャンカラによって創設されたと伝統的に言われる他の僧院と同様、シュリー・ヴィドヤー(Śrī Vidyā "聖なる明知")の神秘的な秘密とシュリー・チャクラの崇拝が、人びとの信仰の中で生きている。(24)

シャンカラとシャーラダー神との関係

シャンカラとシャーラダー神との関係について、スマールタ派の知識人の一人であるヴェーンカタラーマンは次のように述べている。

シュリー・シャンカラ、すなわち、ジュニャーナ・ムールティは、シュリー・ダクシナー・ムールティ、すなわち、シュリー・シャーラダー神の権化として化身している。(25)

シャンカラは、シヴァ神(ダクシナー・ムールティ)の化身(avatāra)であるが、シャーラダー神とも異ならない。それらはともに究極的実在である。したがって、シャンカラの化身とみなされている世師もまた、そのたましいはシャーラダー神と同一である。『アビナヴァ・ヴィドヤー・ティールタ・スタヴァ』(*Abhinava-vidyātīrthastava*「〔世師〕アビナヴァ・ヴィドヤー・ティールタ讃歌」)における句は、次のように言う。

アーシュヴィナの月に〔ナヴァラートリーにおいて〕、三界の母に対する礼拝を滞りなく行なった後、出家遊行者の長〔アビナヴァ・ヴィドヤー・ティールタ〕は、いかなる願望からも自由であるけれども、その女神がグル（師）の形態をとっているという聖典にしたがって、玉座に座り、花輪や立派な王冠、一足の黄金の下駄、それに絹と黄金糸の衣服を身にまといながら、まばゆいばかりに輝いている。(26)

māse cāśvayuji trilokajananīpūjāṃ vidhāya kramāt
sā devī gururūpiṇīti nigamāt tyakteṣano 'pi prabhuḥ/
bibhrat kṣaumasuvarṇatantuvasanaṃ hārān kirīṭottamaṃ
sauvarṇyau ca supāduke yatipatiḥ siṃhāsane rājate//

この句は、ナヴァラートリーなどのシャーラダー神の祭において、世師とシャーラダー神との本質的同一性が、世師がシャーラダー神の姿をすることによって、儀礼的にシンボライズされることを示唆している。ヴェーンカタラーマンは次のように説明する。「彼〔ダクシナームールティ〕は、手に不死の甘露の壺、知識の書、数珠をもち、それにチン・ムドラー（cin-mudrā〝知識の印契〟）を示す者として表現されている。諸々の象徴は知恵を表わし、そのムドラーは個我（Jīva）とブラフマンとの本質的一体性、すなわち、不二一元論の一者性の意識を表わしている」(27)。ダクシナームールティもシャーラダー神もともに、不死の甘露の壺、知識の書、数珠それにチン・ムドラーという同一の象徴を示していることは注目すべき点である。両者ともブラフマンの明知を表現しており、究極的には最高なるものを表わしている。それはシヴァ神とシャクティの合一において象徴されるように、シャクティを所有するシヴァ神とシャクティそれ自体であるシャーラダー神が究極的に合一するからである。

シャーラダー神信仰は、その信仰者がシャクティ、すなわち、全宇宙に充満する最高の力に関与する、あるいは、その力と結合する、というタントリックな不二一元論的思想を象徴している。スマールタ派の在俗信者はほとんど、不二一元論思想やタントラ思想を知ってはいないが、たしかに個人的で現世的な諸問題を解決するために、この「母なる神」の力に縋っている。スマールタ派の人びとは、このシャーラダー神の中に、可愛いわが子に対する慈悲深い母親のイメージを感じている。

註

（1）ŚDV, II.63cd, p.51.

（2）ŚDV, XII.64cd, p.451.

（3）ウィリアム・センクナーによれば、特定の女神が、シュリンゲーリ僧院以外の僧院においても、特に崇拝されている。すなわち、カーマークシー（Kāmākṣī）、シャーラダー、ヴィマラー（Vimalā）、バドラカーリー（Bhadrakālī）、それにプールナーギリ（Pūrṇāgiri）という女神がそれぞれ、カーンチー、シュリンゲーリ、ドヴァーラカー、プリーにおいて、よく知られている。（TT, p.116.）

また、注目すべき点として、ŚDV（XV.5, p.528）は、次のように記している。シャンカラがカーンチーに滞在しているあいだに、彼はシュルティによって認められている（śrutisaṃmatām）最高の知識（paravidyā）の崇拝と考えられる、デーヴィー（Devī）崇拝（bhagavatyāḥ saparyām）のための寺院を創設することによって、ターントリカ（tāntrika）たちと対立したという。

（4）FD, p.ix.

（5）SR, p.60.

（6）ウィリアム・センクナーは次のように述べている。

「シュリンゲーリにおいては、シャンカラーチャーリヤが主宰するヴィドヴァット・サダスが、一年に二回開かれる。また、教説に関する会議も、ヒンドゥー教の学者たちのために、異なったセンターにおいて召集される。シャンカラーチャーリヤの知的な役割は、これらの機会にきわめて明らかになる。それは、彼がパンディットたちのなかで、リーダーとして座っているからである。」(TT, p.128.)

（7）GVK, VIII.26, p.79. 編者注記 p.87.

（8）クリシュナムールティーとのインタビュー、シュリンゲーリ、一九八三年五月一六日。

（9）*Bhaktisudhātaraṅgiṇī*, pp.285-286. Cf. TTW, p.155.

（10）SS, p.153.

（11）個人的なインタビュー、シュリンゲーリ、一九八三年五月一二日。

（12）"Bhavānyaṣṭaka," in Appendix of *Ātmabodha: Self-knowledge*, traditionally ascribed to Śaṅkara, English translation, with notes by Swami Nikhilananda, (Madras: Sri Ramakrishna Math, 1978), v.3, p.248.
ちなみに、ここで言われるニヤーサ（nyāsa）とは、身体の部分を守護神に心的に割り当てることを意味している。

（13）"Devyaparādhakṣamāpaṇastotra," in Appendix of *Ātmabodha: Self-knowledge*, (Madras: Sri Ramakrishna Math, 1978), v.1, p.266.

（14）Ibid., v.9, p.270.

（15）FD, p.ix.

（16）*Lalitāsahasranāma*, 925-7, 643 and 644, *Bhaktisudhātaraṅgiṇī*, p.93. Cf. TTW, p.139.

（17）TTW, p.140.

（18）K. R. Venkataraman, "Synthesis in Worship in Sringeri," *Śringêri Vignettes*, p.13. トリ・ムールティー（trimūrti）とは、シヴァ神、ヴィシュヌ神、ブラフマー神の神格の統一的な表現である。ウマー神、ラクシュミー神それにヴァーニー神はそれぞれ、これらの神々の配偶神である。

（19）SR, p.39.

（20）*Bhaktisudhātaraṅgiṇī*, p.160. Cf. TTW, p.143.

（21）DWG, p.155.

（22）*Bhaktisudhātaraṅgiṇī*, p.93. Cf.TTW, p.139.

（23）Jonathan Bader, "Interviews with the Śaṅkarācāryas," *Conquest of the Four Quarters*, p. 336.

(24) K. R. Venkataraman, "Śakti Cult in South India," in *The Cultural Heritage of India*, ed. Haridas Bhattacharyya, vol.4: *The Religions* (Calcutta: The Ramakrishna Mission Institute of Culture, 1956), p.252.

(25) TTW, p.141.

(26) AS, v.8. Cf. FD, p.vi.

(27) TTW, pp.138-139.

第七章　シャンカラーチャーリヤ信仰とその意味構造

シュリンゲーリ僧院を中心としたシャンカラ派の伝統において、シャーラダー神信仰とともに、主要な在家者の信仰を形成しているのは、シャンカラーチャーリヤ信仰（あるいは世師信仰）と呼ぶことのできる具体的な信仰現象である。本章において考察しようとするのは、この信仰現象とその意味構造である。

シャンカラーチャーリヤ信仰については、伝統的にシャンカラに帰せられる哲学文献も後代シャンカラ派の哲学文献も全く記してはいない。しかし、それはシャンカラ派の哲学文献には出てこないものの、シャンカラ派の宗教伝統において、長年にわたって続いてきた在家者の信仰である。シャンカラーチャーリヤ信仰はそもそも、シャンカラが「シヴァ神の化身」（śivāvatāra）であるとの神話的伝承に根ざしており、ただシャンカラ派の哲学の展開を辿るだけでは、シャンカラ派伝統のこうした具体的なリアリティを把捉することは不可能であろう。

シャンカラ派僧院における宗教的指導者は、すでに述べたように「世師」（jagadguru「世界の尊師」）と呼ばれ、今日、シュリンゲーリ僧院では、シャンカラから数えて第三六代目の世師が僧院の法主を務めている。世師はまた「シャンカラーチャーリヤ」（Śaṅkarācārya）という尊称をもっており、インド全土の人びとから尊崇されている。世師が「シャンカラーチャーリヤ」とも呼ばれるというのは、ただ単に世師への尊敬の念を表現するだけではなく、歴史的に実在したシャンカラが世師をとおして生き続けているとのスマールタ派信仰の一端をも示唆している。ちなみに、歴史的に実在したシャンカラは、世師と区別するために「初代のシャンカラ師（アーディ・シャンカラーチャーリヤ）」（ādi-Śaṅkarācārya）と呼ばれている。

本章においては、シャンカラ派にみられる、こうしたシャンカラーチャーリヤ信仰という具体的な信仰現象について、シャンカラの伝承や信仰のデータを踏まえながら考察し、シャンカラーチャーリヤ信仰を特徴づけている思想構造を明らかにしたい。

一　シャンカラーチャーリヤ信仰の基本構造

シャンカラーチャーリヤとの「師と弟子の関係」

シュリンゲーリ僧院においては、代々の世師すなわち「シャンカラーチャーリヤ」は、歴史的に実在したシャンカラがそうであったように、出家遊行者（サンニヤーシン）にとって、彼らを解脱へ導く「師」であった。ところが、一四世紀以後になると、すでに論じたように、スマールタ派の在家信者たちが、シュリンゲーリ僧院における信仰の枠組の中へ有機的に組みこまれるようになった。そのことで、シャンカラーチャーリヤはスマールタ派の在家者にとって、呪術宗教的な力をもつ「世師」すなわち聖者として、いわゆる在家的な信仰対象にもなった。こうした在家者の信仰は、すでに一四世紀以前にも、徐々に盛んになっていたのかもしれないが、第一二代の世師であったヴィドヤーランヤの時代に、シュリンゲーリ僧院を中心とした信仰の様態が決定的に変わった。

ここに、シャンカラーチャーリヤとその弟子である出家遊行者との、いわゆる「師と弟子の関係」（guruśiṣya-sambandha）という関係構造が、スマールタ派の在家レベルにおいても成立したわけである。そこで、スマールタ派の在家信者たちも、出家遊行者と同様、自分たちのことをシャンカラーチャーリヤの「弟子」（śiṣya）と呼ぶようになった。このように今日、シュリンゲーリ僧院を中心としたシャンカラ派伝統において、シャンカラーチャーリヤは出家遊行者とはもちろんのこと、在家者とも「師と弟子の関係」という信仰的関わりをもっているが、その意味構造には大きなずれがみられる。シャンカラーチャーリヤは、「師と弟子の関係」という関係構造において、出家遊行レベルであれ在家レベルであれ、シャンカラ派に属している人びとすべての信仰を結びつけているのである。

信仰対象としてのシャンカラーチャーリヤ

シュリンゲーリ僧院を中心としたスマールタ派伝統において、スマールタ派の在家信者たちの、シャンカラーチャーリヤへの信仰的な志向性は、一言でいえば、シャンカラが「シヴァ神の化身」である、あるいは、シャンカラーチャーリヤが「シャンカラの化身」である、という在家者の信仰の特質において示唆されている。彼らにとっては、シャンカラーチャーリヤは聖者とはいっても、ただの聖者ではない。無限に深い、神性を内面に秘めた聖者なのである。

その点を宗教現象学的にいえば、シャンカラーチャーリヤという信仰対象それ自体に、スマールタ派の人びとは、彼ら独自の信仰的志向性において、その存在のノエーマ的意味を付与している。スマールタ派の在家信者の信仰的志向の中で、シャンカラーチャーリヤという志向的対象は、シャンカラが「シヴァ神の化身」であったとか、シャンカラーチャーリヤが「シャンカラの化身」であるとかいうぐあいに、イマージュ化されている。この庶民信仰的なイマージュが、スマールタ派の在家レベルにおける、シャンカラーチャーリヤ信仰の特質である。

しかし、シャンカラーチャーリヤの存在それ自体が、それに対応する在家者の信仰的イマージュあるいはノエーマ的意味と同一であるかといえば、そうではない。現に出家遊行者にとって、シャンカラは「シヴァ神の化身」としてみなされているのではない。出家遊行者にとっては、シャンカラはヴェーダ聖典の根本、すなわち、ウパニシャッドの真理を本質直観した聖者であり、シャンカラの本質直観の内容を、シャンカラーチャーリヤをとおして自分のものとするとき、解脱に到達することができると信じられている。その意味では、シャンカラーチャーリヤは、出家遊行者の聖者への関わりかたにおいて、シャンカラと同定されており、まさに「生きているシャンカラ」なのである。

シュリンゲーリ僧院の伝統によれば、シャンカラの、いわば「体験知」が、僧院の法主であるシャンカラーチャーリヤから次のシャンカラーチャーリヤへと、途切れることなく継承されてきたわけであるが、シャンカラーチャーリヤの弟子である出家遊行者たちは、シャンカラと同定されるシャンカラーチャーリヤの言葉を頼りに、厳しい修行をとおして、その「体験知」を何とかして体得しようとしてきた。言いかえれば、出家遊行者にとって、シャンカラーチャーリヤ（世師）はすでに存在世界の本質を直観している、いわば「現前するシャンカラ」であり、弟子をブラフマンの知、すなわち解脱へ導くことのできる唯一の師であった。しかし、解脱に到るための生き方としての出家遊行は、ごく限られた者にとっては可能であっても、ブラフマチャーリンを含む、ほとんどすべてのスマールタ派信仰者にとっては、とうてい不可能であった。実際、筆者がシュリンゲーリ僧院を中心にフィールドワークした一九八二―八三年には、出家遊行者はシャンカラーチャーリヤとその後継者の二人を除けば、ただ一人であった。シュリンゲーリ僧院のシャーラダー寺院における人びとの賑わいに比べると、実に対蹠的であった。

一方、スマールタ派庶民の、シャンカラーチャーリヤへの関わりかたは、病気治癒などの現世利益を目的としてきた。シャンカラーチャーリヤはいかなる悩みや苦しみをも癒すことのできる聖者としてみなされてきた。つまり、「シャンカラの化身」として在家レベルで信じられるシャンカラーチャーリヤは、シャンカラの伝説的伝記『シャンカラの世界征服』における、シャンカラのイメージと同様、呪術宗教的な力をもっていると信じられているのである。

シャンカラーチャーリヤと病気治し

シャンカラの伝説的伝記『シャンカラの世界征服』において、シャンカラは「シヴァ神の化身」として、人びとの罪を滅ぼし、数々の奇跡を行なう呪術宗教的な聖者として描かれている。例を一つだけ引用しよう。シャンカラの直弟子の一人、パドマパーダは、自分の親戚の者に対して、次のように言っている。すなわち、「人びとは、出家遊行者（yati）の長［シャンカラ］の蓮華足を崇拝する（padāmbhojabhajana）や否や、苦悩は滅せられて、浄化される[1]」。

シャンカラの場合と同様、世師すなわちシャンカラーチャーリヤの逸話集『シュリンゲーリの聖者』には、人びとがシャンカラーチャーリヤによって救けられた、という数々のエピソードが収録されている。それらの中から、一例を挙げてみよう。ある人が心の病にかかったとき、その夫人は次のように言ったという。「［シュリンゲーリの］世師は、それが病気であろうが、それ以外のことであろうが、多くの人びとの悩みを取り除いてくださるそうです。あなたも世師のところへ行って、加護をお受けになったら[2]」。この女性の言葉は、シュリンゲーリ僧院のシャンカラーチャーリヤが病気をはじめ、いかなる苦しみをも癒すことができる、というスマールタ派における在家者の信仰の一端を示している。

また、ある貧しい詩人のバラモンには、言葉の話せない子どもがあった。その父親は、子どもが何とかして言葉を話すようになることを願っていた。そのとき、シュリンゲーリのシャンカラーチャーリヤが、その父親に一つの「マントラ」（ヴェーダ聖典のなかの一句）を教えた。その父親がシャンカラーチャーリヤから教えられたマントラを唱えると、その子どもは話せるようになったという[3]。このように、世師は人びとの苦しみを癒すために、その人に相応しい「マントラ」を与えたりもしている。

スマールタ派の人びとは、自分自身あるいは家族の者の病いが平癒することを祈り、また、いろいろな悩みが解決するようにと願い、シャンカラーチャーリヤにダルシャンを求める。シャンカラーチャーリヤへのインタビユー（一九八三年二月五日、シュリンゲーリ）において、シャンカラーチャーリヤは言った。「私は神的力をもってはいるが、病気が治るか治らないかは、その人のカルマン次第である」。シャンカラーチャーリヤが病気を癒すために、マントラやヨーガの力を使用したという事例は、無数にみられる。

「信」に根ざしたグル・バクティ

シャンカラ派におけるシャンカラーチャーリヤ信仰は、伝統的な信仰用語で表現すれば、「グル・バクティ」（guru-bhakti）ということになる。それは、シャンカラーチャーリヤへの絶対的な「信」（śraddhā）、すなわち、信頼に根ざした、自らの師への信仰という意味である。彼らの信仰的志向性においては、シャンカラーチャーリヤは、初代のシャンカラ（すなわち、アーディ・シャンカラーチャーリヤ）と同定されている。

まず、出家レベルにおける「グル・バクティ」とは、聖者としての自らの師に対して、弟子である出家遊行者がもっている全幅の信頼の具体的な表現である。弟子にとっては、聖者は出家遊行者のあるべき姿、すなわち、生身解脱者（jīvanmukta）である。弟子である出家遊行者にとっては、師は自らの信仰的関わりかたのモデルである。弟子は、聴聞（śravaṇa）・思惟（manana）・瞑想（nididhyāsana）と呼ばれる修行形式に沿って、聖者の本質直観（anubhava）すなわち「体験知」を体解しようとする。師と弟子のあいだでは、日常的レベルでの存在世界は、幻妄（māyā）として、存在論的に「解体」されており、「ブラフマンとアートマンの一体性」という、共通の意味世界が形成されている[4]。

ところで、シャンカラ派伝統においては、出家はしないものの、生涯にわたってブラフマチャーリンのままで、シャンカラーチャーリヤの弟子として熱心に帰依する者もあり、また、結婚して家住者になった後も、シャンカラーチャーリヤの弟子として、師への強い「信」を持ち続ける者もある。たしかに彼らのライフ・スタイルそれ自体は、スマールタ派における一般在家信者のそれであるが、彼らの中には、シャンカラの哲学文献の内容にも精通しており、内面的には、出家遊行者の関わりかたに近い人びとも存在している。

一方、在家レベルでの「グル・バクティ」は、聖者へのバクティ、すなわち、熱烈な信仰という意味あいをもっている。それは、聖者を神聖視して尊崇・渇仰し、聖者をとおして救いを求めるという意味において、いわゆる「聖者崇拝」(cult of a saint) にほぼ対応している。弟子であるスマールタ派における一般の人びとは、聖者であるシャンカラーチャーリヤの呪術宗教的な力でもって、現世利益的な救いを得ようとする。人びとが聖者に対して関わる関わりかたは、バクティ (信愛) である。

このように、在家レベルにおいては、出家レベルでの意味世界とは異なった、あるいは、ヴェーダーンタ哲学文献の内容とはかなりずれた信仰の意味世界のあり方が明らかになる。その世界においては、聖者であるシャンカラーチャーリヤが、スマールタ派の在家者に対して、救いをもたらす神的存在であり、人びとはシャンカラーチャーリヤによって救われる、という独自の民俗的コスモロジーが形成されている。

シャンカラーチャーリヤ信仰に焦点をあてながら、シャンカラ派信仰現象を捉えるとき、シャンカラーチャーリヤ (世師) という同じ信仰対象も、出家レベルと在家レベルとでは、必ずしも同じ対象的意味をもっているわけではない。つまり、スマールタ派の人びとは、同じ師たる聖者に対して、「弟子」(śiṣya) として関わりながらも、その関わりかたの意味構造は、かなり違ったものになっているのである。

二　シャンカラの伝承とその信仰

これまで、洋の東西を問わず、不二一元論ヴェーダーンタ哲学者シャンカラの生涯については、ほとんど本格的に研究されたことがなかった。それは彼の伝説的伝記が、とても信じられないような神話的モチーフを含んでいて、そうした伝記の記述内容によっては、彼の生涯に関する正確なデータを得ることができないからである。

ところが、そうしたシャンカラの伝説的伝記も、少し視座をずらして宗教学的な視座から捉えかえすと、シャンカラ派の宗教伝統における、いわゆるシャンカラーチャーリヤ信仰という具体的信仰現象を示す重要な資料である。私たちはシャンカラの伝説的伝記によって、シャンカラ派の伝統におけるシャンカラの伝承的イメージ、すなわち、シャンカラ派の人びとの信仰において、シャンカラが伝統的にどのような意味をもってきたのかを知ることができる。シャンカラ派における在家者のほとんどは、この伝承的イメージがシャンカラの生涯を生き生きと伝えている「事実」であると信じている。

シャンカラの伝説的伝記において、シャンカラは聖者として記されている。聖者とはいっても、彼はただ単に普通の聖者ではない。シャンカラが開祖とみなされているシャンカラ派あるいはスマールタ派において、彼は「シヴァ神の化身」とみなされてきた。こうしたシャンカラ派の人びとが抱いている、シャンカラの伝承的イメージは、世師あるいはシャンカラーチャーリヤと呼ばれる、シャンカラ派僧院の代々の法主の生涯とも重ね合わされて、シャンカラ派の人びとの記憶に留められ、語り伝えられてきた。

これまで、シャンカラの伝説的伝記としては、一〇あまり知られているが、それらの中でも、最もよく知られているのは、伝統的にマーダヴァに帰せられてきた『シャンカラの世界征服』である。すでに述べたように、この文献はシャンカラ派総本山、シュリンゲーリ僧院において、最も尊重されている唯一の伝説的伝記である。この文献の内容は、シャンカラ派の伝統における具体的な信仰および慣習を反映しているということができる。

本節においては、シャンカラーチャーリヤ信仰の意味構造を明らかにするために、おもにシャンカラの伝説的伝記『シャンカラの世界征服』がシャンカラ生誕やシャンカラによる救いについて、シャンカラをどのように描いているのかに注目しながら、シャンカラの伝承的イメージとその信仰を検討したい。

シャンカラの生誕――「シヴァ神の化身」

スマールタ派の宗教伝統におけるシャンカラーチャーリヤ信仰は、シャンカラが「シヴァ神の化身」であったとの在家信仰に根ざしている。たとえば、シュリンゲーリ僧院におけるシャンカラ像や第二代世師になったと伝承されているシャンカラの直弟子の一人、スレーシュヴァラの坐像の前には、シヴァ・リンガが据えられている。こうした在家者の信仰が少なくとも数世紀以前から続いてきた証拠は、『シャンカラの世界征服』にも、その一端が窺われる。同書によれば、シャンカラは「シャンブ〔シヴァ神〕の新しい化身」（śaṃbhunavāvatāra）、「シャンカラ〔シヴァ神〕の化身」（śaṃkarāṃśa）、あるいは、「主宰神の化身」（īśāvatāra）であると記されている。[5] これらの記述が示すように、シャンカラが「シヴァ神の化身」として、長年のあいだ、信じられてきたのは確かな事実である。まずはじめに、シャンカラの名に関して、同書は次のように記している。

この子ども〔シャンカラ〕は、彼を見た人びとに対して最高の幸せ（śam）をもたらすであろう（kurute）から、彼の父親は彼にシャンカラ（Śaṃkara）という名をつけた。あるいは、彼がやっとのことで、シャンカラ〔シヴァ神〕の恩寵のおかげで生まれたので、シャンカラという名がつけられた。[6]

yat paśyatāṃ śiśur asau kurute śam agryaṃ tenākṛtāsya janakaḥ kila śaṃkarākhyām/
yad vā cirāya kila śaṃkarasaṃprasādāj jātas tato vyadhita śaṃkaranāmadheyam//

シャンカラの名の由来に関するこれらの説明の中に、シャンカラ生誕の使命が人びとを幸せへ導くことであったとのスマールタ派信仰が示されている。シャンカラの生誕には、伝承によれば、三つの吉祥なことが付随的に生起した。まずはじめに、占星術的にみて、吉祥なことがあったという。『シャンカラの世界征服』によれば、吉祥なラグナが吉祥な惑星と結びついていたとき、吉祥な日に見られる太陽、火星それに土星が〔軌道の〕頂点に留まっていたとき、また、木星がケンドラ（Kendra）の位置にあったとき、聖なるパールヴァティー神（Pārvatī）がクマーラ神（Kumāra スカンダ神）を生んだのと同じように、シヴァグル（Śivaguru）の幸せな良妻は、子どもを産んだ(7)。

lagne śubhe śubhayute suṣuve kumāraṃ śrīpārvatīva sukhinī śubhavīkṣite ca/
jāyā satī śivaguror nijatuṅgasaṃsthe sūrye kuje ravisute ca gurau ca kendre//

シャンカラのホロスコープが吉祥なものであったという占星術的な説明は、シャンカラの生誕には宇宙的な要因が働いていたとの信仰を暗示している。第二の吉祥なことは、シャンカラが生まれたとき、バラモンの占星術師たちが彼の全知全能を予言したという伝承である。『シャンカラの世界征服』の記述を見てみよう。

占星術に精通しており、光栄にも任命されたバラモンたちは、彼女の子ども〔シャンカラ〕の生誕を見て、次のように報告した。「彼は本当に一切知者になり、自分独自の文献を著すだろう。さらに、言語の達人たち〔すなわち、優れた学者たち〕さえも打ち破るだろう(8)」。

satkārapūrvam abhiyuktamuhūrtavādi viprāḥ śaśaṃsur abhivīkṣya sutasya janma/
sarvajña eva bhavitā racayiṣyate ca śāstraṃ svatantram atha vāgadhipāṃś ca jetā//

〔バラモンたちは続けて言う。〕「世界が存在するかぎり、彼は世界において自分自身の名声を博するだろう。われわれが多弁を尽くして、何を語る必要があるだろうか。この子どもは完全無欠である(9)」。

kīrtiṃ svakāṃ bhuvi vidhāsyati yāvad eṣā kiṃ bodhitena bahunā śiśur eṣa pūrṇaḥ/

これらの記述にも明らかなように、シャンカラ派の伝統では、シャンカラは生まれたときから、非凡で完全無欠であったとみなされている。さらに、シャンカラの生誕に伴って生じたという第三の吉祥なことは、シャンカラの母親の様子に関するものである。

世界の輝く眼〔太陽〕をもった三界のように、スメル山をもったこの世界のように、また、謙遜を伴なう明知のように、そうした立派な、王のような輝きを授けられた子どもをもった、その婦人〔アールヤーンバー〕は、まばゆいばかりであった。[10]

lokatrayī lokadṛśeva bhāsvatā mahīdhareṇeva mahī sumeruṇā/
vidyā vinītyeva satī sutena sā rarāja tattādṛśarājatejasā//

人びと〔シャンカラの母親の親戚や友人たち Cf. ŚDV.II.81〕は、夜に輝いている彼〔シャンカラ〕の光輝のために、産室には灯火がないことに気づいた。驚きがすべての者に起こった。それは、灯火のないその家が明るかったからである。[11]

tatsūtikāgṛham avaikṣata napradīpaṃ tattejasā yad avabhātam abhūt kṣapāyām/
āścaryam etad ajaniṣṭa samastajantos tanmandiraṃ vitimiraṃ yad abhūd adīpam//

シャンカラの生誕に伴う、これらの吉祥な徴候に関する記述は、シャンカラの伝説的伝記が編まれたとき、スマールタ派信仰者たちがすでにシャンカラの生誕を神的なものと考えていたということを暗示している。シャンカラ生誕に関するこれらの神的なモチーフは、シャンカラが「シヴァ神の化身」であるとの信仰と結びついている。こうしたモチーフは、キリストの生誕とかゴータマ・ブッダの生誕に関するエピソードなどの、他の宗教伝統におけるモチーフとパラレルをなしている。

シャンカラ生誕に込められた意味

シャンカラ生誕の伝承には、さらに次のような二つの説明が付け加えられている。言いかえれば、シヴァ神がシャンカラとして化身したという「事実」には、スマールタ派の信仰からみれば、二つの意味が込められている。すなわち、(1) 子どもを授けてほしいというシャンカラの両親の祈りに応えたものであり、また、(2) ヴェーダの道を保持するという意味である。

シャンカラの両親、すなわち、シヴァグルとアールヤーンバーは「カーラティ(Kālaṭi 現在のカーラディ)として知られる、主宰神の寺院近くにある、大きな住みよいバラモン居住区」に住んでいた。[12] その夫婦は金持ちであったが、二人には子どもがなかった。彼らはヴリシャーチャラ(Vṛṣācala、中央ケーララにおけるトゥリチュール[Trichur]であると信じられている)にあるシヴァ神寺院へ巡礼した。[13] その地で、彼らは「シヴァと呼ばれる願望の木」(śivākhyakalpadrumam)を探し求めた。彼らはシヴァ神への礼拝に対する利益をシヴァ神から得ることができると信じていた。それは「如意樹の形態をした神〔シヴァ神〕」(kalpavṛkṣam devam)が「崇拝者によって望まれるものを与える」(bhaktepsitārthaparikalpana)という信仰[14]にもとづいている。子ども欲しさに、シヴァグルとアールヤーンバーは、苦行(tapas)によってシヴァ神を喜ばせようとした。シヴァグルは家の近くを流れるプールナ(Pūrṇa)川で沐浴して、塊茎のある根(kandāśana)だけを食べながら、サダーシヴァ神(Sadāśiva)を礼拝した。彼はまた、シヴァ神を礼拝しながら、それと同時に、規則的に厳しい苦行を実行した。そして、しばらくして、シヴァグルは夢を見た。[15]

慈悲に充ちているシヴァ神は、バラモンの姿に変装して姿を現わし、夢を見ているシヴァグルに言った。「あなたは何を望んでいるのですか。どうしてあなたは苦行を行なっているのですか。」バラモン〔のシヴァグル〕は答えた。「それは息子が欲しいためです。」

devaḥ kṛpāparavaśo dvijaveṣadhārī pratyakṣatāṃ śivaguruṃ gata āttanidram/
provāca bhoḥ kim abhivāñchasi kiṃ tapas te putrārthiteti vacanaṃ sa jagāda vipraḥ//

そこで、〔シヴァ〕神はまた、彼に尋ねた。「バラモンよ、〔私によって話される〕真理を知りなさい。一切知者であって、すべての徳を備えている、ただ一人の息子を授けましょうか。それとも、それと反対ではあるが、長生きする多くの息子を授けましょうか。」再生族の主〔すなわち、バラモンのシヴァグル〕は答えた。

devo 'py apṛcchad atha taṃ dvija viddhi satyaṃ sarvajñam ekam api sarvaguṇopapannam/
putraṃ dadāny atha bahūn viparītakāṃs te bhūryāyuṣas tanuguṇān avadad dvijeśaḥ//

「私は多くの徳を備え、その力が有名で、一切知の源である息子を授けてほしいです。」このように言われて、〔シヴァ神は〕言った。「私はあなたが語ったことの源である、一人の息子を授けよう。これ以上、苦行を行なうことはない。あなたは満足するだろう。バラモンよ、あなたの妻と一緒に家へ帰りなさい。」

putro 'stu me bahuguṇaḥ prathitānubhāvaḥ sarvajñatāpadam itīrita ābabhāṣe/
dadyām udīritapadaṃ tanayaṃ tapo mā pūrṇo bhaviṣyasi gṛhaṃ dvija gaccha dāraiḥ//

これを聞いて、バラモンの中で申し分ない最高の者〔シヴァグル〕は、目を覚ました。彼の夢のことを話した。女性たちの真珠である彼の妻は〔言った。〕「それは本当に実現するわよ。私たちに、一人の偉大な息子が授かるのよ。」

ākarṇayann iti bubodha sa vipravaryas taṃ cābravīn nijakalatram aninditātmā/
svapnaṃ śaśaṃsa vanitāmaṇir asya bhāryā satyaṃ bhaviṣyati tu nau tanayo mahātmā//

シヴァ神は、シヴァグルに対して、「百年間生きる息子たちか、それとも、一人の短命で一切知の息子のどちらか」(śatāyuṣaḥ sutān api vā sarvavidam mitāyuṣam sutam ekam)という二者択一の選択を与えた。シヴァグルが後者を選択したとき、シヴァ神は、彼に対して、「一切知者であり、すべての徳を授けられている一人の息子」を約束した。[16] そこで、シヴァ神はシヴァグルの願いを叶えるために、シヴァグルの食べる食物の中に入り、その結果、シヴァグルとアールヤーンバーの一人息子として生まれた。[17]

このシャンカラ生誕話の中には、次のような三つのモチーフが見られる。すなわち、(1)シヴァグルとアールヤーンバーは息子が欲しいために苦行を行ない、シヴァ神を崇拝した。(2)シヴァグルは多くの長寿の息子よりも、むしろ短命であっても、一切知者である一人の息子を選択した。(3)シヴァ神自らが、慈悲から彼らの息子として生まれた。こうした脈絡からだけみれば、シャンカラの生誕は、シヴァグルとアールヤーンバーの単なる個人的な願いが叶った結果ということになる。シャンカラの伝説的伝記には、次のように記されている。

そこで、シヴァ神は、生得の超自然的な力によって、人間に生まれ、バラモンの家におけるバラモンに喜びをもたらした。[18]

atha śivo manujo nijamāyayā dvijagṛhe dvijamodam upāvahan/

しかし、さらにシャンカラの生誕は、深秘でコスモロジー的な意義をもつものとしても説明される。シヴァ神は、ケーララにおけるプールナ河畔にあるヴリシャー（Vṛṣā）山において、「自己顕現」（jyotir-liṅga）のかたちで現われた[19]。同書には、次のように記されている。

最初の創造が止まったとき、正道が悪道になったとき、天界に到ることが難しくなったとき、解脱が到達困難になったとき、大半の人びとが本性上、不純になったとき、そして、世界創造者の創造全体が悲惨な状態になったとき、シヴァ神は、その子ども［シャンカラ］の身体に入って、この世界へ下生した[20]。

sarge prāthamike prayāti viratiṃ mārge sthite daurgate
svarge durgamatāṃ upeyuṣi bhṛśaṃ durge 'pavarge sati/
varge dehabhṛtāṃ nisargamaline jātopasarge 'khile
sarge viśvasṛjas tadīyavapuṣā bhargo 'vatīrno bhuvi//

仏教徒、パーシュパタ派、ジャイナ教徒、カーパーリカ派、ヴィシュヌ派（パーンチャラートラ）のような邪悪な説教者や邪悪な人びとによって破壊されたヴェーダの道を守るために、シャンカラは下生した。輪廻という恐ろしい森の中でさまよう人びとに解脱をもたらしながら、そこで、彼は遊び戯れる[21]。

śākyaiḥ pāśupatair api kṣapaṇakaiḥ kāpālikair vaiṣṇavair
apy anyair akhilaiḥ khalaiḥ khalu khilaṃ durvādibhir vaidikam/
panthānaṃ parirakṣituṃ kṣititalaṃ prāptaḥ parikrīḍate
ghore saṃsṛtikānane vicaratāṃ bhadraṃkaraḥ śaṃkaraḥ//

無知の茂みに落ち込み、輪廻的存在という森の火事の炎熱の中であぶられている人びとを、アートマンの明知の教えを通じて救うために、シャンブ（Śaṃbhu）の形姿〔ダクシナームールティ Dakṣiṇāmūrtī〕は、沈黙を捨てて、バンヤン樹の下から生じ、シャンカラーチャーリヤ（Śaṅkarācārya）の姿で、世界を遊行する。[22]

ajñānāntargahanapatitān ātmavidyopadeśais
trātuṃ lokān bhavadavaśikhātāpapāpacyamānān/
muktvā maunaṃ vatavitapino mūlato niṣpatantī
śaṃbhor mūrtiś carati bhuvane śaṃkarācāryarūpā//

このように、シャンカラ生誕のコスモロジー的な説明は、三つの主要なモチーフから成っている。（1）ヴェーダの道が仏教徒やパーシュパタ派などによって破壊されて、「悪い道」になった。そのために、天界に到達したり解脱に到達するのが困難になった。（2）一般大衆が本性的に「不純に」なった。つまり、カリ・ユガ（kali-yuga）では、人びとは無知に落ち込み、輪廻の炎に苦しんでいる。（3）シヴァ神はヴェーダの道を守り、不二一元論的な知識をとおして、人びとを救うために、シャンカラの身体に入って、この世界に下生した。シヴァ神の化身の目的は、（1）「邪悪な」人びとの行動を止めさせ、ヴェーダのダルマ（dharma）を確立し、（2）人びとを救済へと導くことである。ただし、人びとを救済へと導くとはいっても、シャンカラの伝説的伝記（『シャンカラの世界征服』）における「三ヴェーダがもたらされるとき、再生族の上昇があるだろう」とのシヴァ神の言葉[23]が示唆しているように、シュリンゲーリ僧院を中心としたスマールタ派の伝統においては、シヴァ神の下生が主として「再生族」（dvija）、とりわけ、バラモンの救済のためであったと認識されていることは注目に値する。ちなみに、他の神々も、シヴァ神の化身に伴い、この世界でシャンカラを手助けするために化身したとの伝承が残されている。[24]

治癒神としてのシャンカラ

シャンカラの神性は、伝説的伝記において、いろいろな表現で記されている。「シヴァ神の化身」という語以外にも、たとえば、彼は「三世界の守護者」(trijagatāṃ trātā) であるとか、「最高ブラフマンそれ自体」(paraṃ brahmaiva) であるとか表現されている。シャンカラは、彼に帰依する者の願いであれば、どのようなことでも叶えることのできる「如意樹」(kalpataru) にも譬えられている。

divi kalpatarur yathā tathā bhuvi kalyāṇaguṇo hi śaṃkaraḥ/
surabhūsurayor api priyaḥ samabhūd iṣṭaviśiṣṭavastudaḥ//

というのは、この世界における吉祥な特性をもっているシャンカラが、天界における如意樹のようであったからである。彼は望まれる特別なものを与える者として、神々にもバラモンの人びとにも喜ばれて生まれた。(25)

また、シャンカラは、彼を慕う人びとの苦しみを取り除く者として描かれている。たとえば、サナンダナというバラモンの少年（後のパドマパーダ Padmapāda）が、シャンカラに次のように言う。

輪廻の束縛という病気の苦しみを除去してくださるために、まさしく、あなたは、私どもによって崇拝されるべき神です。(26)

saṃsārabandhāmayaduḥkhaśāntyai sa eva nas tvaṃ bhagavān upāsyaḥ/

このように、シャンカラは輪廻という、人びとの抱えている苦悩を除去する、いわゆる治癒神なのである。また、シャンカラの足は人びとの崇拝の対象であると言われる。たとえば、パドマパーダは親戚の者に次のように言う。すなわち、「人びとが、出家遊行者の長〔シャンカラ〕の蓮華足を崇拝するや否や、苦悩は滅せられて、浄化される」[27]。ちなみに、聖者の足を蓮華足としてみなすのは、インド全般にみられることである。ここにシャンカラは、彼に帰依する人びとの願いに応え、また、人びとの苦しみを取り除き、人びとの心に平安をもたらす治癒神というイメージが明らかになるであろう。

救いをもたらすシャンカラ

シャンカラという名は、人びとに救いをもたらす者という意味あいをもっている。この点については、次のエピソードを検討したい。そのエピソードとは、シャンカラが臨終の母親アーリヤーンバー（Āryāmbā）を「最高の境地」（param padam）へ送るというもので、スマールタ派の人びとのあいだでは、よく知られている。シャンカラは、出家遊行期に入る際に、母親と交わした約束にもとづいて、母親に死が迫っていることを知って、母親のもとへ戻る。そうすると、シャンカラに向かって、母親は言う。

かわいい息子よ。私はこれ以上は、年老いて、たいへん衰弱した、この身体を維持することはできない。善行のおまえよ、聖典に記されている方法で葬式をすることによって、私を功徳ある世界へ送っておくれ。[28]

itaḥ paraṃ putraka gātram etad voḍhuṃ na śaknomi jarātiśīrṇam/
saṃskṛtya śāstroditavartmanā tvaṃ sadvṛtta māṃ prāpaya puṇyalokān//

このように死後、「功徳ある世界」へ行きたいと願う母親に対して、シャンカラは母親のためにと思い、「最高のブラフマン」（param brahma）、すなわち、「無属性ブラフマン」（nirguṇa-brahman）について教える。つまり、彼は「無属性ブラフマン」に関する一二の根本的な特徴を語る。すなわち、ブラフマンは（1）「〔根源的〕一者」

（ekam）であり、（2）「本質的に至福で」（sukharūpam）あり、（3）「マーヤー（幻妄）によって引き起こされる、すべての区別を欠いて」（māyāmayāśeṣaviśeṣaśūnyam）いるし、（4）「論証を越えて」（mānātigam）いる。また、（5）「自ら光輝で」（svaprabham）あり、（6）「知識の対象ではなく」（aprameyam）、（7）「永遠で」（sanātanam）、（8）「手足のような、部分の分離がない」（hastāṅghrivibhāgakalpanā na）。さらに、（9）「外にも内にも存在している〔すなわち、遍在している〕」（antar bahiḥ saṃnihitam）し、（10）「欠陥がなく」（nirāmayam）、（11）「生まれたり年老いたりするようなことがない」[29]（janmajarādivarjitam）。シャンカラが、このように詳しく「無属性ブラフマン」について説明するが、彼の母親は次のように言う。

おまえよ、私のこころは無属性の（aguṇa）〔ブラフマン〕に、喜びを見いだしはしない。そこで、喜びをもたらす、有属性の神について話しておくれ。〔根源的〕一者（eka）であり、粗大でも微細でもなく、生起することもない、単なる〔不二一元的な〕実在は、私のこころには入ってこない[30]〔すなわち、私には分からない〕。

saumyāguṇe me ramate na cittaṃ ramyaṃ vada tvaṃ saguṇam tu devam/
na buddhim ārohati tattvamātram yad ekam asthūlam anaṃv agotram//

シャンカラの母親アーリヤーンバーは、無属性ブラフマン（nirguṇa-brahman）に喜びを見いだすことができず、どうしても有属性ブラフマン（saguṇa-brahman）すなわち神の世界へ行きたいと願った。このエピソードは、ただ単にシャンカラの母親だけが、このような願望を抱いたというのではなく、むしろ、スマールタ派における一般の人びとが抱いている神信仰の具体相を暗示している。

シャンカラは母親の願いに応えて、まず、シヴァ神を讃える歌（vṛttas）を唱えて、シヴァ神の使いを呼ぶ。ところが、母親はシャンカラに「〔その使いとは〕一緒に行かない」（naivānugaccheyam）と言う。そこで、次にシャンカラはヴィシュヌ神を讃えて、その使いを呼ぶ。ヴィシュヌ神の使いの車に乗った母親は、「神の道」(devayāna)を通って、「最高の境地」(param padam)に辿りついたという。ちなみに、この伝説的伝記『シャンカラの世界征服』の注釈者ダナパティによれば、この「最高の境地」は「ヴァイクンタ」(vaikuṇṭha)すなわちヴィシュヌ神の天界であるという。この「最高の境地」(param padam)は、同じ伝説的伝記において、「ニルヴァーナ(涅槃)」(nirvāṇa)と表現されたり、「ムクティ(解脱)」(mukti)と表現されたりしている。

ここでシャンカラの母親が、どうしてシヴァ神の使いと一緒にではなく、ヴィシュヌ神の使いと共に天界へ行ったと記述されているのかが問題となるかもしれない。スマールタ派においては、いわゆる「パンチャーヤタナ・プージャー」(五神崇拝 pañcāyatana-pūjā)が伝統的な信仰的慣習となっており、理念的には、シャンカラの母親がシヴァ神の使いと一緒に天界へ行こうが、ヴィシュヌ神の使いと一緒に行こうが、それはどちらでもよいことである。ただ、シャンカラの母親があえてヴィシュヌ神の使いを選んだという記述は、シャンカラがケーララ地方のカーラディという村で、ナムブーディリ(Nambūdiri)といわれる独特のバラモン階級の子として生まれた、と言い伝えられていることと関連があると考えられる。[31]

スマールタ派の伝統における救い

シャンカラは周知のごとく、不二一元論的な哲学的思惟において、無属性ブラフマンの有属性ブラフマンに対する優位性を説いた。絶対的実在としての無属性ブラフマンの地平からみれば、有属性ブラフマンすなわち人格神は、第二次的な「低次ブラフマン」であり、マーヤー(幻妄)によって制約されている。つまり、存在リアリティの本質ブラフマンは、「高次」(para)・「低次」(apara)という二重構造を示している。ところが、シャンカラの伝説的伝記のテクストでは、無属性ブラフマンの世界も有属性ブラフマンの世界も、ともに「最高の境地」として、同じ次元に並置されている。このことは、シャンカラの不二一元論哲学が一般の在家信者のあいだで、どのように受け入れられているのかを示す具体例の一つである。

しかも興味深いことに、そのテクストは、シャンカラの母親が無属性ブラフマンの世界に到達することができるという申し出をあえて断って、ヴィシュヌ神の世界を選んだと記している。このことは一般の在家レベルにおいては、有属性ブラフマン、すなわち人格神の世界に到達することのほうがむしろ望まれているということを示唆している。つまり、シャンカラの伝説的伝記は、シャンカラーチャーリヤへの信仰を中心とした、スマールタ派における在家の人びとの意味世界が、シャンカラなどの不二一元論哲学者の強調した意味世界とかなりずれたかたちで、スマールタ派独自の民俗的コスモロジーを構成していることを示している。

シャンカラが「シヴァ神の化身」であったという信仰は、シャンカラ派におけるシャンカラーチャーリヤ信仰の根本を成している。シャンカラによって創められたと言われるシュリンゲーリ僧院は、はじめは出家遊行者（サンニヤーシン）の修行の場であったが、後に在家者の信仰（バクティ）が盛んになり、それを無視できなくなった。在家者の信仰の視座から、シャンカラ派の開祖であるシャンカラの存在を捉えるとき、シャンカラは単なる歴史上の宗教者あるいは哲学者から、超人的な神格へと、スマールタ派における在家者の共感を得て高められていったことが理解できるであろう。

シャンカラ生誕祭

最後に、こうしたシャンカラの伝承と密接に結びついたシャンカラ派の重要な祭の一つについて論じておこう。それは毎年四月―五月（ヒンドゥー教暦によって、正確な日取りが決定される）に五日間、盛大に行なわれる「シャンカラ生誕祭」（Śaṅkara-jayantī）である。今年（二〇一六年）は、五月七日―一一日の五日間にわたって行なわれた。この祭はシャンカラの生誕を祝うために、第三三代の世師によって始められたものである。[32] ちなみに、シュリンゲーリ僧院において、ナヴァラートリー祭やシヴァラートリー祭など、インドにおいてポピュラーな祭が行なわれるようになったのは、シュリンゲーリ僧院が哲学的探究の場から巡礼地へと変貌した、一四世紀のヴィドヤーランヤの時代からである。(33) シャンカラ生誕祭は、シュリンゲーリで行なわれるとともに、シャンカラの生誕地といわれるカーラディにおいても行なわれている。筆者が滞在した一九八三年のシュリンゲーリ僧院では、このシャンカラ生誕祭に、毎日、およそ二〇〇―三〇〇人の信者たちが参拝していた。

シャンカラ生誕祭は、次の四つのモチーフから成っている。

（1）シュリー・シャンカラ寺院において、朝九時ごろから約三時間にわたって、ブラフマチャーリンたちがヴェーダ・マントラを唱えているあいだ、シャンカラ像がシヴァ・リンガとともに、ココヤシの水で灌頂（abhiṣeka）され、花できれいに飾られる。一方、シュリー・シャンカラ寺院に近坐しているパンディットたちがシャンカラの著作を読む、という儀礼が行なわれる。五日目の最終日の儀礼は、きわめて念入りに行なわれる。年長の世師と若い世師が二人とも、その儀礼に参加し、シャンカラ像とシヴァ・リンガを礼拝する。

（2）その儀礼が続いているあいだ、スマールタ派の在家信者たちは、シュリー・シャンカラ寺院の前で、「パーダ・プージャー」（pāda-pūjā「〔シャンカラの〕両足の礼拝」）を行なう。「パーダ・プージャー」は、シャンカラの両足をイメージした二枚の金色の金属板に対して行なわれる。

（3）シャンカラ生誕祭の期間中、毎夕、シュリー・シャーラダー寺院の横にある「プラヴァチャナ・マンディラム」（pravacana-mandiram）と呼ばれる講堂において、学者たちが「学者の会合」（vidvat-sabhā あるいは vidvat-sadas）に集う。その会合の参加者は、ほとんどが男性であり、その人数は一〇〇人弱である。その会合の最初には、マーダヴァ作と言われるシャンカラの伝説的伝記『シャンカラの世界征服』におけるシャンカラ生誕の箇所が、パンディットによって朗読される。その後、パンディットたちがシャンカラの哲学およびヴェーダ聖典について、カンナダ語で講義する。筆者が参加した「学者の会合」の初日、あるパンディットは、カルマンが「心の浄化」（cittaśuddhi）という救済論的意義をもっていることを強調した。二日目の会合では、別のパンディットがシャンカラの人生と哲学について語った。三日目には、さらに別のパンディットが次の二点を強調した。すなわち、まず第一に、罪（pāpa　前生と今生における罪）を払って、心を統御するためには、すべてのカルマン、特に「ヴェーダの読誦」（vedādhyāyana）と「サンドヤー・ヴァンダナ」を実行しなければならない。そして第二に、さまざまな罪を取り除くとき、「アートマンの知識」（ātmajñāna）を獲得することになる。一九八三年のシャンカラ生誕祭の最終日（五月一七日）には、シュリンゲーリ僧院の世師（すなわち、年長の世師）がシャンカラの哲学について講義をする予定であったが、病気のために、世師に代わって若い世師が「恒常のカルマン」（nitya-karman）の重要性について語り、また、「人生において、神が喜ぶような善いことをしておれば、解脱（mokṣa）に到ることができる」と話した。

（4）「学者の会合」が終わった後、シャンカラ像がシュリンゲーリの村を山車巡行する。この巡行のあいだ、村の家々の前では、祭火に伴われて巡行するシャンカラ像に対して、スマールタ派の在家信者たちが礼拝するが、彼らはそのシャンカラ像の祭火を少しずつ分けてもらって、家々へ持ち帰っていく。それは、この祭火が人びとに繁栄をもたらし、罪を取り除くと信じられているからであるという。

シャンカラ生誕祭への参加を呼びかけるシュリンゲーリ僧院の招待状の文面は、シャンカラの人生がスマールタ派の伝統において、特に重要であるとみなされているスマールタ派信仰の一端を示している。

聖なるシャンカラは、国中をあまねく旅し、ヴェーダのダルマに関して、権威と論理それに体験でもって、人びとを納得させました。シャンカラは、「永遠のダルマ」（Sanathana Dharma）が保持され説かれるように、国の四方向に四つの僧院を確立し、四人の重要な「弟子」（Shishyas）をそれぞれの「玉座の主」（Peethadi-pathis）としました。（中略）みなさまには、この偉大な聖者を尊崇し、シャンカラの慈悲深い恩寵を受納するのに、この機会をご利用ください。[34]

この招待状にも記されているように、シャンカラは「ヴェーダのダルマに関して」、人びとを納得させ、『永遠のダルマ』が保持され説かれるように」したという。このことは、シャンカラが前ミーマーンサー学派が主張する儀礼的行為を奨励した者としてみなされていることを示している。こうしたシャンカラのイメージは、文献学的にシャンカラの真作と考えられる哲学文献の立場からみれば、シャンカラの思想とかなりずれていることが明らかである。それは、シャンカラがその著作において、前ミーマーンサー学派のいうダルマをも含めて、行為的ダルマの放棄を繰り返し説いており、たとえダルマを受け入れるとしても、きわめて低い価値しか与えていないからである。[35] ともあれ、スマールタ派の在家信者にとっては、シャンカラ生誕祭の祝祭は、シャンカラが「恒常のカルマン」のような儀礼的行為の実行を説き、今日、世師もそれを奨励していることを想起することによって、「恒常のカルマン」のような儀礼的行為の意義を確認するのに役立っている。

シャンカラの心を受け継いでいるという代々のシャンカラーチャーリヤ（世師）は、スマールタ派における在家者の信仰においては、シャンカラとの関わりで捉えられるようになり、「シャンカラの化身」として信じられるようになっている。シャンカラーチャーリヤは出家遊行者にとって、解脱へと導くことのできる「師」であるが、それと同時に、スマールタ派の在家者にとっては、呪術宗教的な力をもつ神的な存在、すなわち、まさしく世師（世界の尊師）として、バクティの対象になっている。

このように、特にシャンカラに関する神話的伝説のモチーフに沿って、シャンカラの伝承と信仰を辿ることによって、シュリンゲーリ僧院を中心としたスマールタ派の宗教伝統におけるシャンカラーチャーリヤ信仰の根本的な意味あいが明らかになってくるであろう。

三　シャンカラーチャーリヤ信仰の思想構造

いわゆるシャンカラーチャーリヤ信仰は、前節において論述したように、シャンカラが「シヴァ神の化身」(śivāvatāra) であるとの神話的伝承に根ざしており、シャンカラが世師をとおして生き続けているとのスマールタ派信仰のあり方を示している。本節においては、前節における論述を踏まえて、シャンカラーチャーリヤ信仰という具体的信仰現象にみられる思想構造を探究したい。

シャンカラの坐像と印契

まずはじめに、シュリンゲーリ僧院に祀られている神像の具体的なデータによりながら、シャンカラーチャーリヤ信仰の様態を少し眺めてみたい。シュリンゲーリ僧院には、一般庶民にもよく知られており、巡礼者が途絶えることのない母なる神シュリー・シャーラダー神 (Śrī Śāradā) を祀るシュリー・シャーラダー神寺院のほかにも、いくつかの寺院がある。それらの寺院はすべて、シャンカラーチャーリヤを祀っている。それらのうちで、最も重要なのはシャンカラすなわちアーディ・シャンカラーチャーリヤを祀っているシュリー・シャンカラ寺院である。

シュリー・シャンカラ寺院には、シャンカラの坐像が据えられている。この像はシャンカラ特有の伝統的な印契（ムドラー）を示している。シャンカラの伝説的伝記（『シャンカラの世界征服』）は、次のように記している。

ヨーガ行者〔シャンカラ〕は、片方の手で書物の形をしたヴェーダ聖典の精髄〔ウパニシャッド〕をもち、知の印契をしているもう一方の手で、反論者たちによってつくられ、それ〔ウパニシャッド〕にささった棘を

取り除いているかのごとくである。(36)

ādāya pustakavapuḥ śrutisāram ekahastena vādikṛtatadgatakaṇṭakānām/
uddhāram āracayatīva vibodhamudrām udbibhratā nijakareṇa pareṇa yogī//

シャンカラ像の右手は知の印契(vibodha-mudrā あるいは jñāna-mudrā, cin-mudrā)であり、左手は保護のムドラー(abhaya-mudrā)である。保護の印契をしている左手には、「ヴェーダ聖典の精髄」、すなわち、ウパニシャッド聖典をもっている(本書五頁のシャンカラの絵を参照)。この坐像のまえには、シヴァ・リンガが置かれている。このシヴァ・リンガは、シャンカラが「シヴァ神の化身」である、とのシャンカラ派における在家者の信仰を具体的に表わしている。

シャンカラーチャーリヤとシヴァ・リンガ

シュリンゲーリ僧院において、大きなシュリー・シャーラダー寺院の南の一角には、小さなシュリー・スレーシュヴァラ寺院がある。それは、その寺院の名も示すごとく、第二代シャンカラーチャーリヤ、すなわち、シャンカラの直弟子と言われるスレーシュヴァラ(Sureśvara)を祀っている。この坐像の前にも、シヴァ・リンガが据えられており、スレーシュヴァラはシャンカラ(あるいはシヴァ神)の化身であると、現代のシャンカラ派における在家者のあいだでは信じられている。スレーシュヴァラが、どれぐらい長きにわたって、スマールタ派における在家者の信仰対象として礼拝されてきたのかについては、よくは分かっていない。しかし、シュリー・シャーラダー寺院が、一九一一年三月、火事でシャーラダー神像とともに焼失してしまい、今日のシュリー・シャーラダー寺院は新たに一九一六年に再建されたものであることから、現在のスレーシュヴァラ寺院が、少なくとも、それ以後に建立されたものであることだけは明らかである。もっとも、シャンカラの伝説的伝記(『シャンカラの世界征服』）によれば、スレーシュヴァラはブラフマー神の化身であると記されているが、[37]彼がシャンカラ（あるいはシヴァ神）の化身である、との現代スマールタ派にみられる在家者の信仰とのあいだに、少しずれがみられる。この事実は、シャンカラの生涯については、僧院の講堂にシャンカラの一生を描いた絵図が掛けてあったりして、かなり知られているのに対して、シャンカラの弟子については、スマールタ派における一般の人びとのあいだで、十分に認識されていないことを示している。

さらに、どのシャンカラーチャーリヤを祀っているかどうかについて、もはや知る術がないものの、シャンカラーチャーリヤを祀る小さな寺院が七つある。それらは「昔の師の寺院」（ancient guru temple）と呼ばれており、はるかにずっと古いもので、ただシヴァ・リンガが据えられているだけである。

第三三代と第三四代さらに第三五代のシャンカラーチャーリヤの寺院においても、シヴァ・リンガが坐像のまえに据えられている。第三三代シャンカラーチャーリヤ（Saccidānandaśivābhinavanṛsiṃhabhāratī）は、一九一二年三月二〇日、離身解脱（videha-mukti）した。そのとき、彼の遺体は土葬され、墓地（samādhi）のうえには、リンガが据えられたが、彼は「いたるところで、シュリー・シャンカラの化身と呼ばれていた[38]」という。また、一九五四年に離身解脱した第三四代シャンカラーチャーリヤ（Candraśekharabhāratī III）については、「神の栄光の幕が、誤りを犯している人間を救うために、彼のうえに降りたった[39]」とも言われている。筆者自ら、シュリンゲーリ僧院を訪れるスマールタ派信仰者に尋ねたところ、次のような答えが返ってきた。「アーディ・シャンカラーチャーリヤ〔初代のシャンカラ〕は神そのものであり、それぞれのシャンカラーチャーリヤの中に、今もなお生きている。」さらに、「彼〔先代の世師、アビナヴァ・ヴィドヤー・ティールタ〕がアーディ・シャンカラーチャーリヤの化身であると、私たちは信じています。もしもそうでなかったら、私たちは彼の言うことに従わないでしょう[40]」。

つまり、世師の寺院には、これらの世師すなわちシャンカラーチャーリヤの像とともに、シヴァ・リンガが祀られている。この事実はシャンカラ派における在家者の信仰レベルにおいて、これらのシャンカラーチャーリヤが歴史的に実在したシャンカラの化身としてみなされてきたことを暗示している。世師の在世中は、シャンカラの化身とみなされているが、世師が離身解脱すると、その後は、シヴァ神と同定されるようになると考えられる。シャンカラのたましいは、年長の世師が離身解脱する瞬間に、年長の世師から若い後継者へと引き継がれる。若い後継者は、年長の世師から宗教的権威が移換されるまえに、出家遊行者になっているが、この「化身」のプロセスは、死者のたましいが胎児のなかへ入り込むと信じられている一般的な化身のプロセスとはちがって、シャンカラのたましいが亡くなる世師の身体からその後継者の身体へと移ると信じられている。先代の世師によれば、こうした化身の考えかたは、シャンカラ派の在家信者がもっている信仰にすぎないという。また、たとえシャンカラ派の在家信者たちがそのように信じていたとしても、世師自らは、自分のことをシャンカラの化身であるとは思っていないし、さらに、歴史的に実在したシャンカラが自らのことをシヴァ神の化身であると言ったわけでもない、とのことであった[41]。

ところで、一三八六年のものと推定される刻文資料からは、シュリンゲーリ僧院の第一二代目の世師であるヴィドヤーランヤが、その当時の人びとによって、いまだにシャンカラの化身としてはみなされていなかったことが窺える。その刻文資料とは、ヴィジャヤナガル王、ハリハラ二世の寄付について記したヴィジャヤナガルの銅板刻文であり、シュリンゲーリ僧院に所蔵されている。すなわち、

樟脳の粉の雨に似ており、白睡蓮の花の首飾りのようであり、月光にとっては兄弟であり、強い白檀の粉と同じように冷たく、乳海の波のようであり、慈悲の甘露を降らす、ヴィドヤーランヤ師のすばらしい瞥見が、あなたを幸福へもたらしますように。彼はブラフマー神だろうか？　彼は四つの顔をもっていない。彼はヴィシュヌ神だろうか？　彼は四つの腕をもっていない。彼はシヴァ神だろうか？　彼には、奇数の目が見当

たらない。長いあいだ、このように考えて、識者たちは、ヴィドヤーランヤ師が最高の光の化身である、という結論に達した。[42]

karpūradravaśīkarapraṇayinaḥ kalhāramālānibhāś
candrālokasahodarāḥ pariṇataśrīgandhapāṇimdhamāḥ/
dugdhāmbhodhitaraṃgabhaṃgasuhṛdo divyantu vaś[ś]reyase
vidyāraṇyaguror dayāmṛtamucaś citrāḥ kaṭākṣāṃkurāḥ//
kiṃ brahmā na caturmukhī kim u harir doṣṇor na cāṃreditaṃ
kiṃ vā śaṃbhur asau na dṛṣṭiviśaye vaiṣamyam ālakṣyata/
ity ālocya cira[m] viniścitadhiyaḥ paścād vipaścidgaṇā
vidyāraṇyaguruṃ kim apy avayavi jyotiḥ paraṃ manvate/

これらの詩句の後半部における問答は、「サンデーハ」(saṃdeha)と呼ばれる伝統的な修辞法の一つである。[43]そのために、ここに引用した文章の内容がどれほど信用に足るものであるかについて、少し疑問は残るものの、もしもこれを文字どおりの意味に取れば、この刻文資料は一三八六年当時、シャンカラがシヴァ神の化身であるとの信仰もなかったことを示す貴重なデータであろう。

シャンカラーチャーリヤという名称は、それがシュリンゲーリ僧院の法主につけられるようになった最初の頃は、おそらく、そのように呼ばれる僧院の法主の立場がシャンカラの宗教的権威と同じものであることを意味する尊称にすぎなかったように思われる。それが後になって、在家のスマールタ派信者たちのあいだで、「化身」という信仰的な意味あいが付け加えられて、僧院の長が文字どおりに「シャンカラの化身」として受け入れられるようになったと考えられる。ともあれ、シャンカラが世師をとおして生きているとの信仰は、シャンカラ派における在家者の日常的な宗教的ニーズから生じたものであろう。

在家信仰における世師の意義

以上の叙述を踏まえて、シャンカラ派の在家者にとって、世師すなわちシャンカラーチャーリヤがどのような宗教的意義をもっているのかについて考察しよう。シュリンゲーリ僧院の世師は代々、変わってきたけれども、世師の宗教的な意義それ自体は、過去数世紀のあいだ、変わらなかったようである。たとえば、『シュリンゲーリの聖者』（世師チャンドラシェーカラ・バーラティーに関する逸話集）の中で、スマールタ派信者であるK・アイヤーは、次のように述べている。

起こりうる苦悩や願望の数は無限であるので、それらに対処するように求められた世師は、必然的に一切知者であらねばならなかった。しかし、世師は謙遜して、自分自身のなかに、そうした認識を全く持っていなかったが、たしかに一切知者であり、多様な出来事に対処する方法を知る主宰神に、彼は人びとの祈りを伝えたのである。[44]

この引用文は、スマールタ派の人びとがもっている、世師に対する信仰の二つの側面を具体的に示している。まずはじめに、世師は一切知者であって、信者たちのいかなる苦悩や願望にも対処できるだけの力をもっていると信じられている。シュリンゲーリの伝統におけるスマールタ派の人びとにとっては、一切知の世師が、シャンカラの著作の解釈においても、また、生じる諸問題の解決についても、究極的な権威である。[45]さらにスマールタ派の人びとは、主宰神すなわちシヴァ神にもとづく、世師の一切知の力が「謙遜」によって包まれていると考えている。筆者がスマールタ派の人びとに対して行なったインタビューによれば、世師の一切知が世師自身の個人的な天分にもとづくものであるのか、それとも、シヴァ神にもとづくものであるのかに関しては、意見の一致がみられなかったが、世師の一切知の源に関するこうした神学的な問いそれ自体は、スマールタ派信者にとってあまり重要ではない。それは、その源がどうであれ、世師の一切知と慈悲深さは当然のこととして信じられているからである。

スマールタ派の人びとは、世師にダルシャン（darśana）を行なうために、シュリンゲーリ僧院を訪れたり、世師の遊行地へわざわざ出かけていく。シャンカラの伝説的伝記において、シャンカラは人びとの罪を滅ぼし、また数々の奇跡を行なう呪術宗教的な力をもっていたと記されている。ところが、スマールタ派の人びとは、シャンカラと同様、世師すなわちシャンカラーチャーリヤが一切知者であって、呪術宗教的な力をもっていると信じている。彼らは自分自身あるいは家族の者の病いが平癒することを願い、また自らの抱えているいろいろな悩みが解決するように願い、世師にダルシャンを求める。

一三五六年のものと推定されるシュリンゲーリ刻文資料は、次のように記している。

ヴィドヤー・ティールタ〔第一〇代世師、離身解脱一三三三年（伝承）〕という出家遊行者の長は、彼が昼も夜も人びとの内面的な闇も外面的な闇も取り除くので、太陽よりも優っている。(46)

vidyātīrthayatīndro 'yam atiśete divākaraṃ
tamo harati yat puṃsām antar bahir ahar niśam/

この刻文資料は、一四世紀にすでにシュリンゲーリ僧院の世師が人びとの救いに関わっていたことを示唆している。スマールタ派の信仰者であるアイヤーの述懐によれば、「いろいろな類の救いが、彼〔第三四代世師チャンドラシェーカラ・バーラティー〕の慈悲深い加護によってもたらされた場合は数えきれないくらいある」(47)という。

世師に対するダルシャンの動機は、人びとによって多種多様である。可能なかぎりでのデータによれば、次の二つの主要な動機が存在している。一つは日常的な諸問題とか宗教的な事柄に関して、世師の助言を得ようとの願望であり、もう一つの動機は、世師の呪術宗教的な力、すなわちヨーガ的な呪力、マントラ、ヴィブーティ、それにクンクマによる、病気の治癒や苦悩の解決への希望である。こころの悩みを抱えたスマールタ派信者に対する世師の助言は、こうした動機を例証している。たとえば、両親に尽くしたいと思って、いろいろと努力しているにもかかわらず、両親がいつも思いやりに欠けることに不満を抱いている、ある男性に対して、世師はこのように助言している。「ご両親が思いやりがあろうがなかろうが、あなたは自分の義務をしなければなりません。そうすると、ついには、ご両親の愛情を勝ちとることになるでしょう[48]」。

どの世師も絶えずスマールタ派信者に命じている根本的な義務の一つは、ヴェーダの儀礼を遵守することである。「バジャナ（礼拝 bhajana）は、神に対して直接的に訴えるものである。それに対して、カルマ（行為 karma）は儀礼の遵守によって間接的に訴えるものにすぎない」と思っているスマールタ派の人びとに対して、世師チャンドラシェーカラ・バーラティーは、次のように助言している。

主宰神はわれわれに対して、「人間は、自分に対して命じられたカルマ（行為）の実行によって、神を崇拝することによって、完全さに到達する」と、全く明らかに述べておられる[49]。

さらに言う。

自分に対して命じられたカルマ（行為）をすべて実行した後、まだ暇がある人は、祈りをしたり主宰神の讃詩を唱えたりして暇をすごし、したがって、暇を最大限に利用することができる[50]。

このように、世師はスマールタ派信者たちから、実にさまざまな問題を解決することを求められている。K・アイヤーによれば、チャンドラシェーカラ・バーラティーは「個人的な指導だけを信じていたのであって、集団あるいは大衆での指導は信じていなかった。」[51]さらに、彼の助言は「神さまのことを忘れないようにしなさい」、「自分の日々の沐浴を実行しなさい」、「富にあこがれてはいけません」、「満足しなさい」、「公平の態度を守りなさい」というような、ごく簡単な忠告に限定されていたとも言われている。[52]筆者が知るかぎり、先代の世師も同様な助言を与えていた。シュリンゲーリの伝統におけるスマールタ派の学者にとっては、シャンカラの著作の解釈やさまざまな矛盾対立の解決において、世師が最高の権威なのである。

さらに、世師は人びとの病気を癒すために、「マントラ」を唱えたり「ヨーガの呪力」を使ったりするが、その人に相応しい「マントラ」を与えたりもする。この点については、多くの逸話が残されている。アイヤーによれば、チャンドラシェーカラ・バーラティーは人びとの悩みや病気に対して、「自由自在に、彼のヨーガにもとづく、非凡な力を示した」という。[53]第三三代のシャンカラーチャーリヤは、シュリンゲーリ僧院の若い「師」として任命されたあと、ヨーガにもとづく呪力を獲得したと言われている。ヴェーンカタラーマンは、次のように述べている。

〔若い師としての〕彼の最初の六年という在任期間は、絶えざるプージャーとヨーガ訓練に費やされたが、その中で、彼はまもなく完全さに到達した。彼は絶えず、彼の師と霊的に交わりをもったが、このことが、彼に必要な霊感や持久的な信仰を与えることになった。[54]

さらに、筆者がインタビューしたスマールタ派信者たちによれば、第三五代の世師はシャンカラから代々の世師を経て、ずっと継承されてきた「昔からの神的な力」をもっているという[55]。シャンカラの伝説的伝記には、シャンカラはヨーガ的な呪力をもっていて、さまざまな超自然的な現象を引き起こしたと記されているが、同じようなヨーガ的あるいは呪術宗教的な力は、若い世師の後継者が年長の世師と絶えず霊的に交わりをもつことによって、年長の世師から若い後継者へと引き継がれていくと信じられている。

世師の特別な力の中でも、マントラを有効に使ったり、信者にとって適切なマントラを見つけたりする力が世師にはあると信じられている。第三四代の世師チャンドラシェーカラ・バーラティーは、次のように述べている。

師によって、祝福とともに与えられたイニシエーションをとおして、有能な弟子によって得られたときにはじめて、それはマントラになる。語をただ反復しても、それは単なる騒音であって、マントラではない。これと同じように、弟子は心から謙虚な気持ちでもって師に接し、師の恵みを受けて、マントラとしてのマントラを得なければならない[56]。

現代の世師は、自らマントラを唱えるばかりでなく、信者たちにマントラを与えたりもしている。伝承によれば、チャンドラシェーカラ・バーラティーは、ホーマのあいだ、「人類の幸福を守るために」マントラを詠唱したという[57]。また、ある逸話によれば、夫人と不仲である男性が、チャンドラシェーカラ・バーラティーの教えを仰いだとき、「世師は、大変同情して聞き、最後に、その人に一つのマントラを与えた。その人は、九〇日間、一日に何回も、そのマントラを反復するように言われ、その期間が過ぎれば、世師のもとへ来るように指導された[58]」。言われたままに、その男性がマントラを規則的に唱えていると、五週間以内に、夫婦間の問題はなくなってしまったという。もう一つ別の逸話によれば、「世師はある目的を達成するために、ある人に一〇〇八回反復すべきマントラを与えた」ともいう[59]。

マントラばかりでなく、ヴィブーティ（聖灰）もクンクマも世師から授かると、「身体的であれ精神的であれ、すべての病気」を治すのに有効であると信じられている。世師から与えられたヴィブーティの力に関して、スマールタ派のある医師は次のように述べている。

四、五年前、私の母は腹部の苦痛に苦しんでいた。私自身も母を治療したし、すぐれた医師にも治療してもらったが、効果はなかった。私はちょうどそのころ、シュリンゲーリへ行かなければならなかったが、私の母は言った、「おまえがシュリンゲーリへ行く以上は、世師に私の病気のことを話して、私のために救いを世師から得てきてはもらえないだろうか？」私がここへ来たとき、このことを世師に話をすると、世師は喜んで、私に小さな包みのヴィブーティを与え、私に対して、それを生温い水と混ぜて、母のお腹に塗るようにと言った。帰宅するや否や、私はそうした。すると、それ以後、母の痛みが治まった。[60]

アイヤーによれば、スマールタ派の信者たちがシュリンゲーリへ巡礼に出かけるのは、観光のためであったり、シャーラダー神に礼拝し、世師の救けを求めるためであったりするが、世師を「宗教的な師としてではなく、人びとの身体的、精神的、あるいは家庭での悩みを治癒する者」とみなしている。[61]こうした治癒に関する逸話は、現在の第三六代世師のバーラティー・ティールタにも、数多くみられる。ここでは、それらの逸話の中で、一つだけ取り上げてみたい。シャンカラ派信者のチャンダルによれば、

かつて、一人の年配の人の健康が悪化していき、病院に入院したが、そこで、彼の状態は危篤と言い渡された。医者たちは匙を投げ、世師の忠実な信者である彼の息子に、親しい親戚の者が最後に病人に会えるように、そうした人びとに知らせるように言った。その患者の三番目の息子はアメリカ合衆国にいたので、彼が

すぐに出発したとしても、臨終に間に合うかどうか疑わしかった。その重大な時に、世師の信者はシュリンゲーリに電話をし、世師の恩寵に縋った。この電話をしてから約三〇分して、彼の危篤状態の父親は不思議な回復を見せた。その患者がどうしようもない状況から回復するのを見て、医者たちは驚いて口もきけなかった。患者の弟がアメリカ合衆国からチェンナイに到着したときには、彼の父親は話ができるぐらい、元気になっていた(62)。

このように、スマールタ派の在家信者にとっては、世師は出家遊行者の場合のように、解脱へ導く師であるとか、あるいは少なくとも宗教的な師であるという意味あいはほとんどなく、むしろ信者たちの願いに応じて、いろいろな病いや悩みを取り除く、いわゆる現世利益をもたらす呪術宗教的な聖者、あるいは、治癒神としての宗教的意義をもっている。第三四代の世師の言葉を引用しよう。

〔人びとは〕私の助けを求める。どうしてなのか。それは、人びとが私の助けを、医者として、また、マントラを使う者（Mantrika）として求めているからである。こんなに素晴らしい施設〔シュリンゲーリ僧院〕が偉大なアーチャーリヤ〔シャンカラ〕によって創設されたのは、果たしてこのようなためなのであろうか(63)。

ここに引用した世師の言葉には、シャンカラ派におけるシャンカラーチャーリヤ信仰の具体的なあり方が端的に表現されている。シャンカラ派の人びとは世師の救けを求めているものの、シャンカラのいわゆる不二一元論思想に説かれている解脱（mokṣa）をめざしているのではない。彼らは第三四代の世師の言葉を借りれば、あくまでも「医者」あるいは「マントラを使う者（Mantrika）」として、世師に関わっているのである。

世師に対するシャンカラ派在家者の呪術宗教的な関わりかたは、たしかにシュリンゲーリ僧院の開祖シャンカラの教説からは、かなりずれている。かなりずれてはいるものの、シャンカラあるいはシャンカラの哲学が、シャンカラ派の在家信者のあいだで、どのように受け入れられているのかを明確に示している。彼らにとっては、彼らの願いに応じて、世師のもたらす現世利益的な救いこそが、最も重要な関心事なのである。彼らの抱いてきたシャンカラのイメージは、彼がただ単に過去の偉大なヴェーダーンタ哲学者であったというものではなく、今日もなお、世師をとおして生き続け、人びとにさまざまな救いをもたらす呪術宗教的な聖者であるというものである。こうした世師への信仰は、シュリンゲーリ僧院を中心としたシャンカラ派の信仰現象における本質的特徴となっている。

註

（1）ŚDV, XIV.106cd, p.494. Cf.IV.43; IX.42.
（2）SS, p.63.
（3）TTW, p.109.
（4）拙稿「ヴェーダーンタ哲学の〈体験知〉的トポス」（『思想』八一八号、一九九二年）一四〇—一五一頁参照。
（5）ŚDV, IV.67, p.116; VI.89, p.249; XVI.103, p.598.
（6）ŚDV, II.83, p.59.
（7）ŚDV, II.71, p.54. シャンカラの生誕に伴って生じた他の吉祥なことについては、ŚDV II.73-77（pp.55-56）に記されている。ところで、シャンカラの生誕年については、僧院の伝統によって、かなりの開きがみられる。カーンチー・カーマコーティ僧院の伝統は、紀元前五〇九年をシャンカラ生誕年としているのに対して、シュリンゲーリ僧院の伝統においては、紀元七八八年としている。

（8）ŚDV, II.79, p.57.

（9）ŚDV, II.80ab, p.57.

（10）ŚDV, II.78, p.56.

（11）ŚDV, II.82, p.58.

（12）ŚDV, II.3, p.30.

（13）ŚDV, II.50, p.47.

（14）ŚDV, II.46-47, pp.45-46.

（15）ŚDV, II.51-54, pp.47-48.

（16）ŚDV, V.45, p.158.

（17）ŚDV, II.56, p.49.

（18）ŚDV, IV.1ab, p.91.

（19）ŚDV, II.1, p.29.

（20）ŚDV, II.93, p.62.

（21）ŚDV, III.83, p.91.

（22）ŚDV, IV.60, p.113.

（23）ŚDV, I.48, p.19.

（24）他の神々の化身について、筆者は下記の著書で論じている。Cf. Yoshitsugu Sawai, *The Faith of Ascetics and Lay Smārtas*, pp.88-90.

（25）ŚDV, IV.32, p.100.

（26）ŚDV, VI.13ab, p.219.

（27）ŚDV, XIV.106cd, p.494. ete pūtā yatipatipadāmbhojabhajanakṣaṇakṣīṇakleśāḥ ...

（28）ŚDV, XIV.33, p.480.

（29）ŚDV, XIV.34-35, p.480.

（30）ŚDV, XIV.36, p.480.

（31）シャンカラは Taittirīya Śākhā に所属する黒ヤジュル・ヴェーダのナンブーディリのバラモンの息子として生まれたという。Cf. *Homage to Shankara*, 1967, p. 31. 前田専學『ヴェーダーンタの哲学』（サーラ叢書24）平楽寺書店、一九八〇年、八〇頁参照。

（32）TTW, p.102.

（33）ARMAD（1928）, p.20.

（34）Śṛṅgeri Maṭha ed.,” Śrī Shankara Jayanthi Celebration,” An Invitation letter for Śaṅkara-jayantī（Mysore: Śṛṅgeri, 30 April, 1983）.

（35）詳細な議論については、前田専學「ヴェーダーンタ哲学におけるダルマ——シャンカラのダルマ観の一断面」（『仏教における法の研究』平川彰博士還暦記念論集、春秋社、一九七五年）を参照されたい。

（36）ŚDV, IV.46, p.106.

（37）ŚDV, I.56, p.20; III.6, p.64.

（38）TTW, p.108.

（39）SS, p.231.

（40）シュリンゲーリ僧院でのインタビュー（一九八二年一一月一三日、一九八三年五月一四日）。

（41）第三五代の世師アビナヴァ・ヴィドヤー・ティールタとのインタビュー、シュリンゲーリ、一九八三年二月五日。世師アビナヴァ・ヴィドヤー・ティールタは次のように言った。

「シャンカラは自我の感覚をもっていなかったので、自分がシヴァ神の化身であるとは意識していなかった。彼が言ったことや行なったことから、彼ら〔在俗信者たち〕が、シャンカラは〔シヴァ神の〕化身であった、と思っているのです。」世師は、カンナダ語で話をしたが、その内容をM・ウメシュ（M. Umesh）に通訳してもらった。

（42）*Annual Report of the Mysore Archaeological Department, for the year 1933*, pp.140-142.

（43）*The Sāhityadarpaṇa of Viśvanātha*（Parichchhedas I-X）, 2nd ed., with notes on Parichchhedas I, II, X; *History of Alaṅkāra Literature* by P.V. Kane（Bombay: Nirnaya-Sagar Press, 1923）X. 35-36, pp.26-27.

(44) SS, p.59.

(45) SR, p.60.

(46) *Annual Report of the Mysore Archaeological Department, for the year 1933* (Bangalore: The Government Press, 1936), pp.118-119.

(47) SS, p.59.

(48) SS, p.52.

(49) DWG, p.147.

(50) DWG, p.149.

(51) SS, p.76.

(52) SS, p.78.

(53) SS, p.38, DWG, p.xii.

(54) TTW, p.97.

(55) シュリンゲーリでのインタビュー、一九八三年二月四日。

(56) SS, p.202.

(57) TTW, p.115.

(58) SS, p.61.

(59) SS, p.66.

(60) SS, p.28.

(61) SS, p.90.

シャンカラ派信者のアイヤーは、次のように述べている。

「宗教的な救いのために、世師の援助を求める人びとの数が、実際のところ、皆無であったというのは、大変残念なことである。取り除くべき病気もないが、シュリンゲーリを訪れる人びとは、たいてい観光のためである」(SS, p.91)

(62) IS, p. 128. その他、バーラティー・ティールタの逸話集も出版されている。Cf. *Illuminating Interactions with His Holiness*

Sri Bharathi Theertha Sankaracharya Mahaswamigal, compiled by K. S. Chandar（Sringeri: Sri Sharada Peetam, 2004）. また、バーラティー・ティールタの講義や詩歌も出版されている。Cf. Sri Bharathi Theertha Mahaswamigal, *The Glory of Lord Vigneshwara*, Teachings of the Jagadguru vol. 1（Sringeri: Dakshinamnaya Sri Sharada Peetham, 2001）. Jagadguru Sri Bharati Tirtha Mahaswamigal, *Poems by His Holiness*（Sringeri: Dakshinamnaya Sri Sharada Peetham, 2002）.

（63）SS, p.92.

第四部　シャンカラ派の出家遊行とその思想

第八章　出家遊行の生きかた——その思想と様態

シャンカラによって創設されたといわれるシャンカラ派僧院の中で、南インドにあるシュリンゲーリ僧院はシャンカラ派の総本山であり、長年のあいだ、インド中に大きな影響力をもってきた。シュリンゲーリ僧院は巡礼地の一つとして栄えるとともに、出家遊行者（サンニヤーシン saṃnyāsin）の住居あるいは哲学的探究の場として、僧院（maṭha）の本来的な機能も担ってきた。出家遊行（saṃnyāsa）の伝統は、世代を越えて受け継がれてきたとはいっても、ごく少人数の出家遊行者たちによって、地道に継承されてきたのである。

シャンカラ派僧院の状況について、宗教学者ウィリアム・センクナーによれば、「シャンカラーチャーリヤたちの弟子の数は多いが、「シシュヤ」（弟子 śiṣya）という語彙の古典的な意味における弟子は、人数では限られている。現在のシャンカラーチャーリヤたちの個人的な指導のもとに、知識の実修（jñāna-yoga）の道を歩んでいる弟子（śiṣya）はほとんどいない」という。[1] 言いかえれば、シャンカラ派僧院においては、シャンカラーチャーリヤの「弟子（シシュヤ）」たちはたくさんいるが、彼らは世師と「師と弟子の関係」にある在家信者である。それに比べて、出家遊行者として、世師と「師と弟子の関係」にある、本来的な意味における「シシュヤ」はほとんどいない。筆者が滞在した一九八二—八三年には、シュリンゲーリ僧院においては、世師（すなわち、年長の世師）とその後継者（すなわち、若い世師）を含めても、三人の出家遊行者しかいなかった。一九九八—

九九年にシュリンゲーリを訪問した宗教学者のデュボアも、世師以外では、三人の出家遊行者に出会っただけであると記している。[2] 巡礼地の一つとして、毎日、シュリンゲーリを訪れる多くの巡礼者の数と比べると、ほんとうに対蹠的である。

こうした状況において、シャンカラ派の宗教伝統では、シャンカラーチャーリヤの在家「弟子」に対して、カルマン（行為 karman）とバクティ（信愛 bhakti）が、救いにとって大切な宗教的関わりかたとして説いている。一方、シャンカラーチャーリヤの出家「弟子」に対しては、出家遊行の生きかたが、バラモンの理想的なあり方であるとして説いている。本章においては、こうした出家遊行の生きかたとその思想について、文献学的にシャンカラの真作と考えられる哲学文献やシャンカラの伝説的伝記などの記述に照らしながら考察を進めたい。

一　シャンカラの出家遊行論——解脱論との関連において

シャンカラの真作と考えられる哲学文献において、「出家遊行」（karma-saṃnyāsa「行為の遠離」の意）と呼ばれるあり方、生きかたが、解脱に到るのに相応しい途であると強調されている。出家遊行は、世俗社会の規範などの制約を離れることのできるバラモンが従うべき生きかたなのである。

従来、行なわれてきたシャンカラ研究においては、シャンカラの哲学の形而上学的側面や認識論的側面を文献学的あるいは解釈学的に扱ったものがほとんどであった。ところが、シャンカラ派の宗教伝統において、シャンカラの哲学が単なる哲学として扱われてきたのではなく、あくまでも解脱を求める者を解脱へ導くという宗教的な意味あいをもっていたという点に注目するとき、私たちはシャンカラが自らの哲学にもとづいて、どうして出家遊行という生きかたを説いたのか、また、そうした生きかたがシャンカラの解脱論とどのように関連しているのかという点が検討されるべきであろう。こうした視点から、本節はシャンカラの不二一元論ヴェーダーンタ哲学の脈絡において、出家遊行の哲学的根拠やその類型・資格などについて論述することによって、シャンカラのいわゆる出家遊行の理念とその意味を明らかにしようとする。

ここでは、シャンカラの真作と考えられる次の四つの著書におもに依拠しながら検討を進めることにする。それらは「『ブラフマ・スートラ注解』よりもはるかに本来的な［シャンカラの哲学を示す］著作」であると、インゴルスが述べる『ブリハッド・アーラニヤカ・ウパニシャッド注解』[3]（*Bṛhadāraṇyakopaniṣadbhāṣya*）、シャンカラの著書の中で、最も代表的な著書『ブラフマ・スートラ注解』（*Brahmasūtrabhāṣya*）、彼の独立作品である『ウパデーシャ・サーハスリー』（*Upadeśasāhasrī*）、それに『バガヴァッド・ギーター注解』（*Bhagavadgītābhāṣya*）である。

シャンカラの解脱論の地平

シャンカラの不二一元論哲学によれば、輪廻の究極的な原因は、無知（ajñāna）あるいは無明（avidyā）である。輪廻からの「解脱」（mokṣa）は、個人存在のアートマン（ātman）が最高のアートマンすなわちブラフマン（brahman）と同一であるという認識（明知 vidyā）によってもたらされる。つまり、明知のみが解脱の手段なのである。

シャンカラはふつう明知（vidyā）、あるいは知識（jñāna）の獲得に関して、二種の原因（sādhana）を挙げている。それらは「明知の近因」（pratyāsannāni vidyāsādhanāni）とその「遠因」（bāhyatarāṇi）とである。静穏（śama）、自己抑制（dama）などからなる「明知の近因」は解脱を求める出家遊行者がもつべき要因であり、一方、祭礼（yajña）などからなる「遠因」は家住者にとって必要な要因である。[4] 両者の相違は「知識（ジュニャーナ）の実修」（jñāna-yoga）と「行為（カルマン）の実修」（karma-yoga）というシャンカラの区別を反映している。シャンカラは『バガヴァッド・ギーター注解』において、宗教的な関わりかたを「行動の停止によって特徴づけられる法」(nivṛttilakṣaṇa dharma)である「知識の実修」と、「行動によって特徴づけられる法」(pravṛttilakṣaṇa dharma)である「行為の実修」に分けている。カルマンの実修者(karma-yogin)は、恒常の儀礼(nitya-karmāṇi)や臨時の儀礼(naimittika-karmāṇi)を遂行しなければならず、また、カルマンへの執着を伴なうカルマン(kāmya-karmāṇi)を行なうことが許されている。ジュニャーナの実修者(jñāna-yogin)は、ジュニャーナと世俗事への無関心のために、これらすべての行為を行なわない。

シャンカラの哲学的脈絡においては、「行動」(pravṛtti)は輪廻(saṃsāra)の「繋縛」(bandha)へと導くのに対して、「行動の停止」(nivṛtti)は解脱へと導く。[5] 彼によれば、欲望(kāma)は「無明」(avidyā)から生じ、欲望からカルマンが生じる。無明も欲望も本性上は同じものである。[6] シャンカラはカルマンが世間的レベルにおいてもつ意義までも否定してはいないが、カルマンによる解脱の可能性については、明白に否定している。解脱に到達するためには、すべてのカルマンは捨てられるべきなのである。ブラフマンの知識(ジュニャーナ)こそが、「最高の浄化法」(parama pāvana)であるからである。[7]

実修者(yogin)によって実践されるカルマンの実修は、シャンカラの哲学的脈絡においては、(1)それ自体、解脱へと導くことはないが、(2)解脱に到るための準備段階である。日常生活において、カルマンを行なう者の「アートマンは次第に浄められる」[8](krameṇa saṃskṛtātmā)。『ブラフマ・スートラ注解』において、シャンカラは次のように言う。

なぜならば、「ヴェーダの学習、供犠、施与、苦行、断食によって、バラモンたちはそれ〔アートマン〕を知ろうとする」(ブリハッドⅣ・4・22)という聖典の文章が、祭礼などは明知の手段であることを示しているからである。また、知ろうとする欲求とそれらが連関していることから、それらは〔明知の〕発生をもたらす手段であることが理解される。[9]

tathā hi śrutiḥ:—"tam etaṃ vedānuvacanena brāhmaṇā vividiṣanti yajñena dānena tapasā 'nāśanena"（Bṛh.Up., IV.iv.22）iti yajñādīnāṃ vidyāsādhanabhāvaṃ darśayati/ vividiṣāsaṃyogāc caiṣām utpattisādhanabhāvo 'vasīyate/

祭礼のようなカルマンは、「心の浄化」（sattva-śuddhi）を通じて、明知の「生起」（utpatti）のための手段である。[10] シャンカラは、

無知なる者がカルマンに心を向けており、以前に教えられた道〔すなわち出家遊行〕を辿ることが不可能である場合には、すべてのカルマンの結果を捨てることが、究極的なもの〔すなわち解脱〕に対する手段として教えられているが、それは主要な〔手段〕としては教えられていない。[11]

ajñasya karmaṇi pravṛttasya pūrvopadiṣṭopāyānuṣṭhānāśaktau sarvakarmaṇāṃ phalatyāgaḥ śreyaḥsādhanam upadiṣṭaṃ na prathamam eva/

と論じている。つまり、果報を獲得したいという願望をもたずに行なわれるカルマンの実修は、カルマンの捨離が無理であるような「無知なる」（ajña）者に対してのみ勧められる。もしも実修者が適切に義務的行為に従事しているとしても、すべてのカルマンにおいて利己心をもたず、また、カルマンの結果を期待せずに、カルマンを遂行するならば、そうしたカルマンは実修者の心を「徐々に」（krameṇa）浄化し、解脱に到達するための準備として役立つのである。シャンカラの言葉を借りれば、

完全な見識をもつ状態にあるような出家遊行者は、即座に解脱に到達する、と言われる。さらに、〔『バガヴァット・ギーター』において〕主宰神は、絶えず次のことを述べてきたし、言い続けるだろう。すなわち、主宰神へ向けられた完全な帰依でもって、主宰神すなわちブラフマンに捧げて行なわれるカルマンの実修は、まずは、心の浄化によって、次に知識〔の手段〕に到ることによって、さらに、すべてのカルマンの遠離〔すなわち出家遊行〕によって、徐々に解脱へと導くのである。(12)

samyagdarśananiṣṭhānāṃ saṃnyāsināṃ sadyomuktir uktā/
karmayogaś ca īśvarārpitasarvabhāvena
īśvare brahmaṇy ādhāya kriyamāṇaḥ
sattvaśuddhijñānaprāptisarvakarmasaṃnyāsakrameṇa
mokṣāya iti bhagavān pade pade 'bravīd vakṣyati ca/

つまり、シャンカラは究極的には知行併合論（jñānakarmasamuccaya-vāda）に反対である。したがって、シャンカラの思想によれば、世俗を離れて出家遊行することが最も望ましい生きかたである。しかし、出家遊行が不可能である家住者などの場合には、解脱のための準備として、カルマンの実修が、無明の消滅によって知識（ジュニャーナ）の獲得されるまで必要なのである。(13)ともあれ、究極的には、知識のみが解脱に到達する直接的な手段である、というシャンカラの哲学は、出家遊行という生きかたに対して哲学的根拠を与えている。

出家遊行の二類型と意味

バラモン法典に規定される住期（āśrama）は四つあり、学生期（brahmacarya）、家住期（gārhasthya）、林棲期（vānaprastha）、出家遊行期（saṃnyāsa）である。『マヌ法典』（*Mānavadharmaśāstra*）は、解脱に達するためには、四住期を順を追って通過しなければならないと記しているが、シャンカラは住期を一つずつ経て出家遊行期に入るという漸次的な通過の仕方とともに、最初の二つの住期のうちのどちらからでも出家遊行期に入ることができるという任意的な通過の仕方も容認している。(14)

シャンカラのいう「出家遊行」は、二つのタイプに分かれる。まず『ギーター注解』において、彼は次のように述べている。

> そのために、アートマンが不変であることを見る悟りを得た者や解脱に到達したいと願う者にとっては、すべてのカルマンの遠離〔すなわち出家遊行〕こそが適切な途なのである。(15)
>
> tasmād viśeṣitasyāvikriyātmadarśino
> viduṣo mumukṣoś ca sarvakarmasaṃnyāsa evādhikāraḥ

『ブリハッド・アーラニヤカ・ウパニシャッド注解』においては、次のように言う。

> そのために、アートマンの世界を求める人びとは出家遊行者になる。すなわち、彼らは、すべてのカルマンを停止すべきなのである。ちょうど、息子などといった確立された手段が外の三界を求める者に対して課せられるのと同様に、すべての欲望の停止、出家遊行の状態は、アートマンの世界を求める者、ブラフマンを知る者に対して課せられるのである。(16)
>
> tasmād ātmānaṃ lokam icchantaḥ parivrajanty eva, sarvakriyābhyo nivarterann
> evety arthaḥ/ yathā ca bāhyalokatrayārthinaḥ pratiniyatāni putrādīni sādhanāni
> vihitāni, evam ātmalokārthinaḥ sarvaiṣaṇānivṛttiḥ pārivrājyaṃ brahmavido

vidhīyata eva/

これらの文章において、シャンカラはすでに後代の伝統において明確に識別され概念化されるようになる出家遊行の二類型、すなわち、「〔ブラフマンを〕知る者の出家遊行」（vidvat-saṃnyāsa）と「明知への希求にもとづく出家遊行」（vividiṣā-saṃnyāsa）を明示している。前者はすでに生身解脱者（jīvanmukta）になった者による出家遊行のことであり、他方、後者は解脱にいまだ到達していないが、解脱を求める者の実践する出家遊行のことである。

シャンカラの思想の構造からみれば、出家遊行者が解脱を求めて、とりわけ、家住者に対して義務づけられているカルマンを棄却したからといって、だれもが解脱に到達できるというのではない。『バガヴァッド・ギーター』（Ⅲ・4）の文章、すなわち、

na ca saṃnyasanād eva siddhiṃ samadhigacchati

ただ単なる出家遊行だけでは、完成に到ることはない。(17)

の注釈において、シャンカラはただ単に出家遊行しただけでは、「行為からの自由（naiṣkarmya）によって特徴づけられる知識の実修（jñāna-yoga）を通じて〔得られる〕状態」（naiṣkarmyalakṣaṇāṃ jñānayogena niṣṭhām）すなわち解脱には到達することができないと述べている。(18) 解脱を希求する出家遊行者が究極的に解脱に到達するまでのプロセスは、次のように説明されている。すなわち、

心の堅固な者は、行為の結果を捨て去り、すなわち離れたあと、解脱と呼ばれる平安、すなわち完全な状態

へと、次のように順を追って到達する。つまり、心の浄化（sattvaśuddhi）、知識〔の手段〕の獲得（jñānaprāpti）、全ての行為の遠離〔出家遊行〕（sarvakarmasaṃnyāsa）、さらに知識の状態（jñānaniṣṭhā）といった具合に。[19]

… samāhitaḥ san karmaphalaṃ tyaktvā parityajya śāntiṃ mokṣākhyām āpnoti naiṣṭhikīṃ niṣṭhāyāṃ bhavāṃ sattvaśuddhijñānaprāptisarvakarmasaṃnyāsajñānaniṣṭhākrameṇa …

この引用文が示唆しているように、解脱を希求するために行なわれる出家遊行（vividiṣā-saṃnyāsa）は、出家遊行という単なる行為なのではなく、むしろ悟得にとって助けとなるような静穏（śama）の獲得、自己抑制（dama）の実践などの相互作用的な要因を包含する複合的なプロセスである。世俗の生活を離れて、専心的に修行を積むことによって、出家遊行者の心は浄められ、心が澄むようになる。そして、あたかも空に重く垂れこめた雲が晴れて、眩しい日射しが雲の切れ目から差し込んでくるかのごとく、存在の深層、本質すなわちブラフマンとアートマンの一体性が、修行者の心に開けてくるのである。

ふつう出家遊行といえば、解脱を求める者の出家遊行のことである。出家遊行期に儀礼的に入るまえに、解脱に達しているような生身解脱者の、いわゆる「〔ブラフマンを〕知る者の出家遊行」（vidvat-saṃnyāsa）はごく稀である。[20] シャンカラのいう「パラマハンサ出家遊行者」（paramahaṃsa-parivrājaka）という語彙は、そうした出家遊行者の理想像を示している。ヤージニャヴァルキヤ（Yājñavalkya）は vidvat-saṃnyāsa の一例である。シャンカラによれば、ヤージニャヴァルキヤは出家遊行に入るまえに、すでにブラフマンを知る生身解脱者であった。たしかに一見したところ、カルマンを行なっているようにみえるが、実際にはカルマンに関わっていなかった。[21] 無明を離れた生身解脱者として、ヤージニャヴァルキヤは一切の所有を捨てることによって出家遊行者になったが、そのまえに、すでに「私」に対する内面的な執着を捨て去り、リアリティの本質すなわちブラフマンとアートマンの一体性を悟っていたというのである。外見上はカルマンのように見えたとしても、それは明知を獲得したヤージニャヴァルキヤにとっては、もはやカルマンではなかった。表面的には生身解脱に達する以前と全く同じ関わりかた、行為でありながら、内面的には以前と異質のものであった。この点について、シャンカラは天啓聖典（śruti）も聖伝書（smṛti）も「ブラフマンに安立する者には、課された義務〔すなわち宗教的祭祀〕が存在しないことを示している」[22]とも述べている。つまり、ヤージニャヴァルキヤの場合が示しているように、vidvat-saṃnyāsin は vividiṣā-saṃnyāsin と表面的には、出家遊行という生きかたに関して同じである。しかし、vidvat-saṃnyāsin が「私」に対する執着をもたず、真理を悟っているのに対して、vividiṣā-saṃnyāsin はいまだ完全に「私」に対する執着を捨て切れずにいる点で、意識のレベルでは、両者は異なるのである。

ところが、シャンカラは vidvat-saṃnyāsin、すなわち生身解脱に到達している出家遊行者ですら、停止することのできないカルマンがあることを認めている。それはカルマンの結果をすでに生み出し始めた、いわゆる「〔その結果が〕始造されたカルマン」（prārabdha-karman）である。人間存在の究極的目標である解脱が得られたとしても、その者の身体が生み出したカルマンの結果は、それに潜在する力が消耗されるまで作用し続ける。しかし、いまだ結果を生み出し始めていないカルマンは、解脱をもたらした知識によって滅尽される。[23] したがって、vidvat-saṃnyāsin による出家遊行は、身体を単に維持するための行為も捨てなければならないことを意味するものではない。[24] シャンカラによれば、

アートマンが行為者ではないという自覚は、誤った知識を除去することによって、カルマンを根絶する。しかし、それが除去された後も、誤った知識は、ちょうど〔眼病によって生ずる〕「二つの月」の知識が〔しばらく残存する〕ように、潜在力によって、しばらくの間、存続する。[25]

akartrātmabodho 'pi hi mithyājñānabādhanena karmāṇy ucchinatti/
bādhitam api tu mithyājñānaṃ dvicandrajñānavat saṃskāravaśāt

kaṃ cit kālam anuvartata eva/
したがって、prārabdha-karman は無明をもたない生身解脱者においてすら、無明の痕跡（avidyā-leśa）を残す。この痕跡は離身解脱（videhamukti）においてのみ滅尽される。生身解脱に到達した出家遊行者にとっては、prārabdha-karman が今生の継続する唯一の理由である。[26] 逆に言えば、prārabdha-karman がなければ、最高のジュニャーナを獲得するや否や、離身解脱が達せられるということになってしまうからである。

以上、論じてきたシャンカラのいわゆる出家遊行論をまとめることにしよう。ここでは、つぎの三つの主要なモチーフが重要である。それらは、（1）カルマンを含む世俗的事柄の遠離、すなわち、儀礼的な出家遊行の実践という外面的モチーフ、（2）欲望（より適切に表現すれば、アートマンとは異なるものすべてに対する欲望）の捨離という内面的なモチーフ、そして、（3）「最高の知識」に対する専心的関わりかたというモチーフである。最初のモチーフについてみれば、vividiṣā-saṃnyāsin であれ vidvat-saṃnyāsin であれ、出家遊行者はカルマンなどの世俗事を遠離している。ただし、身体維持に必要な行為などのいわゆる prārabdha-karman は、その結果に潜在する力が消耗されるまで、無明の痕跡として残り、生身解脱に達している出家遊行者によっても捨離することができない。第二のモチーフ、すなわち、欲望の捨離という内面的モチーフについては、vividiṣā-saṃnyāsin の場合には、欲望の捨離は出家遊行という儀礼的行為によって象徴的に表現されるが、それは「私」に対する執着を捨てようとの心構えを意味するものであって、決して執着を完全に捨て切れた姿を示すものではない。それに対して、vidvat-saṃnyāsin の場合には、儀礼的に出家遊行に入るまえに、カルマンに関わりながらも、その結果に対する欲望をもたず、また、「私」に対する執着ももっていない。つまり、カルマンに関わっているようにみえても、カルマンに関わってはいないのである。それは出家遊行以前に、すでに生身解脱に到達しているためである。第三のモチーフ、すなわち、「最高の知識」に対する専心的関わりかたについては、vividiṣā-saṃnyāsin が解脱という究極的目標を目指して、「最高の知識」を獲得しようと専心的に修行を重ねるのに対して、vidvat-saṃnyāsin は出家以前に、そうした知識をすでに得ており、ブラフマン（＝アートマン）に安立しているのである。このように、三つの主要なモチーフに依ってまとめられる出家遊行は、シャンカラによれば、解脱に到達することを願う者にとって、最も相応しい生きかた、あり方であり、他方、世俗事や「私」に対する執着をもたない生身解脱者にとっては、当然の結果なのである。

出家遊行の資格

シャンカラは不二一元論哲学の枠組において、出家遊行はだれにでも可能であるというのではない。『ブリハッド・アーラニヤカ・ウパニシャッド注解』と『ウパデーシャ・サーハスリー』において記されているように、シャンカラは現実には出家遊行の資格をバラモンだけに限定している。[27] 祭式的行為を行なうようにとの天啓聖典の教令は、バラモン出身の出家遊行者によって無視されることができるとしても、出家遊行の資格のないクシャトリヤ（kṣatriya）やヴァイシャ（vaiśya）は、必ず天啓聖典に記されている教令に従わなければならない。[28] シャンカラは自らの哲学的立場から、クシャトリヤや他の家住者の出家遊行を認めないからといって、解脱の可能性までも否定しているというのではない。たとえば、クシャトリヤに属するヴィデーハ国王ジャナカ（Janaka）は出家遊行者ではなく、家住者（gṛhastha）であった。にもかかわらず、解脱に達したと言われる。シャンカラによれば、

カルマンが始造されたあと、後にアートマンに関する正しい洞察をもつようになる者は、すべてのカルマンの中に目的を見ることなく、カルマンをその手段とともに捨てるだろう。ある理由のために、〔カルマンが始造されたあと、アートマンに関する正しい洞察をもつようになる者にとっては〕、カルマンを停止することが不可

能であるので、彼はこの世の秩序の維持のために、以前のようにカルマンに関わるけれども、〔実際には〕何も行なっているのではない。それは、彼がカルマンとその結果に対する執着をもっていないかぎり、〔彼にとって〕彼自身の目的がないからである。そうしたカルマンはジュニャーナ〔知識〕の火によって焼き尽くされるので、彼のカルマンは、結局、無行為（アカルマン）になる。[29]

yas tu prārabdhakarmā sann uttarakālam utpannātmasamyagdarśanaḥ syāt sa sarvakarmaṇi prayojanam apaśyan sasādhanaṃ karma parityajaty eva/ sa kutaś cin nimittāt karmaparityāgāsaṃbhave sati karmaṇi tatphale ca saṃgarahitatayā svaprayojanābhāvāl lokasaṃgrahārthaṃ pūrvavat karmaṇi pravṛtto 'pi naiva kiṃ cit karoti, jñānāgnidagdhakarmatvāt tadīyaṃ karmākarmaiva saṃpadyate, ...

つまり、ジャナカ王のように、カルマンを行なっているように見えても、アートマンに関する「知識」を得た家住者は、「私は行為者である」という考えをもっていない。彼は生身解脱者であるが、彼の prārabdha-karman すなわち「〔その結果が〕始造されたカルマン」は人びとを正しい道へと導くために続けられるのである。

シャンカラの思想においては、バラモン、クシャトリヤ、ヴァイシヤという再生族とは異なり、一生族のシュードラには、ブラフマンの知識を得る資格が与えられていない。ブラフマンの知識とは『ヴェーダ』の知識のことである。『ブラフマ・スートラ注解』において、シャンカラが指摘しているように、天啓聖典（śruti）はシュードラが『ヴェーダ』を学習したり、その内容を知ったり、あるいは、ヴェーダ祭式を執行したりするのを禁じている。[30]『ヴェーダ』の知識をとおして解脱へと導かれるのは、再生族のみであるからである。出家遊行の目的はブラフマンの知識を獲得することであり、その知識を得る資格のないシュードラは当然、出家遊行の資格も持ちあわせていないことになる。しかしながら、シャンカラは次のように述べている。

しかし、以前に行なった浄化式の力で、ヴィドゥラ（Vidura）やダルマヴヤーダ（Dharmavyādha）をはじめとして、知識が生じる人びと〔シュードラ〕にとって、果報の達成を禁止することはできない。知識には必ず果報があるからである。そして聖伝書（マハーバーラタ）には、「四姓に〔聖典を〕聞かせるべきである」と、『口碑』（*Itihāsa*）と『プラーナ』（*Purāṇa*）の（知識を）獲得することに関しては、四姓に（等しく）資格があると伝えているからである。(31)

yeṣāṃ punaḥ pūrvakṛtasaṃskāravaśād viduradharmavyādhaprabhṛtīnāṃ
jñānotpattis teṣāṃ na śakyate phalaprāptiḥ pratiṣeddhuṃ
jñānasyaikāntikaphalatvāt/ "śrāvayec caturo varṇād" iti
cetihāsapurāṇādhigame cāturvarṇyasyādhikārasmaraṇāt/

シャンカラの見解によれば、シュードラの解脱は『口碑』（*Itihāsa*）と『プラーナ』（*Purāṇa*）の知識をとおして到達されるという可能性が認められている。しかし、バラモンだけに資格が与えられている出家遊行こそが、解脱の到達にとって最も相応しい生きかたであるとの理念は、シャンカラの哲学の根幹を貫いている。シャンカラが開創したと言われる僧院への入団がバラモンだけに許されるとのシャンカラ派の伝統は、こうしたシャンカラの宗教理念にもとづいている。

ちなみに、シャンカラの伝説的伝記（『シャンカラの世界征服』）は、シュリンゲーリ僧院において、最も権威のある唯一のシャンカラの伝記であるとみなされているが、その文献には、スレーシュヴァラ（Sureśvara）がシャンカラの要請で、シャンカラの『ブリハッド・アーラニヤカ・ウパニシャッド注解』に対して『注釈』（*Vārtika*）

を著したと記されている。[32] その意味では、スレーシュヴァラの『注釈』は、全くシャンカラの哲学的見解に沿ったものとなるはずであるが、シャンカラが出家遊行の資格をクシャトリヤとヴァイシャに認めない点に関して、スレーシュヴァラは異議を唱えている。『ブリハッド・アーラニヤカ・ウパニシャッド注解』の『注釈』(III.v.1)によれば、

それは、天啓聖典(śruti)が、出家遊行は三姓すべて〔すなわち、バラモン、クシャトリヤ、ヴァイシャ〕のために存在すると示しているからである。出家遊行がバラモンだけのために存在するという〔シャンカラの〕注解〔における記述〕は、〔天啓聖典と〕矛盾する。
trayāṇām api varṇānāṃ śrutau saṃnyāsadarśanāt/
brāhmaṇasyaiva saṃnyāsa iti bhāṣyaṃ virudhyate/

私たちは天啓聖典のなかで、区別なく三姓の出家遊行について聞いているので、〔出家遊行に関して使われる〕バラモンという語彙の記述は、〔他の二姓も〕示すもの〔としてみなされる〕べきである。もしもカルマンに対する適格性を除去するジュニャーナが獲得されるならば、出家遊行(vyutthāna)に対する適格性の限定が、どのようにして課されることができるというのであろうか。[33]
trayāṇām aviśeṣeṇa saṃnyāsaḥ śrūyate śrutau/
yadopalakṣaṇārthaṃ syād brāhmaṇagrahaṇaṃ tadā//
karmādhikāravicchedi jñānaṃ ced abhyupeyate/
kuto 'dhikāraniyamo vyutthāne kriyate balāt//

スレーシュヴァラは、シュリンゲーリ僧院の伝統によれば、シャンカラを継承して、僧院の第二代目の世師になったと伝承されている。しかしながら、スレーシュヴァラのこうした見解がシュリンゲーリ僧院において権威あるものとして、かつて受け容れられた形跡はない。

シャンカラの思想では、出家遊行によって解脱を追求する者にとって、以上論じたように、バラモンであるという点が根本条件であるが、それとともに、出家遊行後、解脱へ導くことのできる良き師（**ācārya** あるいは **guru**）をもつことも必須条件である。ブラフマンの知識をもつ師のみが、天啓聖典（シュルティ）であれ聖伝書（スムリティ）であれ、どの聖典（**śāstra**）にも精通しており、弟子を解脱へ導くことができるからである。[34]『ギーター注解』において、シャンカラは、

anupaśyati（「彼は〔教えに〕合致した直観をもっている」の意）は、次のことを意味する。すなわち、聖典と師の教えにしたがって、彼はこの世界すべてが正しくアートマンであるという直観をもっている、ということである。[35]

… anupaśyati, śāstrācāryopadeśaṃ anv ātmānaṃ pratyakṣatvena paśyati, ātmaivedaṃ sarvam iti …

と述べ、さらに、『ブリハッド・アーラニヤカ・ウパニシャッド注解』では、

そのために、天啓聖典や師によって示される途を辿る人びとだけが無明を超越する。彼らだけが――自らの判断の巧妙さに従うようなその他の人びとではなく――測り知れない迷妄の海を渡るだろう。[36]

tasmāt tatra ya eva śrutyācāryadarśitamārgānusāriṇaḥ ta evāvidyāyāḥ

pāram adhigacchanti/ ta eva cāsmān mohasamudrād agādhād uttariṣyanti netare svabuddhikauśalānusāriṇaḥ …

シャンカラは天啓聖典を、出家遊行者が解脱を追求するのに必須な認識手段（pramāṇa）の一つとして受け容れている。ところが、天啓聖典はブラフマンの知識を供与するだけの無条件的な力をもっているわけではない。それは、天啓聖典が「いまだ知られていないことに関する情報」を提供するにすぎないからである。[37] 解脱に到るためには、聖典の内容に精通しており、ブラフマンの知識について弟子に分かりやすく説明することができ、弟子の心を存在の表層から深層へと導くことのできる師をもつことが必要である。さらに言えば、聖典に記されている教えと師によって説明される教えが正しく真理であるとの判断でもって、弟子が聖典と師の教えを信頼することこそが重要なモチーフなのである。シャンカラによれば、「『ヴェーダ』の教えを肯定する判断」（āstikya-buddhi）として説明されるシュラッダー（信 śraddhā）は、解脱を追求するうえでの先行要件になっている。[38] もしもシュラッダーがなければ、出家遊行者の宗教的関わりは、解脱論の視座からみれば、根本的に不十分なものになってしまう。

『ウパデーシャ・サーハスリー』において、シャンカラは解脱へと導く条件を詳しく挙げている。[39] 本節において論じてきたシャンカラの出家遊行論を、彼の解脱論との関連において要約すると、おもに次の三つのポイントが挙げられるであろう。（1）カーストなどの出生・身分に関する条件、すなわち、出家遊行は伝統的な司祭者層であるバラモンのみに許されるということ、（2）出家遊行者になり、師から教えを受けるという外面的条件、それに、（3）シュラッダーをもち、世俗事や「私」に対する執着を捨てるという内面的条件である。これら三つの条件が満たされるとき、解脱を追求する出家遊行者にとって、解脱への道がはじめて開かれることになる。

家住者は家庭に住み、祭祀などの信仰の実践をとおして救いや幸福を求める。一方、世俗を離れた出家遊行者は生身解脱者であろうがなかろうが、ただひたすらジュニャーナに専心する。家住者は暗黙裡に知行併合（jñāna-karma-samuccaya）を受け容れるが、出家遊行者はそれを拒む。解脱に達するためには、ジュニャーナがなければ不可能であり、ジュニャーナを獲得するための最良の方途が特に出家遊行である。シャンカラは不二一元論哲学の解脱論にもとづいて、世俗事を遠離する出家遊行の生きかたを解脱にとって必須な要件として強調する。たしかに出家遊行の資格を現実には認めていないクシャトリヤとヴァイシヤの場合には、『ヴェーダ』の教令に従うことによって、また、シュードラの場合には、『口碑』や『プラーナ』の知識を通じて、解脱への可能性が開かれている。ところが、司祭者層のバラモンにとっては、それらの関わりかたは解脱に到るための理想的なあり方ではない。言いかえれば、シャンカラの不二一元論哲学においては、出家遊行は最上層の知識階層であるバラモンにとってのみ可能であり、彼の教えは直接的には、バラモンを解脱へと導きたいとの思いにもとづいて、バラモンだけに向けられていたのである。

シャンカラの生きた時代（八世紀）には、幾多の王朝の盛衰、異民族の侵入移動にもかかわらず、正統派バラモンの社会的伝統の力はたいへん強かった。中村元によれば、シャンカラは古来の正統バラモンの伝統的教学であるヴェーダーンタ学を維持弘布すべき任務を担っていた。彼はバラモン法典に規定される階級や生活期（varṇāśrama）は厳しく遵守されるべきだと考えていたが、当時の状況はシャンカラにとっては、末世の堕落した現象としか映らなかった。そこで、彼は保守的な正統バラモン教学者の立場に立って、司祭者階層であるバラモンこそがバラモン法典の規定を遵守しなければならないという復古的理想に燃えていた。[40] そうした理想を、シャンカラは最上層のバラモンの伝統的信仰、とりわけ、人里離れた静寂の地で解脱を求めて修行を行ない、ウパニシャッド聖典を師から学ぶという、古来の精神的伝統の流儀にしたがった生きかた、すなわち、出家遊行に求めたものと考えられる。

二　伝承にみるシャンカラの出家遊行——シャンカラの伝説的伝記を手がかりとして

本節では、シャンカラの伝説的伝記を資料として、今日のシャンカラ派の伝統において、特に出家遊行のモデルになっている出家遊行者シャンカラのイメージを明らかにし、伝承にみられるシャンカラの出家遊行の特徴、および、その中に込められている宗教思想を考察したい。

シャンカラ派のシュリンゲーリ僧院において、ただ一つ尊重されているシャンカラの伝説的伝記『シャンカラの世界征服』は、伝統的にマーダヴァ作であって、一四世紀の著作と言われてきた。ところが、文献学的にみれば、おそらく一八世紀に成立したものと考えられる。その伝説的伝記の内容は、その作品の記された当時の伝統や慣習が背景にあると考えられるが、シャンカラ派の信仰者のあいだでは、その内容がシャンカラの生涯に関する事実的な説明として受けとられている。実際のところ、それ以外に信頼できる文献がない以上、その伝説的伝記を手がかりとしながら、シャンカラの生涯を理解せざるをえない。

たとえば、禅仏教やイスラームのスーフィズムなどの、いわゆる神秘主義的な宗教の伝統においては、悟りに到達するために、信仰の本髄を究めた師の宗教的指導が不可欠である。このことは前節において述べたように、シャンカラ派においても同様である。「シャンカラの化身」と信じられている世師すなわちシャンカラーチャーリヤは、弟子の出家遊行者にとっては、聖典の内容に精通しており、解脱に達した出家遊行者である。言いかえれば、出家遊行者の信仰において、世師すなわちシャンカラーチャーリヤの言葉は、まさしくシャンカラの言葉なのである。シャンカラと世師との信仰的な同定によって、シャンカラの思想とシャンカラ派の伝統的な思想とのあいだのずれを感じることなく、むしろほとんど違和感もなく、自らの信仰の中に受け入れられている。世師の姿の中に、シャンカラのイメージを重ね合わせてみることによって、世師の言葉はシャンカラのそれと同じ意味内容をもつことになる。たとえ表現のしかたや内容がシャンカラの著作のそれと多少ずれていても、それは解脱に到達するのに必要なシャンカラ派の開祖シャンカラの教えとして認識される。出家遊行者にとって、世師は、まさに「生きているシャンカラ」なのである。

シャンカラの生涯を描いた絵図

『シャンカラの世界征服』におけるシャンカラの生涯に関する記述は、絵図によっても説明されている。その絵図をとおして、在俗のスマールタ派信者たちはシャンカラの生涯について詳しく知ることになる。シャンカラの生涯が一つの物語として描かれた一連の絵図を、彼らが日々の信仰生活の中で見るとき、その絵図は彼らにとって救済論的な意味をもつことになる。その絵図をとおして、スマールタ派信者たちは、シュリンゲーリ僧院の開祖と言われるシャンカラが、彼らの救いにどのように関わっているのかをこころにイメージすることができるのである。

絵図は筆者が滞在した一九八三年当時は、三〇枚からなっていた。それらの絵図は、シュリンゲーリ僧院のシュリー・シャーラダー寺院のすぐ隣にある「プラヴァチャナ・マンディラム」(pravacana-mandiram)と呼ばれる講堂に掛けられている。それらの各絵図には、巡礼者たちの理解を助けるために、カンナダ語と英語でもって、次のような簡潔な説明文が付けられていた。

(1) 地上に化生するように、シヴァ神に祈る神々。
(2) ヴリシャーチャラで苦行するアーリヤーンバーとシヴァグル。
(3) 夢のなかで、アーリヤーンバーに恵みを与えるシヴァ神。
(4) 夫婦に生まれた輝く息子。

(5) シャンカラと命名された子ども。
(6) 聖紐を授与されたシャンカラ（ウパナヤナ儀礼）。
(7) 師の草庵におけるシャンカラ。
(8) 黄金のミロバランの実でもって、〔シャンカラによって〕慰められる主婦。
(9) 自分の母親をいたわるシャンカラ。
(10) 母親のために、プールナー川の流れを自分の家の近くへ変えるシャンカラ。
(11) 家住者になるように、とシャンカラに嘆願する母親。
(12) ワニの口から解き放たれることを策として使って、出家遊行者になる許可を求めるシャンカラ。
(13) クリシュナ神像をプールナー川から救けた後、それを祀る。
(14) 出家遊行の儀礼を受けるための旅。
(15) ナルマダー川岸にいる聖者ゴーヴィンダのもとで、出家遊行者になる。
(16) 自分の聖なる壺のなかに、ナルマダー川の洪水を集める。
(17) アウト・カーストに変装して、シャンカラを祝福するシヴァ神。
(18) サナンダナが「蓮華足をもつ者」〔出家後の名・パドマパーダ〕になる。
(19) ヴェーダ・ヴィヤーサがシャンカラを訪れる。
(20) ヴェーダ・ヴィヤーサがシャンカラを祝福する。
(21) クマーリラ・バッタが穀物のもみがらの火の中にいるのを知る。
(22) マーヒシュマティにある、マンダナ・ミシュラの家。
(23) シャンカラとマンダナ・ミシュラとの討論。
(24) マンダナ・ミシュラが、シャンカラのもとで、出家遊行者になる。

(25) コブラのえらで守られる、日射病にかかったカエル、それに、シュリンゲーリの自然の美しさ。
(26) 師〔シャンカラ〕のおかげで、ギリがトータカ〔出家後の名〕になる。
(27) 〔母親の〕アーリヤーンバーが、シャンカラの努力で、ヴィシュヌ神と一体になる。
(28) カシミールにおいて、一切知者の位に就く。
(29) シャンカラによって、〔国の〕四方向に、ダルマに関する四つの基盤〔僧院〕が確立される。
(30) ケーダーラで、身体とともにカイラーサへ昇る。

これら三〇枚の絵図のうちで、ただ二五枚目の絵図の内容だけが、『シャンカラの世界征服』には記述されていない。それは一般大衆の伝承にもとづいているが、第三章において述べたように、シュリンゲーリが安全な場所であり、出家遊行者の住居に相応しいことを示唆している。

その後、二〇〇六年二月、筆者がシュリンゲーリ僧院を再訪したとき、これらの絵図が新たに掛け替えられていた。それは現在の世師がシュリンゲーリ僧院の法主に就任した後、それまで掲げられていた絵図が古くなったこともあって、新たな絵図に変えられた。シャンカラの生涯を描いた絵図は全部で二七枚からなり、それらの絵図の下には、これまでと同じように、次のような説明がカンナダ語と英語で書かれている。

(1) ヴィシュヌ神とブラフマー神に導かれた神々や聖者たちは、八世紀に大変衰退していた永遠の法(sanātana dharma)を保護してほしい、とシヴァ神に祈る。シヴァ神はそうすることを受け入れる。こうして、世師の初代シャンカラーチャーリヤが出現する舞台が整う。
(2) ケーララにおけるコーチンの北方二五キロメートルにあるカーラディ出身のシヴァグルとアーリヤーンバーは、トリチュールのヴリシャーチャレーシュヴァラ神に子どもを授けてほしいと祈願する。

(3)シヴァ神が夢に現われて、敬虔な夫婦に恵みを与える。
(4)シヴァ神の恩恵で生まれた子どもは、シャンカラと命名される。
(5)シャンカラのウパナヤナ(聖紐儀礼)。
(6)シャンカラは乞食のために各家へ行くことで、ブラフマチャーリヤ(学生期の義務)を順守する。
(7)ケーララのスダンヴァン王が、少年のシャンカラを訪れて、自分の著作を示す。
(8)シャンカラは、自分の母親が沐浴するためにプールナー川へ出かけた途上で、疲労のために倒れたとき、自分の母親をいたわる。
(9)神への祈りで、シャンカラは自分の母親が日々、沐浴しやすいように、プールナー川の流れを〔家の近くへ〕変える。
(10)気の進まない母親が出家遊行の許可を出すが、その許可は〔シャンカラが〕ワニから解放されることで得られる。
(11)シャンカラは、出家遊行に出かける前に、母親の祝福を受ける。
(12)師の聖者ゴーヴィンダと一緒にいる、出家遊行後の若いシャンカラ。
(13)ナルマダー川の激しさがシャンカラによって制御される。彼は自分の聖なる壺の中に、川の洪水を集めて、村を救う。
(14)弟子のサナンダナが、シャンカラ師の恩寵を受ける。サナンダナが師に祈りを捧げて、川を渡り始めると、足でその道筋を歩くごとに、蓮華によって守られる。そこで彼は、パドマパーダ(蓮華足をもつ者)と知られるようになった。
(15)ヴィシュヴァナータ神(シヴァ神の別称)が、ベナレスでチャンダーラ(アウト・カースト)に変装して、シャンカラに出会う。そこでシャンカラはその神の偉大さを、有名な『マニーシャ・パンチャカ・

ストートラ』(*Manīṣāpañcaka-stotra*) で賞讃する。

(16) シャンカラがヴェーダ・ヴィヤーサの訪問で祝福される。

(17) シャンカラがクマーリラ・バッタを訪れる。そのとき、クマーリラは自分の師への罪を告白し、燃える穀物のもみがらの中で、自分をいけにえにしようとしていた。

(18) シャンカラは討論において、マンダナ・ミシュラに勝つ。ウバヤ・バーラティー(審判)が傍観している。

(19) マンダナ・ミシュラは討論の結果、出家遊行を受け入れ、スレーシュヴァラと命名される。

(20) ナラシンハ神は、パドマパーダの祈りに応えて、シャンカラがカーパーリカ派によって打首にされないように守る。

(21) シャンカラは旅の途中、ムッカーンビカ近くのシュリーバリにおいて、口のきけない少年を弟子として受け入れるが、彼は後にハスターマラカとして知られる。

(22) 後にトータカとして知られるようになる弟子のギリは、その尽くした奉仕のために、シャンカラによって祝福される。

(23) シャンカラは、陣痛のカエルがその天敵のコブラによって、焼きつくような日射しから守られているのを目撃したので、彼は最初の僧院を創設するのに、シュリンゲーリを選ぶ。

(24) シャンカラは臨終の母親をヴィシュヌ神と一体にさせる。

(25) スダンヴァン王が自分の著作の紛失について、シャンカラの助言を求める。

(26) シャンカラはカシミールにおいて、一切知者の位に就く。

(27) 人生の使命を終えるに際して、ケーダールナートにおいて、最後に弟子たちに見送られるシャンカラ。

現在、講堂に掛けられている絵図は全体的に、従来のものとほぼ同じ内容である。ただ、最初の絵図に見られるように、シャンカラの生誕が「八世紀に大変衰退していた永遠の法（sanātana dharma）を保護する」という救済論的な意義をもっていたことを強調していることは注目すべき点であろう。ともあれ、シュリンゲーリ僧院の開祖とみなされるシャンカラの生涯が、老若男女のだれにも分かるように、このように絵図で表現されていることは、シュリンゲーリを巡礼に訪れる人びと、あるいは、少なくともスマールタ派の在家信者たちを視覚的に教示するという重要な役割を果たしている。

三　シャンカラと出家遊行——シャンカラの伝説的伝記の意味論的考察

シャンカラの伝説的伝記『シャンカラの世界征服』に記されているエピソードの中では、いくつかのエピソードが、シュリンゲーリの伝統が出家遊行のあり方をどのように考えているのかを理解するうえで重要な手がかりになる。ここでは、特に重要と思われる三つのエピソードをめぐって、意味論的な視点から考察を行なうことにしたい。

シャンカラの出家遊行に対する母親の許し

シャンカラは七歳のとき、師の許での学習を終えて帰宅した。しかし、「〔彼の〕超人的なあり方のために[41]（amanuṣyabhāvāt）」、彼は結婚して家住者になりたくなかった。師の許にいたとき、彼はすでに一切知者の状態に達していたというが[42]、家住期に入ることなく、直接に出家遊行期に入りたいと願っていた。八歳になったとき、シャンカラは母親アーリヤーンバーに言った、と伝説的伝記は記している。

お母さん、無知のために輪廻の道に彷徨っている人びとが幸せであるとは、ぼくには思えません。だから、ぼくは第四の住期〔出家遊行期〕に入って、輪廻的存在の繋縛からの解脱を得ようと努力してみたいんだ。(43)

bhramatāṃ bhavavartmani bhramān nahi kiṃcit sukham amba lakṣaye/
tad avāpya caturtham āśramaṃ prayatiṣye bhavabandhamuktaye//

シャンカラの父親は、彼が三歳のときに亡くなっていた。一人息子のシャンカラだけが頼りの母親は、シャンカラに涙ながらに家住者になって、子どもを生むように、その後で出家遊行者になってほしいと言う。(44)しかしながら、シャンカラは出家遊行者になる望みを捨てきれない。前述した絵図にも描かれているように、あるとき、シャンカラが家の近くのプールナー川で沐浴していた。そのとき、ワニに足を噛まれたという。(45)そのとき、川岸へと駆けつけてきた母親に、シャンカラは叫ぶ。

お母さん、お母さんの許しを得て、ぼくが完全な出家遊行をするとき、この動いているワニは、ぼくの足を放してくれるんだ。もしもお母さんがぼくのことを許してくれるのであれば、〔出家遊行を〕するんだけど。(46)

tyajati nūnam ayaṃ caraṇaṃ calo jalacaro 'mba tavānumatena me/
sakalasaṃnyāsane parikalpite yadi tavānumatiḥ parikalpaye//

シャンカラの母親が彼に出家遊行の許しを与えるや否や、ワニはシャンカラを解き放ったという。こうした経緯で、シャンカラは出家遊行者になった。ただし、シャンカラが出家遊行者になる前に、彼の母親はシャンカラに対して、次のような願いを話した。

私はおまえの出家遊行を受け入れることによって、おまえの生命がワニの口から〔たすかって〕ほしかったのだよ。シャンカラよ、私が臨終の際には戻ってきて、儀規に従って葬式をしておくれ。そうでなかったら、私がおまえを生んだことに、どんな価値があるのか言ってごらん。[47]

yaj jīvitaṃ jalacarasya mukhāt tad iṣṭaṃ saṃnyāsasaṃgaravaśān mama dehapāte/
saṃskāram etya vidhivat kuru śaṃkara tvaṃ no cet prasūya mama kiṃ phalam īraya tvam//

母親の願いを聞いて、シャンカラは約束した。

お母さん、日中に、夜中に、あるいは、その他、いかなるときにも、お母さんの心が落ち着いていても、あるいは落ち着いていなくても、ぼくのことを考えてね。そのときには、ぼくは〔出家遊行者の〕すべての義務を捨てて、やって来て、〔お母さんの〕死に際しても、必要な儀礼を行なうよ。信じてください。[48]

ahny amba rātrisamaye samayāntare vā saṃcintaya svavaśagā ’vaśagā ’tha vā mām/
eṣyāmi tatra samayaṃ sakalaṃ vihāya viśvāsam āpnuhi mṛtāv api saṃskariṣye//

この伝承からは、次のような三つの重要な点が明らかになる。(1)シャンカラは学生期(brahmacarya)から直接、出家遊行期に入った。(2)出家遊行者になるまえに、一切知者であった。つまり、シャンカラはすでに悟りを得た出家遊行者、すなわち vidvat-saṃnyāsin であった。(3)シャンカラは、出家遊行期に入るにもかかわらず、母親の死に際しては、出家遊行者の義務を捨ててまでも、出家遊行者が行なってはならない祭祀的行為の一つ、すなわち、母親の葬儀を遂行するために戻ってくる、と約束した。

まずはじめに、最初の点については、すでに論述したように、学生期から家住期へ進むことなく、出家遊行期に入ることを、シャンカラ自らも哲学文献の中で認めている。実際、今日でも、シャンカラ派の伝統においては、世師が自らの後継者を選ぶと、その後継者は学生期からすぐに出家遊行期へ入る。第二の点については、一般的にシャンカラが「シヴァ神の化身」であったとのシャンカラ派における在家者の信仰を考慮に入れると、たとえ出家遊行期に入るまえに、シャンカラがすでに解脱に達していたとの伝承は当然のことであろう。ちなみに、この点についても、すでに論じたように、シャンカラは解脱に到達しようとの思いから入る出家遊行と生身解脱に到達した後に入るそれとの二類型に、出家遊行のあり方を分けている。

第三の点については、宗教の理念と現実とのずれがもつ意味を理解するうえでも、特に重要なモチーフを含んでいる。この話の内容からすれば、シャンカラと母親アーリヤーンバーとの心の絆は、シャンカラが出家した後も、維持されていくことが暗示されている。出家遊行者であるシャンカラが母親の葬式を行なうということは、シャンカラの哲学文献において論じられている内容とは異なっている。シャンカラの宗教思想によれば、出家遊行した後は、人は世俗との一切の関係を断つべきであり、この話の内容は明らかにシャンカラの思想から逸脱している。しかしながら、この話において、シャンカラが母親の葬式を行なう約束をしたことは、彼が出家遊行以前に行なった行為であるということから、それは伝統的に、いわゆる prārabdha-karman（〔その結果が〕始造された行為）であったとして説明され、シャンカラの行為が正当化されている。ただし、シャンカラの伝説的伝記は、出家遊行者であるシャンカラが葬式を行なうことについて、それが周りの人びとには認められなかったと記している。

さて、シャンカラは約束したように、母親の臨終に際して、母親の許へ戻ってきて、自分で葬儀を行なう。それに関する伝承は、次の二つのモチーフから成っている。まず最初のモチーフとしては、彼は母親を「最高の境地」（param padam）すなわち梵天界（brahmaloka）へ昇天させた後、母親の身体を荼毘に付したというものである。『シャンカラの世界征服』には、次のように記されている。

彼〔シャンカラ〕は家の近くで、よく乾いた柴を集め、〔左〕手に〔出家遊行者のもっている〕水壺を持ちながら、右手をかき回して火を熾こした。そして、それでもって、自らを制しながら、彼女を荼毘に付した。(49)

saṃcitya kāṣṭhāni suśuṣkavanti gṛhopakaṇṭhe dhṛtatoyapātraḥ/
sa dakṣiṇe doṣṇi mamantha vahniṃ dadāha tāṃ tena ca saṃyatātmā//

葬儀に際して、シャンカラは自分自身で火を熾こさなければならなかった。それは、シャンカラが火がほしいと言っても、親戚の人びとがそれに応じてくれなかったからである。さらに、彼らは出家遊行者であるシャンカラが葬儀を行なうことは、サンニヤーサ・ダルマ（「出家遊行の法」saṃnyāsa-dharma）から逸脱していると、シャンカラを罵った。そういうわけでシャンカラは、片手に出家遊行者の印である水壺を持ちながら、もう一方の手で火を熾こしたという。

もう一つのモチーフは、シャンカラが親戚の人びとの態度に腹を立てて、彼らに呪いをかけたということである。同書には、このように記されている。(50)

彼ら〔親戚の人びと〕が頼まれたとき、彼〔シャンカラ〕に火を与えなかったために、彼は怒って、彼の親戚の人びとに対して、〔次の〕呪いをかけた。「今後は、それらのバラモンたちは『ヴェーダ』から締め出されるだろう。また、出家遊行者たちに対する布施が〔彼らによって与えられることは〕ないだろう。」

na yācitā vahnim adur yad asmai śaśāpa tān svīyajanān saroṣaḥ/
itaḥ paraṃ vedabahiṣkṛtās te dvijā yatīnāṃ na bhavec ca bhikṣā//

彼は彼らに次の呪いをかけた。「今後は、あなたたちの荼毘の場所を自分の家の近くにさせよう。」〔そこで、〕今日でも、その場所の人びとは、『ヴェーダ』を唱えることもなく、出家遊行者に布施をすることもないのである。

gṛhopakaṇṭheṣu ca vaḥ śmaśānam adya prabhṛty astv iti tāñ śaśāpa/
adyāpi taddeśabhavā na vedam adhīyate no yamināṃ ca bhikṣā//

実際、そのときから、彼らの荼毘の場所は、彼らの家の近くになった。偉大な人びとに対する故意の無礼が、この世界において、いったい、だれの幸せになるだろうか？

tadāprabhṛty eva gṛhopakaṇṭheṣv āsīc chmaśānaṃ kila hanta teṣām/
mahatsu dhīpūrvakṛtāparādho bhavet punaḥ kasya sukhāya loke//

つまり、シャンカラの呪いは、三つの側面をもっている。すなわち、（1）シャンカラの親戚の者は『ヴェーダ』聖典を読誦することができなくなり、（2）出家遊行者に対して、いかなる布施もすることができない。さらに、（3）今後、彼らの荼毘の場所は家の近くになる、というものである。

シャンカラの親戚の人びとは、伝統的にケーララ地方のカーラディにおいて、ナムブーディリ（Nambūdiri）というバラモン階級に属していたと言われる。この点について、マハーデーヴァンは言う。

呪いが、彼〔シャンカラ〕のナムブーディリの親戚の人びとにかけられた。シュリンゲーリ僧院におけるシャンカラの最近の後継者〔すなわち世師〕によって、その呪いが取り除かれるまで、ナムブーディリの人びとは、遺体を十分に切断した後で、自分たちの庭で、遺体を荼毘に付していた。(51)

マハーデーヴァンが言及している世師とは、カーラディ（伝統的にシャンカラの生誕地であり、シャンカラの母親が荼毘に付されたと言われる場所）に、シュリンゲーリ僧院を建てた第三三代の世師であるサッチ・チッド・アーナンダ・シヴァービナヴァ・ヌリシンハ・バーラティーのことである。ちなみに今日、この場所はスマールタ派の巡礼地の一つになっている。

出家遊行者が葬儀という祭祀的行為を行なうべきではないと、シャンカラの親戚の人びとが反対したのは、サンニヤーサ・ダルマのオーソドックスな解釈のしかたである。一方、シャンカラが呪いをかけたというこのエピソードは、シャンカラの不二一元論思想からみれば、どうしても違和感を感じざるをえない。しかし、このエピソードが強調しようとしているのは、シャンカラがいかに母親思いであったかということである。この点を強調することによって、一般大衆の心情にとって、親しみやすいシャンカラのイメージが表現されている。その意味では、このシャンカラの伝承は、シャンカラの生涯を精確に語り伝えているというよりはむしろ、シャンカラ派における在家者の信仰の一断面を示していると言えるのかもしれない。

シャンカラの弟子入り

シャンカラ派の宗教伝統では、インドにおけるその他の伝統と同じように、出家遊行者になりたいと思えば、だれでも出家遊行者になれるかと言えば、決してそうではない。弟子を解脱へと導くことのできる師に弟子入りしなければならない。言いかえれば、もしも師が弟子入りを許可しないかぎり、出家遊行者にはなれないのである。しかも、シャンカラ派では、世師に弟子入りするには、バラモン階級に属していることが必須の条件になっている。

シャンカラはすでに論じたように、超人的な特質をそなえた一切知者であったとの伝承にもとづいて、vidvat-saṃnyāsin であったと言われるが、そのシャンカラも伝統的な慣習に従って、師に弟子入りしたという。彼の師の名はゴーヴィンダ（Govinda）であったという。シャンカラはゴーヴィンダナータ森の中に、ゴーヴィンダの洞窟（guhā）を見つけた。彼は右回りに、その洞窟の周りを回った後、ゴーヴィンダの弟子たちが見守る中、ゴーヴィンダに敬礼した。「きみはだれか」とゴーヴィンダに尋ねられて、シャンカラは次のように答えたという。

先生、私は地でもなく、水でもなく、火でもなく、風でもなく、虚空でもありません。また、それらのどの属性でもありません。私は感覚器官でもありません。しかし、私がそれらとは別に存在するものであって、至高な絶対的なものである、シヴァ〔最も吉祥なもの〕であることを知ってください。[52]
svāminn ahaṃ na pṛthivī na jalaṃ na tejo na sparśano na gaganaṃ na ca tadguṇā vā/
nāpīndriyāṇy api tu viddhi tato 'vaśiṣto yaḥ kevalo 'sti paramaḥ sa śivo 'ham asmi//

ここに引用した文章は明らかに、伝統的にシャンカラの著作といわれている『ダシャ・シュローキー』（*Daśaślokī*）の最初の句にもとづいている。さらに、シャンカラの伝説的伝記（『シャンカラの世界征服』）は、シャンカラがゴーヴィンダによって、どのように受け入れられるかについて、次のように記している。[53]

不二一元論の思想（advaita-darśana）から生起した、聖者シャンカラのそのような言葉を聞いて、彼〔ゴーヴィンダ〕はことのほか、嬉しく思い、次のように言った。「おお、シャンカラよ、私は三昧による知覚によって、きみが、〔私たちの前に〕直接、生まれたシャンカラ〔シヴァ神〕自身であることを知っています。」
ākarṇya śāṃkaramuner vacanaṃ tad ittham advaitadarśanasamutthaṃ upāttaharṣaḥ/

sa prāha śaṃkara sa śaṃkara eva sākṣāj jātas tvam ity aham avaimi samādhidṛṣṭyā//

洞窟の入口に、高貴なシャンカラは近づいて、〔自分の両足を〕差し出した彼〔ゴーヴィンダ〕の両足を礼拝した。出家遊行者たちの師〔ゴーヴィンダ〕は、ゴーヴィンダを自分の師としてもった彼に、〔そうした礼拝が〕慣習〔であること〕を教えた。

tasyopadarśitavataś caraṇau guhāyā dvāre nyapūjayad upetya sa śaṃkarāryaḥ/
ācāra ity upadideśa sa tatra tasmai govindapādagurave sa gurur yatīnām//

シャンカラは、謙虚な奉仕でもって、また、彼〔ゴーヴィンダ〕によって悟得されたブラフマンを知りたいと思いながら、また、伝統を維持しようとの意志でもって、彼の師〔ゴーヴィンダ〕を満足させた。

śaṃkaraḥ savinayair upacārair abhyatoṣayad asau gurum enam/
brahma tad viditam apy upalipsuḥ saṃpradāyaparipālanabuddhyā//

出家遊行者の中で、最も優れた者〔ゴーヴィンダ〕は、バクティによって伴われる、彼が行なった奉仕に大いに喜んで、ウパニシャッドにおける四つの偉大な言葉〔大文章 mahāvākya〕によって、ブラフマンの本質(brahmatā) を彼〔シャンカラ〕に教えた。

bhaktipūrvakṛtatparicaryātoṣito 'dhikataraṃ yativaryaḥ/
brahmatām upadideśa caturbhir vedaśekharavacobhir amuṣmai//

この賢者〔シャンカラ〕は、慈悲深い者〔ゴーヴィンダ〕から、伝統的な解釈者すなわちパラーシャラの息子

〔ヴィヤーサ〕によって述べられた諸『スートラ』の教説と方法にしたがって、諸聖典の秘密の核心全部も学んだ。

sāṃpradāyikaparāśaraputraproktasūtramatagaty anurodhāt/
śāstragūḍhahṛdayaṃ hi dayāloḥ kṛtsnam apy ayam abuddha subuddhiḥ//

これらの文章は、出家遊行期へのイニシエーションの一つのモデルを示している。つまり、（1）出家遊行者になりたいと思う者は、師の住居の周りを回る。（2）グル・バクティ、すなわち、師への信（シュラッダー）を表象する行為でもって、師の両足を礼拝する。（3）師への奉仕（paricaryā）を行なう。（4）四つの「大文章」（mahāvākya）をとおして、ブラフマンのことを学ぶ。（5）諸々の聖典に隠された秘密を伝授される。ここで言う「諸聖典の秘密の核心」とは、ヨーガ的な能力を含んでいるように思われるが、それはシャンカラがゴーヴィンダと一緒に住んでいるあいだに獲得したと言われる。[54]

これらの引用文から明白なことは、解脱に到達するためには、師の存在が不可欠であるということである。それは存在世界の真理を体得している師だけが、聖典の秘密を教示することができるからである。また、シャンカラが師の両足を礼拝したり、師に奉仕したりするという記述は、グル・バクティの重要性を強調している。グル・バクティによって、師への信（シュラッダー）が象徴的に表現されるのである。シャンカラは『ウパデーシャ・サーハスリー』において、弟子入りしたい者は「聖典の規定に従って師に近づく」必要があると説いているが、こうした伝統的な慣習のことも念頭においていたのであろう。[55]ともあれ、こうしたプロセスを経て、ウパニシャッド聖典に精通している師への弟子入りが許される。弟子になって、師はブラフマンの本質をはじめ、解脱に到達するのに必要な聖典の秘伝を伝授することになる。

聖仙ヴィヤーサとの出会い

もう一つ重要なエピソードは、シャンカラの聖仙ヴィヤーサとの出会いである。ヴィヤーサには、シャンカラの伝説的伝記によれば、『ヴェーダ』の編纂をはじめ、六つのヴェーダーンガ（ヴェーダの補助学書）、『マハーバーラタ』、諸々の『プラーナ』などの聖典が帰せられている。(56) この話の内容によれば、シャンカラが一六歳のとき、ガンジス河畔で弟子に『ブラフマ・スートラ』に関する自分の注解を教えていると、ある年老いたバラモンが近づいてきて、『ブラフマ・スートラ』(III.i.1) の意味を尋ねた。この質問が契機となり、シャンカラとそのバラモンとのあいだで、八日間、議論が続いた。この議論を横でじっと見ていたシャンカラの弟子であるパドマパーダは、その年老いたバラモンがヴィヤーサであることに気づき、シャンカラにこう言ったという。

このバラモンはヴィヤーサ、すなわち、ヴェーダーンタの神秘を知る者です。(57)

... mahīsuro 'yaṃ vyāso hi vedāntarahasyavettā

そこで、シャンカラは、自分の『ブラフマ・スートラ注解』が正しいとヴィヤーサに認めてもらいたいと思い、本当の姿を見せてほしいとヴィヤーサに頼んだ。そうすると、ヴィヤーサは本当の姿を見せるが、その手は「知識の印契（ムドラー）」(cinmudrā) を示していたという。シャンカラとその弟子は、恭しくヴィヤーサの両足に敬礼するが、その際、シャンカラは自分の肉体を捨てることを決心した。それは彼が聖典の注釈を書き終えたし、その注釈を弟子たちに伝授したし、また誤った教説をも論破したと思ったからである。(58) しかしながら、ヴィヤーサは不意に言う。(59)

アートマンを知っている聖者のうちで、最も優れている者よ、汝によって作られた注釈の著作から生じる、明白で深遠な喜びが、汝に徳を与えるようにと〔私を〕促しています。
prasannagambhīrabhavatpraṇītaprabandhasaṃdarbhabhavaḥ praharṣaḥ/
protsāhayaty ātmavidāṃ ṛṣīṇāṃ vareṇya viśrāṇayituṃ varaṃ te//

八年の寿命〔だけ〕が、創造者によって、汝に与えられました。さらに、もう八〔年〕が〔汝の〕知性をとおして、汝によって獲得されました。バヴァ〔シヴァ神〕の命令によって、さらに、汝に一六〔年の寿命〕が与えられますように。太陽、月、それに星が〔存在する〕かぎり、この注解が存続しますように。
aṣṭau vayāṃsi vidhinā tava vatsa dattāny anyāni cāṣṭa bhavatā sudhiyā ’rjitāni/
bhūyo ’pi ṣoḍaśa bhavantu bhavājñayā te bhūyāc ca bhāṣyam idam āravicandratāram//

シャンカラと聖仙ヴィヤーサとの出会いについて、シャンカラの伝説的伝記は歴史的な出来事のように描いているが、現実にはありえないことである。しかし、インドの伝統においては、ヴィヤーサはことのほか、長生きする「長寿の者」（cirajīvin）とみなされているので、両者の出会いがあまり不自然なものとは感じられていない。

一般的に、シャンカラ派の信者たちのあいだでは、シャンカラは三二年間生きたと信じられているし、インド哲学の研究者たちのあいだでも、一応、シャンカラが三二歳で亡くなったことは受け入れられている。シャンカラが『ブラフマ・スートラ』に対する注解を執筆するようになったのも、『シャンカラの世界征服』によれば、シヴァ神の命令によるものであった[60]。しかし、シャンカラの寿命がシヴァ神の命令にもとづいて延長されたというこの記述は、シャンカラがただ単なる優れた聖者であったのではない、というシャンカラ派における在家信者たちの信仰の一端を象徴的に物語っている。

今日、シャンカラ派では、シャンカラの著作がヴェーダ聖典の本義を適確に述べたものとして理解され、悟りあるいは救いへの指針を示す聖典的な意義を担っている。シャンカラに伝統的に帰せられている讃詩が、シャンカラ派における在家者の信仰において、救いへの指針となる聖典となっている。それに対して、『ブラフマ・スートラ注解』をはじめ諸々の哲学文献は、出家遊行者の信仰において、解脱への指針となる聖典として受けとられている。シャンカラの代表的な著作『ブラフマ・スートラ注解』の正当性が聖仙ヴィヤーサによって認められたとの伝承は、シャンカラの著作のもつ聖典的な意義に対して、なお一層、確かな宗教的意味づけを付与することになっている。また、シャンカラの『ブラフマ・スートラ注解』が、彼が出家遊行者になってから執筆されたものである、という伝承は、その著作がブラフマンの本質を探求する出家遊行者にとって、解脱への指針を示す聖典であるという意義をもっていることを示唆している。

四　伝承にみる具体的な出家遊行とその思想——シャンカラの伝説的伝記をめぐって

本節では、前節における考察を踏まえて、具体的な出家遊行のあり方とその思想について考察したい。そのための具体的なデータとして、前節と同じように、シャンカラ派の伝統において尊重されているシャンカラの伝説的伝記(『シャンカラの世界征服』)を取り上げ、その文献における記述をおもな手がかりとしながら、出家遊行の信仰的慣習や思想について、検討を進めていくことにしたい。今日、シャンカラ派においては、同書はシャンカラの生きた時代における信仰や慣習を描写しているとみなされている。スマールタ派の人びとにとっては、その内容がかなり規範的な意味あいをもっている。

出家遊行の二類型

シャンカラの伝説的伝記においては、「出家遊行者」(saṃnyāsin)は、parivrājaka(遊行者)、yati(自制者)、

bhikṣu（乞食者）、muni（聖者）、daṇḍin（杖をもつ者）、yogin（神秘的な力をもつ者）、śramaṇa（沙門）などと記されている。これらの語彙は本来、明らかに出家遊行の特殊な側面を指し示すものであったが、次第に実質的に「出家遊行者」の語の同義語となった。

伝承によれば、シャンカラは弟子のパドマパーダに、出家遊行の二類型について語ったという。すなわち、

　この出家遊行は、二種類から成ると言われる。〔それらは〕真理を悟った者の〔出家遊行〕とそれ〔真理〕を悟ろうとする者の〔出家遊行〕である。[61]

　dvidhā hi saṃnyāsa udīrito 'yaṃ vibuddhatattvasya ca tadbubhutsoḥ/

『ディンディマ』（*Ḍiṇḍima*）と題する『シャンカラの世界征服』の注釈において、ダナパティ（Dhanapati）は、「真理を悟った者」（vibuddhatattva）の出家遊行を「〔ブラフマンを〕知る者の出家遊行」（vidvat-saṃnyāsa）として、また、「それ〔真理〕を悟ろうとする者」（tadbubhutsu）のそれを「明知への希求にもとづく出家遊行」（vi-vidiṣā-saṃnyāsa）として注解している。[62] こうした区分は、本章の第一節において論じたように、シャンカラの哲学文献においても明示されている。シャンカラの伝説的伝記の中では、シャンカラは明らかに前者のタイプの出家遊行者として記されている。

パラマハンサ出家遊行者の特徴

出家遊行者のあり方は、しばしば、「クティーチャカ」（kuṭīcaka）、「バフーダカ」（bahūdaka）、「ハンサ」（haṃsa）、「パラマハンサ」（paramahaṃsa）の四段階に分けられる。前の三段階の出家遊行者は、聖紐（upavīta）とシカー（śikhā　髪の束）という、いわゆる祭祀的行為（カルマン）の印をいまだにもっているのが特徴である。

そのことは、世俗の束縛から完全に解き放たれていないことを意味している。一方、最高位にあるのがパラマハンサ出家遊行者である。しかし、南インドにおけるスマールタ派の伝統においては、前の三段階の出家遊行者のことは、全く考慮されてはいない。事実、『シャンカラの世界征服』の中でも、聖紐とシカーをもっていない「パラマハンサ出家遊行者」(paramahaṃsa-parivrājaka, paramahaṃsa-saṃnyāsin)のことだけが言及されている。この名称はシャンカラに対して使われているだけであって、vidvat-saṃnyāsin であるとはいっても、彼の弟子たち、すなわち、パドマパーダ(Padmapāda)、スレーシュヴァラ(Sureśvara)、トータカ(Toṭaka)、ハスターマラカ(Hastāmalaka)に対しては使われていない。パラマハンサ出家遊行者の特徴は、シャンカラに関する記述の中に象徴的に表現されている。

孤独という配偶者に満足し、たまたま供給されるものによって自分の身体を維持し、身体に関連した自我意識〔「私」という意識〕を捨てて、シャンカラは自分の心の中で、シヴァ〔すなわち、絶対的ブラフマン〕と一つになった。[63]

vijanatāvanitāparitoṣito vidhivitīrṇakṛtātmatanusthitiḥ/
pariharan mamatāṃ gṛhagocarāṃ hṛdayagena śivena samaṃ yayau//

この叙述にみられる、孤独、たまたま供給されるものだけによる身体の維持、自我意識の捨離、絶対的ブラフマンとの一体化は、パラマハンサ出家遊行者の特徴である。孤独とは自分の家や村とともに、子ども、友人、家族および親戚を捨てて、自分自身以外のだれにも依存しないことである。[64] たまたま供給されるものとは、乞食をとおして得られる在家信者の布施のことである。

彼〔シャンカラ〕は、アートマンが行為することなく、不変であることを悟ったけれども、旅人たちといっしょに、道中、移動しながら、〔シャンカラ〕は世俗的な仕方で、甘い果物を食べたり、水を飲んだり、歩いたり、座ったり、横になったり〔すなわち、眠ったり〕、また、起きたりした。(65)

ātmānam akriyam apavyayam īkṣitā 'pi pānthaiḥ samaṃ vicalitaḥ pathi lokarītyā/
ādat phalāni madhurāṇy apibat payāṃsi prāyād upāviśad aśeta tathodatiṣṭhat//

シャンカラのように生身解脱者と呼ばれる出家遊行者ですら、生きているかぎりは、身体を維持するために、日常的な行為を行なわなければならない。しかし、「私」の意識をもっていないので、そうした日常的な行為によって影響を受けることが全くないし、世俗的な望みをもつこともない。

出家遊行期への進みかた

シャンカラの伝説的伝記（『シャンカラの世界征服』）では、出家遊行期（saṃnyāsāśrama）への進みかたに、二通りの可能性が記されている。それらは、家住期（gārhasthya）から出家遊行期へ進むというものと学生期（brahmacarya）から出家遊行期へ進むというものである。これら二つのうち、前者の場合が一般的であることは、シャンカラの母親が出家しようとするシャンカラに対して言ったという、次の言葉によって示唆されている。すなわち、「家住者になっておくれ。息子を得て、供犠をしておくれ。その後で、出家遊行者になれるのよ。これが、善なる人びとにとって定められた順序なのよ(66)」。

しかしながら、すでに述べたように、シャンカラは家住者にならないで、学生期からすぐに出家遊行期へと進んだ。シャンカラの場合と同様に、現代のシュリンゲーリ僧院の伝統においては、世師の後継者はすべて、学生期から直接的に出家遊行期に入ることが伝統になっている。シャンカラの伝説的伝記によれば、こうした出家遊行のしかたは、ヴィヤーサによって認められているという。[67] また、出家遊行する時期も個人次第であるといわれる。同じシャンカラの伝説的伝記の中で、シャンカラの父親であるシヴァグルは、彼が学生期にあったとき、自分の師に、次のように言ったという。

先生、たしかに、そのとおりです。師からヴェーダを学んだ者は、家住者になるのであって、その他の住期には入らない、という定則はありません。〔世俗のことがらから〕超脱している、識別力のある者は、乞食僧(bhikṣu)の段階に入ります。そうでない場合には、家住者になります。それが、公共の大道〔すなわち、一般的に辿られる道〕なのです。[68]

satyaṃ guro na niyamo 'sti guror adhītavedo gṛhī bhavati nānyapadaṃ prayāti/
vairāgyavān vrajati bhikṣupadaṃ vivekī no ced gṛhī bhavati rājapadaṃ tad etat//

この脈絡から言えば、学生であれ家住者であれ、世俗の事柄から超脱している者は、出家遊行に入ってもよいのである。ちなみに、シャンカラはその哲学文献において、『ジャーバーラ・ウパニシャッド』[69] (*Jābalopaniṣad*) を引用しながら、漸次的な進みかたと任意的なそれの両方を正当化している。

出家遊行者の信仰と慣習

シャンカラの伝説的伝記における出家遊行者の信仰や慣習に関する記述にもとづいて、伝統的な出家遊行者の大体のイメージを再構築することができるが、次にそうしたイメージについて考察したい。

1　出家遊行後の改名

まずはじめに、出家遊行者になると、師によって出家名が与えられる習慣がある。たとえば、マンダナ・ミシュラ（Maṇḍana-miśra）は、シャンカラによってスレーシュヴァラ（Sureśvara）の名が与えられた。(70) ギリ（Giri）の出家後の名であるトータカ（Toṭaka）は、彼がはじめてシャンカラに近づいたとき、トータカの韻律を使って詩句を詠んだことに由来している。(71) それと同様に、サナンダナ（Sanandana）はパドマパーダ（Padmapāda）、すなわち「蓮華足をした者」と名づけられた。それはサナンダナがはじめてシャンカラのところへ来たときに、川を渡ったが、蓮華の上に足を置いて渡ったためである。(72) このように、出家遊行後に改名することは、それ以前のライフスタイルや世俗からの完全な超脱を含意している。

2　出家遊行者の容姿

出家遊行者の容姿について、『シャンカラの世界征服』は、このように記している。

淡赤色の布で身体を纏った、出家遊行者の王〔シャンカラ〕は、夕暮どきの赤い雲に覆われた雪山〔ヒマラヤ山〕の峰のように輝いていた。(73)

channamūrtir atipāṭalaśāṭipallavena ruruce yatirājaḥ/
vāsaroparamaraktapayodācchādito himagirer iva kūṭaḥ//

この〔秋の〕季節は、灰で月光色に身体を塗り、月の円盤のような水壺（kamaṇḍalu）できらきら輝き、また、身体にはバンドゥジーヴァの花のような赤い衣を纏っている出家遊行者のようである。(74)

candrikābhasitacarcitagātraś candramaṇḍalakamaṇḍaluśobhī/

bandhujīvakusumotkaraśāṭīsaṃvṛto yatir ivāyam anehāḥ//

〔シャンカラの師ゴーヴィンダが、シャンカラに言う。〕

灰に似た花粉をもち、衣服に似た葉をもち、数珠に似た〔輪になって群がる〕蜜蜂をもち、さらに、水壺（kamaṇḍalu）に似た、茎から生じる芽をもっている、これらの木々は、出家遊行者のようである。(75)

reṇubhasmakalitair dalaśāṭī saṃvṛtaiḥ kusumalidjapamālaiḥ/

vṛntakuḍmalakamaṇḍaluyuktair dhāryate kṣitiruhair yatitaulyam//

これらの引用文は、淡赤色の布を身に纏い、身体に灰を塗り、水壺をさげて、数珠をもっている「杖をもつ者」（daṇḍin）たる出家遊行者のイメージを明示している。また、すでに述べたように、出家遊行者は聖紐とシカー（髪の束）を捨てることによっても特徴づけられる。(76) シャンカラは、たとえば、『ジャーバーラ・ウパニシャッド』の一節を引用して、出家遊行者は「色のない衣服を身に纏う」（adrohī）と述べているが、(77) シャンカラの伝説的伝記では、淡赤色の衣服を身に纏うと記されている。出家遊行者が身体に塗る灰は、いわゆるトリプンドラ（tripuṇḍra）であり、一般的にはシヴァ派の特徴としてみなされている。(78)

3　出家遊行者の「日常の儀礼」

『シャンカラの世界征服』は、出家遊行者が行なう日々の儀礼をはじめ、その日常生活について、たくさんの記述がある。シャンカラとその弟子たちは、一日に三回、すなわち、夜明け、正午それに夕方に、「定時の儀礼」（karma niyataṃ）である「日常の儀礼」（āhnika）を行なっていると描かれている。(79) たとえば、このシャンカラは、儀規（vidhi）にしたがって、日常の儀礼を行なおうと思って、彼の弟子たちといっしょに、蓮華や睡蓮の花粉塵で赤くなっているガンジス河へ、正午に出かけた。(80)

śaṃkaro divasamadhyamabhāge paṅkajotpalaparāgakaṣāyām/
jāhnavīm abhiyayau saha śiṣyair āhnikaṃ vidhivad eṣa vidhitsuḥ//

それから、出家遊行者のうちで、最も偉大な者〔シャンカラ〕は、彼の弟子たちといっしょに、ガンジス河で明け方早くに、儀規にしたがって日常の儀礼を終えてから、その岸辺で瞑想（nididhyāsana）に没頭した。(81)

atha dyunadyām uṣasi kṣamīndro nirvartya nityaṃ vidhivat sa śiṣyaiḥ/
tīre nididhyāsanalālaso 'bhūd

これらの文章から明らかなように、出家遊行者も「儀規」（vidhi）にしたがって、日常の儀礼や瞑想（nididhyāsana）、すなわち、自らの本質の探究を実践している。さらにシャンカラは、解脱を求める者は「独居して」（rahasi）「ただ一点にだけ、心を集中して瞑想すること」（ekānta）を実行すべきであると説いたと言われている。(82)

4　師の重要性

出家遊行の伝統においては、解脱を希求する者にとって、解脱へ導くことのできる師の存在が不可欠である。『シャンカラの世界征服』によれば、

〔シャンカラはシヴァ神に言う。〕
聖なる師の慈悲がなければ、聖典から何を(83)〔得ることができるだろうか〕。

… śāstrāt kim iha yadi na śrīgurukṛpā

この点については、同書の記述は、解脱に到達するためには、優れた師が必要であると考えているシャンカラの思想と一致している。また、同書には、シャンカラが弟子たちに対して、聖典に関する自分の注解を説明する様子が描かれている。

ある日、シャンカラは、太陽が空の真中に達するまで、『ブラフマ・スートラ』に関する注解を教えて、多くの弟子たちの疑問を解きながら、天界のような〔ガンジス〕河畔に留まっていた。[84]

sa jātu śārīrakasūtrabhāṣyam adhyāpayann abhrasaritsamīpe/
śiṣyālīśaṅkāḥ śamayann uvāsa yāvan nabhomadhyamito vivasvān//

聖典の真の意味は、師の教示をとおしてはじめて理解することができる。もしも師の存在がなければ、聖典の言葉を知っていても、それだけでは不十分なのである。

5　出家遊行者の日常的な慣習

出家遊行者の日常的な慣習としては、乞食のために、正午に家々を訪れることである。

〔パドマパーダは、彼の親戚の者に言う。〕
乞食者すなわち出家遊行者は、聖典に関して、大きな声で論じたり、あるいは心を集中して、声高にマントラを唱えたりするけれども、正午になって、空腹の炎が燃えるとき、毎日、家住者の家へ出かける。[85]

uccaiḥ śāstraṃ bhāṣamāṇo 'pi bhikṣus tāraṃ mantraṃ saṃjapan vā yatātmā/
madhyeghasraṃ jāṭharāgnau pradīpte daṇḍī nityaṃ gehino geham eti//

出家遊行者は聖典を学習した後、一日に一回、正午に乞食する、と描かれている。シャンカラの伝説的伝記によれば、出家遊行者の苦行（tapas）の徳の半分は、自分自身のためであり、あとの徳の半分は「食物を布施する者のため」（dadato 'nnam）であるという。[86] また、出家遊行者は「他の人びとの繁栄のために」（paropakārāya）遊行生活をしている、と考えられている。[87]

6　雨期における出家遊行者の生活

出家遊行者はふつう定住することはない。ところが、一時的に宗教的な宿に滞在することが許されている。たとえば、シャンカラの伝説的伝記には、「出家遊行者は、他の人びとによって建てられた僧院（maṭha）や寺院（devatāgṛha）に滞在し、その後、確実にそこを離れる」[88]と記されている。ただし、遊行生活に適さない雨期の期間だけ、出家遊行者は二、三日以上長いあいだ、一ヶ所に滞在する。しかし、雨期が終わると再び遊行生活に入る。こうした伝統的な慣習は、インド仏教の伝統における、いわゆる「安居」（vārṣika）と呼ばれる慣習とパラレルをなしている。

〔シャンカラの師ゴーヴィンダは、シャンカラに言う。〕
偉大な者たち〔すなわち出家遊行者たち〕は、精神集中（dhāraṇā）などに、また、聴聞（śravaṇa〔聖典の教えを〕聞くこと）などに、雨期の日々を過ごした後、今や、彼らの蓮華足の埃塵で〔世界を〕浄めながら、世界を遊行する。[89]

dhāraṇādibhir api śravaṇādyair vārṣikāṇi divasāny apanīya/
pādapadmarajasā 'dya punantaḥ saṃcaranti hi jaganti mahāntaḥ//

この引用文の中で、「聴聞など」(śravaṇādi)の「など」(ādi)の語は、ヴェーダーンタ哲学伝統において、「聴聞」(śravaṇa)の語で始まる合成語、すなわち、「聴聞・思惟・瞑想」(śravaṇa-manana-nididhyāsana)という修行法を示している。雨期の四か月の期間(cāturmāsya)は、河川が増水したり、道がぬかるんだりして、遊行の旅をするには不便であるので、この期間は弟子たちにとって、師の許で長期間にわたって、修行を行なう良い機会である。シュリンゲーリ僧院の伝統においては、雨期が終わって、出家遊行者たちが遊行し始めることのできる日が決められており、それは伝統的に「サンニヤーシナーム・シーモールランガナム」(saṃnyāsināṃ sīmollaṅghanam「出家遊行者の越境」)と呼ばれている。その決められた日に、出家遊行者たちは雨期のあいだ、滞在していた住居を離れるが、それは具体的には、シュリンゲーリ僧院の中を流れるツンガ川——シュリンゲーリ伝統のスマールタ派の信者たちは、南インドのガンジス河と呼んでいる——を渡るという行為によって、儀礼的に表現されている。その日はまさに出家遊行者たちの遊行生活の再開を意味している。

シャンカラの伝説的伝記(『シャンカラの世界征服』)における記述をとおして、出家遊行者の信仰と慣習について考察してきたが、大半の記述はシャンカラの出家遊行論と一致している。シャンカラは、バラモンだけが出家遊行者になることができると考えていた。この点について、同書には、特に記述されてはいないが、少なくともバラモン以外の出家遊行者のことは全く描かれてはいない。また、その文献の中に登場する人物はすべて、神々の化身であり、バラモンすなわちシャンカラ派の宗教伝統に引きつけて捉えると、スマールタ派社会を構成すると描かれている。

また注目すべき点は、世俗社会を超脱している出家遊行者、すなわち、シャンカラとその弟子たちが一定の「儀規」にしたがって、日常の儀礼などを行なったという記述である。ここでいう儀規は、仏教の僧伽（サンガ）における行為上の規範たる戒（śīla）を想起させる。それは出家遊行者が集まって修行するのに必要で自発的な規範である。その内容は、どうしても遵守しなければならない、家住者によって守られるべきダルマ（法）とはちがって、他から強制されるものではなく、あくまでも解脱という究極的な目標への到達を手助けするものである。

シャンカラの出家遊行論の観点からみれば、出家遊行とは一言でいえば、家族および、家族の者に対する思いを捨離して、世俗との絆を断ち切ることである。ところが、シャンカラの伝説的伝記においては、シャンカラが出家遊行後も、ずっと母親との心の絆をもち続け、母親の死に際して葬儀を行なったと記されている。このエピソードでは、いわゆる母親によって、世俗社会との結びつきが象徴的に示されている。このことは、出家遊行の宗教思想とその具体的な現象形態とのあいだに、ずれが存在していることを示唆している。この点はおそらく、シャンカラ派の宗教伝統における具体的な出家遊行の思想と信仰現象の本質を理解するうえで、最も注目すべき点の一つであろう。この問題点については、次章において、現代のシャンカラ派における出家遊行の具体的な現象をめぐって、さらに考察を掘り下げることにしたい。

註

（1）TT, p.161.

（2）Joël André-Michel Dubois, *The Hidden Lives of Brahman: Śaṅkara's Vedānta through His Upaniṣad Commentaries, in Light of Contemporary Practice*, Albany: State University of New York Press, 2013, p. 291.

（3）Daniel H. H. Ingalls, “Śaṃkara's Arguments Against the Buddhists,” *Philosophy East and West*, 3, no. 4（1954）: 295.

この点との関連において、シャンカラが『ブリハッド・アーラニヤカ・ウパニシャッド』を最も重要な『ウパニシャッド』とみなしている点に注意することは大切である。パウル・ドイッセンは、シャンカラの『ブラフマ・スートラ注解』に引用されている『ウパニシャッド』の数を数えた。それによると、『チャーンドーギヤ・ウパニシャッド』八一〇、『ブリハッド・アーラニヤカ・ウパニシャッド』五六七、『タイティリーヤ・ウパニシャッド』一四二、『ムンダカ・ウパニシャッド』一二九などであった。そのほか、ヴェーダ聖典からの引用もたくさんあるが、『ウパニシャッド』からの引用に比べると、その数ははるかに少ない。さらに、『ヴェーダ』以外の文献（『バガヴァッド・ギーター』五六、『マハーバーラタ』三四）も引用されている。

文献の引用回数が示しているように、シャンカラにとって、すべての古ウパニシャッドは、たしかに重要なものであるが、なかでも『チャーンドーギヤ・ウパニシャッド』と『ブリハッド・アーラニヤカ・ウパニシャッド』が特に真理探究のための主要文献になっている。『ブラフマ・スートラ』自体もまた、これら二つの『ウパニシャッド』を特に強調しており、『チャーンドーギヤ・ウパニシャッド』を一二七回、『ブリハッド・アーラニヤカ・ウパニシャッド』を五七回引用している。

しかしながら、『ブラフマ・スートラ』は、その原初形態において、特にサーマ・ヴェーダ所属の『チャーンドーギヤ・ウパニシャッド』を中心として、それらの解釈や学説を要約・整理して、一つの体系にまとめたものと考えられ、シャンカラの『ブラフマ・スートラ注解』における『チャーンドーギヤ・ウパニシャッド』の引用回数は、『ブラフマ・スートラ』自体における頻繁な引用度に必然的に影響を受けていると思われる。こうした点からみれば、『ブリハッド・アーラニヤカ・ウパニシャッド』の引用回数がきわめて多いことは明らかである。また、シャンカラの『ブリハッド・アーラニヤカ・ウパニシャッド注解』の長さが、『チャーンドーギヤ・ウパニシャッド注解』のそれよりも長いという事実も注目に値する。これらのデータは、シャンカラが『ブリハッド・アーラニヤカ・ウパニシャッド』を最も尊重していたことを示唆するものである。

Cf. Paul Deussen, *The System of the Vedanta,* trans. Charles Johnston（New York: Dover Publications, Inc., 1912）, pp.30-31.

（4）BSBh, III.iv.27, p.804.

（5）GBh. upodghāta, p.1.

（6）BSBh.I.ii.17, p.181. Paul Hacker, “Eigentümlichkeiten der Lehre und Terminologie Śaṅkara's,” *Zeitschrift der deutschen Mor-*

gendländischen Gesellschaft 100（1950）: 249. シャンカラの語彙は avidyākāmakarman であるが、それは三通りの相違釈（dvandva）を成している。前田専學『ヴェーダーンタの哲学――シャンカラを中心として』（サーラ叢書24）平楽寺書店、一九八〇年、二五六頁参照。

（7）Upad. I.xvi.71, p.129.

（8）GBh, XVIII.10, p. 261.

（9）BSBh, III.iv.26, p.802.

（10）GBh, III.4, p.108.

（11）GBh, XII.12, p.184.

（12）GBh, V.26, p.96. シャンカラが「諸行為（カルマン）の中に、無行為（アカルマン）だけをみる」（karmasu akarmaiva paśyataḥ）カルマンの実修者を「比喩的」（gauṇa）に出家遊行者とみなしている点については、拙稿「出家遊行――シャンカラの不二一元論ヴェーダーンタ哲学をめぐって」（楠正弘編『解脱と救済』平楽寺書店、一九八三年）三六五―三六六頁を参照されたい。ちなみに、マーコーレルはシャンカラの出家遊行論の中でも、その内面性に焦点を当てながら、シャンカラの哲学を考察している。Cf. Marcaurelle, Roger, *Freedom Through Inner Renunciation: Śaṅkara's Philosophy in a New Light.* Albany: State University of New York Press, 2000.

（13）カルマンの場合と同様、シャンカラはバクティ（bhakti）も解脱のための漸次的な準備段階にあるとみなしている。つまり、「バクティの実修」は、ジュニャーナを獲得するための根拠を準備するばかりでなく、バクティの当然の高まりとして、ジュニャーナへと展開する可能性を保持している。バクティもカルマンと同様、直接に解脱へ導くわけではない。けれども、シャンカラの哲学のスキームにおいては、バクティとジュニャーナとのあいだに、カルマンとジュニャーナとのあいだに存在するような対立関係は存在しない。それは、シャンカラが『ギーター注解』（VIII.22, p.234）において、次のように記していることからも頷ける。

しかし、彼［最高の人格（paraḥ puruṣaḥ）］は、その対象としてアートマンをもつ知識（ジュニャーナ）によって特徴づけられる専心的なバクティによって獲得されるべきである。（... sa bhaktyā labhyas tu jñānalakṣaṇayā 'nanyayā 'tmaviṣayayā）

『ギーター注解』のXII.20（p.188）においても、シャンカラは「最高のジュニャーナ（知識）によって特徴づけられるバクティ」（paramārthajñānalakṣaṇāṃ bhaktim）について述べ、いくつかの箇所（VIII.22, XVIII.54, 55）では、バクティをジュニャーナと解釈している。このように、シャンカラはバクティをジュニャーナに引きつけて理解しようとしている。実際、彼はバクティと出家遊行との関連について論述してはいないが、彼のいうバクティは、少なくとも出家遊行という生きかたに抵触するものではない。

（14）拙稿「出家遊行」（楠正弘編『解脱と救済』）三六八—三六九頁。
（15）GBh, II.21, p.19.
（16）BUBh, IV.iv.22, p.933.
（17）*Bhagavadgītā*, III.4cd, p.46.
（18）GBh, III.4, p.47.
（19）GBh, V.12, p.90.
（20）GBh, VI.27, p.109.
（21）BSBh, III.iv.9, p.786.
（22）BSBh, III.iv.20, p.796.
（23）GBh, XIII.23, p.211. BSBh, IV.i.15, pp.849-851.
（24）GBh, XIV.25, p.226. dehadhāraṇamātranimittavyatirekeṇa sarvakarmaparityāgī.
（25）BSBh, IV.i.15, pp.850-851.
（26）BSBh, IV.i.15, p.850. śarīrapātāvadhikaraṇāt kṣemaprāptiḥ.
（27）BUBh, III.v.1, p.812, IV.v.15, p.948. Upad,II.i.2, p.191.
（28）BUBh, IV.v.15, p.948. na hi kṣatriyavaiśyayoḥ pārivrājyapratipattir asti
（29）GBh, IV.19, p.70. Cf. GBh, II.11, pp.11-12.
（30）BSBh, I.iii.38, p.280. vedaśravaṇapratiṣedho vedādhyayanapratiṣedhas tad-arthajñānānuṣṭhānayoś ca pratiṣedhaḥ śūdrasya smaryate ...
（31）BSBh, I.iii.38, p.281.

（32）ŚDV, XIII.63-64, p.470.

（33）Sureśvara's *Vārtikas*, v.1651. Cf. P.V. Kane, *History of Dharmaśāstra*,vol.II, part 2 (Poona: Bhandarkar Oriental Research Insitute, second edition: 1974), p.943.

（34）Upad, II.i.6, p.192.

（35）GBh, XIII.30, p.215.

（36）BUBh, II.v.15, p.776.

（37）BUBh, II.i.2, p.737.

（38）詳細な議論については、本書の第四章第一節を参照されたい。

（39）Upad, II.i.1; II.i.2, p.191.

（40）中村元「シャンカラ哲学の歴史的社会的立場」（宮本正尊・辻直四郎・花山信勝・中村元編『印度哲学と仏教の諸問題――宇井伯寿博士還暦記念論文集』岩波書店、一九五一年）参照。

（41）ŚDV, V.34, p.154.

（42）ŚDV, IV.106, p.137.

（43）ŚDV, V.54, p.161.

（44）ŚDV, V.55-56, p.161.

（45）ŚDV, V.61cd, p.163.

（46）ŚDV, V.65, p.165.

（47）ŚDV, V.70, p.167.

（48）ŚDV, V.71, p.167.

（49）ŚDV, XIV.48, p.483.

（50）ŚDV, XIV.49-51, pp.483-484.

（51）T. M. P. Mahadevan, *Ten Saints of India*, (Bombay: Bharatiya Vidya Bhavan, 1976), p.85.

（52）ŚDV, V.99, p.179.

(53) ŚDV, V.100-104, pp.181-184.
(54) ŚDV, V.139, p.204.
(55) Upad, II.1.2, p.191. シャンカラ『ウパデーシャ・サーハスリー』前田専学訳、岩波文庫、一九七頁。
(56) ŚDV, VII.28, p.268.
(57) ŚDV, VIII.10cd, p.263.
(58) ŚDV, VIII.50-51, p.275.
(59) ŚDV, VII.54-55, p.276.
(60) ŚDV, VI.48, p.234.
(61) ŚDV, XIV.4ab, p.473.
(62) ŚDV, XIV.4, p.473 (Ḍiṇḍima 注釈).
(63) ŚDV, V.86, p.174.
(64) ŚDV, V.145, p.206, XIV.78, p.489.
(65) ŚDV, VI.58, p.237.
(66) ŚDV, V.56, p.161.
(67) ŚDV, VII.43, p.272.
(68) ŚDV, II.15, p.34.
(69) "*Jābālopaniṣad*, IV" in *Thirty-two Upaniṣads* (Poona: Anandasrama Sanskrit Series No.29, 1895), pp.242-244.
(70) ŚDV, X.104, p.410.
(71) ŚDV, XII.79, p.454, XII.82, p.456.
(72) ŚDV, VI.71, p.241.
(73) ŚDV, V.108, p.186.
(74) ŚDV, V.146, p.206.
(75) ŚDV, V.150, p.207.

（76）ŚDV, VIII.14, p.299.
（77）BSbh, III.iv.20, p.796.
（78）ŚDV, IV.58, p.112. 第三五代の世師アビナヴァ・ヴィドヤー・ティールタは、筆者とのインタビューにおいて、それらの印はただ単に伝統的なものであり、宗派的な意味あいがないことを強調した。
（79）ŚDV, VIII.4, p.296, VIII.57, p.312.
（80）ŚDV, VI.24, p.224.
（81）ŚDV, XVI.54abc, p.588.
（82）ŚDV, VI.42, p.231.
（83）ŚDV, VI.43a, p.232.
（84）ŚDV, VII.1, p.258. Cf. ŚDV, VI.65, p.239.
（85）ŚDV, XIV.95, p.492.
（86）ŚDV, XIV.96, p.492.
（87）ŚDV, XIV.87, p.490.
（88）ŚDV, XIV.82cd, p.489.
（89）ŚDV, V.151, p.208.

第九章　シャンカラ派における具体的な出家遊行とその思想

本章は、近代および現代のシュリンゲーリ僧院における出家遊行者、特に世師（jagadguru）の出家遊行の具体的なプロセス、および、その中に込められている宗教思想を考察しようとするものである。ここで扱う主要な資料は、筆者のフィールドワークの成果のほかに、シュリンゲーリにおける出家遊行の慣習に精通しているスマールタ派信者が書き誌した記録や逸話集などの文献である。

一　出家遊行の現実とそのプロセス

ごく稀な出家遊行

筆者が滞在した一九八二―八三年には、出家遊行者は、年長の世師（サンスクリット語 mahāsaṃnidhānam、カンナダ語 Dodda Gurugaḷu「年老いた師」の意）と若い世師（サンスクリット語 saṃnidhānam、カンナダ語 Chikka Gurugaḷu「若い師」の意）を含めても、たった三人であった。宗教学者のデュボアが一九九八―九九年に、シュリンゲーリに滞在したときには、彼は世師以外に、三人の出家遊行者に出会っただけだという。このように出家遊行者の人数が少ないということは、出家遊行の生活がどれほど辛いものであるかが、スマールタ派の人びとによって、よく認識されていることを暗示している。スマールタ派信者であるK・アイヤーは、この点について次のように記している。

ウパニシャッドにおいて述べられ、シャンカラ師によって説明された人生の目標は、個人のたましいにとっては、自分の限定的な個性を除去して、自分と絶対的実在との一体性を悟ることである。この理想は、大変高い位置に定められているので、ごく一般の人はそれに到達できそうもないと考えているきらいがある。その主題を扱っているウパニシャッド、ギーター、さらに、その他の聖典ですら強調していることは、それに到達しようと努力するのは、一〇〇万人いれば、その中のたった一人ぐらいにすぎないし、また、その努力が報いられる人は、さらに、はるかに少ないということである。(1)

アイヤーが述懐しているように、出家遊行をとおして絶対的実在との一体性を悟るということは、ごく限られた者にとっては可能であっても、日々の生活に追われる一般大衆にとっては到底、無理なことである。シュリンゲーリの伝統においては、世師は人が出家遊行に入りたいと希望したとしても、その人に対して、ほとんど出家遊行を許可することはない。アイヤーはさらに言う。

退職して、かなり敬虔な生活を送っていたある紳士が、老後は、ただ宗教的なものだけを求めて過ごしたいと思い、出家遊行してもよい、という世師の慈悲深い許可を得ようとの思いから、シュリンゲーリへ行った。その人は、息子にはすべて教育を受けさせたし、娘たちもそれぞれ相応しい結婚をしたので、だれにも迷惑をかけることなく、出家遊行することができますと、世師に言った。世師は、その人を見て、このように言った。「しかし、あなたは、まだ子どもに対して、強い感情を抱いているように思います。遅かれ早かれ、それに打ち勝った後で、出家遊行については考えなさい」。その紳士は頭を下げ、世師の意見に従った。その人が世師の許可を求めていたときでも、その人の末の息子が、教育は受けたものの、まだ結婚しておらず、依然として就職していないという、ほとんど無意識的な思いが、その人の心の中にあったらしい。世師は、その心をたやすく読みとったのである。[2]

こうした具体例からも明らかなことは、たとえ人が出家遊行を望んだとしても、その人の心の中に、世俗社会に少しでも愛着がある場合には、世師は出家遊行を許さないということである。出家遊行者としての資格があるか、それともないのかを判断するのに、世師はその人の家族や社会との絆あるいは結びつきを考慮に入れている。

出家遊行のプロセス

アイヤーは実際、彼自身の父親が出家遊行したときのプロセスを記している。彼の父親は、一九二一年、シュリンゲーリで出家遊行者になり、出家遊行後の名をシュリー・ラーマーナンダ・サラスヴァティー（Śrī Rāmānanda Sarasvatī）といった。彼は「まったく世師の言うがままに処した」という。世師である第三四代のシャンカラーチャーリヤ（チャンドラシェーカラ・バーラティー）は、ツンガ川の南岸側に位置する自分の住居の近くに、一室をアイヤーの父親のために与えた。そこで、彼は静かに沐浴やプージャーをしたり、いろいろな学習をしたり、また休むこともできた。彼は僧院で食事をするように、と言われた。世師は「彼が出家遊行の生活期（アーシュラマ）の意味あいに、十分に通暁することができるように、真の出家遊行生活の資格、義務それに責任を詳述した文献のすべてを入手できるかぎり」用意してくれたという。[3] 世師は自分自身で、アイヤーの父親を「出家遊行の生活期」（saṃnyāsāśrama）へといざなったのではなく、毎日行なっていた『バガヴァッド・ギーター』に関する講義に出席することを許可したりして、出家遊行前の予備的な修行を指導した。こうした世師の意向について、アイヤーは次のように記している。

彼〔アイヤーの父親〕が聖なる秩序〔すなわち、出家遊行の生活期〕に入るまえに、彼は見習いと準備の期間をもつべきであると、世師は明らかに思っていた。すなわち、彼は出家遊行が容易なことであるとの考えをもってはならないし、また、その重い責任を理解するようにしなければならないのである。彼はまた、この準備的な修行の有効性を深く理解していた。(4)

アイヤーの父親が、彼の親友からその娘の結婚式に招待されたとき、彼は「私が、ここ〔シュリンゲーリ〕に来て滞在している目的は、ただ出家遊行にある。私は結婚式とどういう関係があるのだろうか」と思って、それに出席しようとは思わなかった。しかし、世師はそういう彼に言った。

もしも、あなたがそのこと〔世俗の事柄に対する無関心〕に確信がもてるのであれば、あなたはこれ〔結婚式への招待〕を世俗の影響の訴えに耐えることができるという自分の能力を試す絶好の機会として受け取ったらよいでしょう。もしも、あなたがこの試験に見事に合格すれば、あなたの出家遊行のために段取りを進めることにしましょう。(5)

彼がシュリンゲーリへ戻ってくるとまもなく、出家遊行のための吉祥な日が世師によって定められた。シャンカラの著作には、出家遊行を望む者のために、このような予備的な修行期間のことは、一切述べられていないが、この準備期間はシャンカラ派の宗教伝統において、出家遊行を望む者がほんとうに出家遊行者としてやっていけるのかを判断するために、実際の必要性に応じて採用されたものであろう。

アイヤーの父親は、家住期から出家遊行期に進んだが、筆者が滞在した一九八二―八三年当時、出家遊行者であったヨーガーナンダ・バーラティー（Yogānandabhāratī）は、一九七四年に先代の世師から予備的な許可を得た後、一九七六年六月二二日、学生期から出家遊行期に進んだという。ヨーガーナンダ・バーラティーは、出家遊行期へのイニシエーションとその他の慣習が、およそ一二〇〇年前、シャンカラの時代に行なわれていたように行なわれ、また今日の世師がまさに「アーディ・シャンカラーチャーリヤ〔初代シャンカラ師〕自身」であると信じていた[6]。

シュリンゲーリの伝統において、注目すべき点は、世師は自分の後継者だけに対して、出家遊行のイニシエーションを行なうということである。ちなみに、ウィリアム・センクナーによれば、世師が自ら師として、個人的に出家遊行期へといざなうことができるのは、自分自身の後継者だけであって、それ以外の人に対しては、自ら師となって出家遊行させてはならないという慣習は、ジュヨーティル僧院とカーンチー僧院においてもみられるという。ただし、プリー僧院においては、世師はブラフマチャーリンの段階で後継者を選ぶのではなく、適任と思われる家住者を後継者として選ぶという[7]。アイヤーは言う。

出家遊行者は、新しい入門者に対して、マハーヴァーキヤ・ウパデーシャ（Mahavakya Upadesa「大文章の教示」の意）を与える必要がある。ところが、僧院の長が自分の後継者に指名した者以外の者に対して、そのウパデーシャを与えることは、シュリンゲーリ僧院における慣習ではなかったので、世師はその時に、シュリンゲーリにいて、世師の許でヴェーダーンタの聖典を学んでいた、ネーラマヴ僧院の世師カマラーナンダ・ナラシンハ・バーラティー（Kamalānandanarasiṃhabhāratī）が、世師チャンドラシェーカラ・バーラティーに、私の父にイニシエーションを与えてほしい、と依頼した[8]。

カマラーナンダ・ナラシンハ・バーラティー

ラ・バーラティーが自ら、イニシエーション（dīkṣā）を与えるべきであると言ったところ、世師は、このように述べたという。

そうかもしれません。しかし、シュリンゲーリ僧院においては、その僧院を継承する次の者だけにイニシエーションを与えるという、長い間、守られてきた慣習があります。それは、当人以外の者には与えられないのです。(9)

その言葉を聞いて、カマラーナンダ・ナラシンハ・バーラティーは世師の願いに同意したので、すべての準備の儀礼が一日で行なわれ、翌日、アイヤーの父親はシュリンゲーリ僧院の中にある第三三代の世師の寺院の前で、カマラーナンダ・ナラシンハ・バーラティーによって、出家遊行期へとイニシエートされたのである。ところが、今日では、シュリンゲーリ僧院の伝統において、出家遊行者ヨーガーナンダ・バーラティーが世師によって出家遊行者になったという事実をみれば、世師が自分の後継者だけにイニシエーションを与えるという上述の慣習は、必ずしも厳密に守られているわけではないことが分かる。

二　世師後継者の出家遊行

若い世師の後継者が出家遊行期に入るプロセスは、他の出家遊行者の場合とは異なっている。それは世師自らがその後継者の出家遊行のイニシアティヴを積極的にとるからである。後継者として適任であるように見えるブラフマチャーリンを見つけると、世師はそのブラフマチャーリンとその家族を説得して、出家遊行の決心をさせる努力をしなければならない。四人の世師のライフヒストリーはこうした点を具体的に示している。

まずはじめに、シュリンゲーリ僧院の第二五代世師であったサッチ・チッド・アーナンダ・バーラティー（Saccidānandabhārati）のライフヒストリーについて考察してみよう。彼は伝統的に世師として、一六二三年から一六六三年にかけて在位したと言われている。彼の伝説的伝記は『シュリー・ラーマチャンドラ・マホーダヤ・カーヴヤ』（*Śrī Rāmacandra Mahodaya Kāvya* 著者不詳）と呼ばれ、シュリンゲーリ僧院に原本が保管されている。この原本にもとづいて、アイヤーは世師サッチ・チッド・アーナンダ・バーラティーの生涯について語っている。彼の出家遊行以前の名はナラシンハ（Narasiṃha）といったが、南インドのマドゥラ地方のある村に生まれた。彼の生誕については、次のように記されている。

ある夜、その立派な女性は、純白の貝殻が自分に与えられる夢をみた。彼女はそれは大変吉祥な前兆であると思ったが、それからすぐに身籠もり、一六〇七年八月五日（水曜日）の正午に、男児を産んだ。両親はその男の子が、その家のシュリー・ナラシンハ神の慈悲深い贈物であると思い、その子にナラシンハという名をつけたのである。(10)

彼の生誕は、母親の吉祥な夢によって予知されていたという。そうした点で、シャンカラの伝説的伝記『シャンカラの世界征服』において記されているように、シャンカラの生誕と共通のモチーフをもっている。アイヤーは言う。

逆境の真っ只中にあっても、彼はまもなく、ヴェーダや諸聖典に精通して、その後、多くの有名な寺院を訪れたが、そのおかげで、彼の中に最高の信仰者の態度が養われた。ブラフマチャーリンに対して命じられた諸義務を厳密に実行したので、家住者（グリハスタ）の生活期に入り、そのアーシュラマ（生活期）の理想的な生きかたをしたいという願望が、彼の中にかきたてられた。その当時、彼の母方の伯父は、シュリンゲーリ僧院の学者であったが、その娘と結婚したいとの希望をもって、彼はシュリンゲーリへ旅をした。その当時の世師ナラシンハ・バーラティーは師（Acharya）〔すなわちナラシンハ〕を見つけ、彼に出家遊行するように説得した。(11)

そして一六二二年九月一二日、当時一六歳のとき、彼は出家遊行し、世師の後継者に定められた。彼の家族は最初は心を痛めたが、徐々にその状況に慣れるようになった。出家遊行のイニシエーションの後すぐに、彼は「マラハニカレーシュヴァラ寺院〔シュリンゲーリ僧院のすぐ隣にあるシヴァ神寺院〕へ、僧院のすべての身の回り品を伴ない、黄金のパランクインに乗って巡行して、シャーラダー神寺院、それから僧院へと戻った。(12)」年長の世師はすぐさま、彼が聖典をいっそう深く学習することができるように準備を進め、また、自らも責任をもって、文法学に関する諸文献を教えた。(13)

第二の具体例は第三三代の世師の場合である。彼の出家遊行後の名は、サッチ・チッド・アーナンダ・シヴァービナヴァ・ヌリシンハ・バーラティー（Saccidānandaśivābhinavanṛsiṃhabhāratī）という大変長いものであるが、彼は一八六六年に出家遊行者となり、一九一二年に離身解脱した。伝統によれば、彼の両親はシャンカラの両親と同じように、「彼が授かるように、数か月のあいだ、断食し神に礼拝し、また祈った」という。(14) ある占星術師は、彼の母親に次のような予言をしたと言われている。

> この子どものホロスコープは、偉大なたましいの人のそれであり、本当に前途洋々です。しかし、それには、一つ欠点があります。ああ、そうあってほしくはないのですが。しかし、ホロスコープは、シヴァスヴァーミー〔彼の出家遊行以前の名〕が一六年以上は生きられないと示しています。(15)

このモチーフは、シャンカラの伝説的伝記にもみられる。このホロスコープは、この少年がシュリンゲーリ僧院の若い世師として選ばれる際に、彼の両親に対する世師の申し込みを認めさせるうえで説得力をもった。第三二代の世師ナラシンハ・バーラティーは、彼の母親に、このように言ったという。

私は歳をとってきたので、僧院には、次の人が必要です。彼はこの伝統に相応しいにちがいありません。私はあなたの家の高尚な伝統を知っていますし、あなたがたご夫婦が生きてこられた純粋で敬虔な、そして、厳しい人生を知っています。今日、私はあなたの息子さんの美しい容姿、気高い態度、それに、きらめく知性を見ました。彼には将来、偉大になるあらゆる印があります。シュリンゲーリの高貴で古くから続いている伝統が人類のために続くように、彼を私に与えてください。(16)

その婦人の息子は世師の申し出を受け入れたいと思ったが、その婦人は世師の申し出を断った。ナラシンハ・バーラティーは、その婦人に「あなたの息子さんのホロスコープでは、運命がそう語っているのです」と言って、次のように続けた。

もしも彼が聖なる秩序〔出家遊行〕に入れば、彼は再び生まれることはないでしょう。それが彼にとっては、もう一つ別の生まれなのです。聖なる秩序に専念し、礼拝と苦行に自分の時間を費やすことによって、彼は徳を積んで長寿になるでしょう。立派なご婦人さん、元気を出してください、そして、シャーラダー神とチャンドラマウリーシュヴァラ（シュリンゲーリの主宰神）の奉仕のために、彼を捧げてください。それらの神々は、彼に成就と栄光とともに長寿を与えてくださるでしょう。(17)

どのように言ってよいのか分からず、その婦人はついに世師の要望に従った。一八六六年のこと、ナラシンハ・バーラティーは彼を出家遊行者とし、サッチ・チッド・アーナンダ・シヴァービナヴァ・ヌリシンハ・バーラティーという出家遊行者としての名を与えた。そのとき、彼は八歳であった。(18)

第三の具体例は、第三四代の世師チャンドラシェーカラ・バーラティーの出家遊行である。彼の出家遊行以前の名は、ナラシンハ・シャーストリーであった。彼はシュリンゲーリのある貧しいスマールタ派の家に生まれたが、彼の生誕に関する伝承は残ってはいない。一二歳のとき、第三三代の世師の影響を受けるようになったが、まもなく論理学（tarka）の特別講義を受けるように選ばれ、その後、前ミーマーンサー聖典を学ぶために、バンガロールのシュリンゲーリ僧院へ送られた。(19)アイヤーによれば、「〔第三三代の〕世師は、ナラシンハ・シャーストリーが自分の後、シュリンゲーリ僧院を継ぐべきであると明らかに予定していた。(20)」世師のそうした思いを暗示するエピソードを、アイヤーは述べている。

ある日の夕方、世師が三人のブラフマチャーリンの弟子とともに、カーラ・バイラヴァ神〔シュリンゲーリにおけるシャーラダー神の守護神の一つ〕寺院にいたとき、偶然であるかのように、世師は弟子の一人に、次のような内容の詩を書きとめておくように、と頼んだ。すなわち、「もしも、あなたが現象世界の生活の海を渡りたいと、本当に願うのであれば、あなたは出家遊行して、自己の真の本性に関する学習を、信と信愛をもちながら行なわなければならない。」ナラシンハ・シャーストリーは、そこにいた三人の弟子の一人であったが、その教示が自分自身に対して言われたものと思い、自分の気性にただ適していた出家遊行者になる決心をした。その他二人の弟子のうち、一人は僧院から去り、もう一人の弟子はその後、まもなくして結婚した。そこで、そのときの教示がナラシンハ・シャーストリーだけに向けられたものであったことが明らかになったのである。[21]

一九一二年早々、第三三代の世師は、自分の生涯の仕事が終わったことを感じたので、彼の信者の一人に、バンガロールにいるナラシンハ・シャーストリーをシュリンゲーリへ連れてくるように指図した。彼の父親は「彼の一人息子を手放したくなかったけれども、世師の願望に従うことに同意した」ものの、彼の母親はそうすることを断った。これだけは世師ですら、彼の母親を説き伏せることはできなかった。[22] そこで、息子自身が母親を説得しようとして、次のように言った。

お母さんは明らかに、ぼくに結婚をさせて、家住者として家庭を築かそうとの意見だよね。でも、それは絶対にありえないよ。ぼくは絶対に出家遊行しようと決心しているんだ。もしもお母さんが世師の願望に従えば、お母さんは世師に従うことの利益と満足を得るばかりでなく、ぼくがこのシュリンゲーリにいて、お母さんのそばにいるので、再三、ぼくに会う機会があるじゃない。しかし、もしもぼくがふつうの出家遊行者になったとしたら、遠いところへ行ってしまって、その後は、全くぼくに会えなくなってしまうよ。[23]

彼の断固たる態度によって、前向きでなかった母親もどうにか、彼の出家遊行を受け入れた。しかしながら、彼が遅れたために、彼がシュリンゲーリに到着したとき、世師はすでに亡くなっていた。しかし、世師の遺志に従って、僧院の役員とスマールタ派信者の代表が非公式に集まって会議をもち、彼の世師継承の段取りが決められた。一九一二年四月七日に、ナラシンハ・シャーストリーは出家遊行者になり、その翌日、シュリンゲーリ僧院の法主に就任した。[24]

先代の世師、すなわち、第三五代の世師アビナヴァ・ヴィドヤー・ティールタの生涯も、これまで述べた世師の生涯とほぼ同じパターンをとっている。彼は第三四代の世師チャンドラシェーカラ・バーラティーによって選ばれた。彼は一九一七年にバンガロールに生まれ、名をシュリニヴァーサンといった。バンガロールで、初等教育と中等教育を受け、その後、聖典に関する高等教育と修行のために、シュリンゲーリへ連れてこられた。彼のウパナヤナ儀礼は、シュリンゲーリのシュリー・シャーラダー寺院で行なわれた。若くして、彼は世俗的な事柄や家族との絆からの超脱を示し、バジャナ（bhajana）、プージャー、それに諸聖典の学習に関心を示したという。(25)一九三一年五月二二日、チャンドラシェーカラ・バーラティーは「シャーラダー神の恩寵でもって」、彼を出家遊行者にした。彼は「すぐに学習のうえで、大いに熟達して、僧院の宗教的および世俗的な事柄を引き継いだ。(26)」彼は一九五四年に第三四代の世師から世師の座を継承した。

その後、第三五代シャンカラーチャーリヤとなったアビナヴァ・ヴィドヤー・ティールタは、一九七四年に彼の後継者として、一九五一年生まれでアンドラ・プラデーシュ出身、二〇代後半のブラフマチャーリンであったシーターラーマーンジャネーヤ（Sītārāmāñjaneya）を選び、その年の一一月一一日に出家遊行させて、バーラティー・ティールタ（Bhāratītīrtha）の名を与えた。その出家遊行の当日の様子を、シャンカラ派の信者であるK・S・チャンダル（K. Suresh Chandar）は次のように記している。

一九七四年一一月一一日の夜が明けたとき、アンジャネーヤはサンドヤー・ヴァンダナを終えた後、プルシャ・スークタ・ホーマとヴィラジャ・ホーマを行なった。その後、その指名された弟子はツンガ川へ行って、沐浴して腰まで水に浸かった。そのとき、彼は腰布の紐を含む衣服を脱ぎ捨てた。次に聖紐を外した。(27)

ここで記されている「プルシャ・スークタ・ホーマ」と「ヴィラジャ・ホーマ」は、出家遊行の際に行なわれる儀礼であると言われる。シーターラーマーンジャネーヤはそれまで着ていた衣服を脱ぎ捨て、聖紐も外した。

そのことは、世俗における自らの生活を捨離すること、すなわち、古い自分は死んで、新しい自分に生まれ変わるプロセスを意味している。その後、シーターラーマーンジャネーヤは一切のことから自由になるマントラを唱えた後、世師アビナヴァ・ヴィドヤー・ティールタから出家遊行者のための淡赤色の衣服、竹杖、水壺を与えられた。さらに「聖音（オーム）の教示」（praṇava-upadeśa）と「大文章の教示」（mahāvākya-upadeśa）を受けた後、出家遊行名「バーラティー・ティールタ」が与えられた[28]。

ところで、シーターラーマーンジャネーヤ少年が世師アビナヴァ・ヴィドヤー・ティールタに出会ったのは、彼が一五歳のときであった。そのときのことを後に現在の世師バーラティー・ティールタは次のように語っている。

世師の喜びに満ちた笑みは、私にメッセージを与えていました。私は自分が求めているものを得たと思いました。それからは、世師はいつも私の心の中におられました。問題があるときはいつも、私は世師に導かれていると感じるようになりました。こうした感じは、私の中で大きくなっていき、自分の場所に留まっていることができないほどでした[29]。

シーターラーマーンジャネーヤ少年が世師から聖典を学びたいと懇願したところ、世師はその願いを聞き入れて、聖典を教えるようになった。その後、その少年は世師とともに行動するようになった。先代の世師アビナヴァ・ヴィドヤー・ティールタが、一九八九年九月二一日に離身解脱した後、同年一〇月一九日よりバーラティー・ティールタが世師の座を継いでいる。その後、これまでシュリンゲーリ僧院において、世師は後継者になれる可能性をもつ三、四人のブラフマチャーリンを選んで、特別な教育を行なってきた。ついに第三六代世師のバーラティー・ティールタは後継者として、一九九三年生まれでアンドラ・プラデーシュのティルパティ出身のクッパ・ヴェーンカテーシュヴァラ・プラサーダ・シャルマ（Kuppa Venkateśvara Prasāda Sharma）を選んだ。そして昨年（二〇一五年）一月二三日、ヴィドゥシェーカラ・バーラティー（Vidhuśekharabhāratī）の名を与えて出家遊行させた。

これらの世師の生涯に共通している特徴は、世師がその後継者として、ヴェーダ聖典や諸聖典に精通しているブラフマチャーリンを選び、まだ若いあいだに、出家遊行させていることである。そうしたイニシエーションのしかたは、シャンカラの哲学文献にも記述されていないし、シャンカラの伝説的伝記（『シャンカラの世界征服』）にも見られない。『シャンカラの世界征服』には、スレーシュヴァラなどの弟子が、シャンカラによって僧院の長として任命されたと記されているが、同書の文脈では、それは彼らが出家遊行者になってから、かなりの歳月がすでに経ってからのことである。出家遊行者でもあったシャンカラの弟子たちは、その知識や経験からみれば、シャンカラにとって明らかに適切な後継者であったと考えられる。ちょうど『シャンカラの世界征服』におけるシャンカラが出家遊行した弟子たちに名を与えたのと同じように、シュリンゲーリの代々の世師は、伝統的に世師の後継者が出家遊行するに際して、新たな名を与えている。こうしたイニシエーションの体制によって、シュリンゲーリ僧院は、シャンカラーチャーリヤの継承が途絶えることなく維持されてきた。また世師の生誕に関する語り伝えられる状況が、シャンカラの場合とかなりパラレルをなしていることも注目に値する。世師の生誕に関する伝承には、確証的なデータはないが、少なくとも言えることは、これらの伝承の背景には、世師がシャンカラの化身であるというスマールタ派における在家者の信仰の存在がみられるということである。

もう一つ、これらの世師の生涯に共通する特徴は、世師の後継者の家族、特に母親が最初は、自分の息子が出家遊行するのに反対しているが、最終的には、世師か息子自身のどちらかによって説得されているということである。言うまでもなく、どの母親も自分の息子には、結婚して家庭を築いてもらいたいと願っている。ところが、そうした願いが叶わないので、母親はせめてもの慰めとして、息子がシュリンゲーリ僧院に移り住むのに伴い、自分もシュリンゲーリへ移り、そこで老後をすごすということがしばしばみられる。一方、世師の後継者として出家遊行する息子の立場からみれば、母親の情愛に対する追憶が、出家遊行した後ですら、心の中にずっと尾を引いているように思われる。シュリンゲーリの伝統では、世師とその母親とのあいだにある、こうした心の絆に異議を唱えるような人はだれもいない。たとえば、世師チャンドラシェーカラ・バーラティーの敬虔な信者の一人として、この世師の日常生活を知っていたアイヤーは、次のように述懐している。

〔チャンドラシェーカラ・バーラティーの〕母親の死去によって、世師と外部の世界の間に存在していたと言うべき唯一の絆が取り除かれ、その結果、彼は自己の悟得への探究に気持ちよく専念する自由を十分に得ることができるようになった。彼はすでに自己を悟得していたが、生身解脱の状態に到達するには、シャンカラ師やヴィドヤーランヤによって指摘されているような、まだ二つの道程を残していた。それは、ヴァーサナー・クシャヤ（潜在印象の滅除〔vāsanākṣaya〕）とマノー・ナーシャ（心作用の停止〔manonāśa〕）であった。これらの、さらに深い道程に、世師はひたすら専心し始めた。このことによって、必然の結果として、彼は外部の世界を忘れて、頻繁に忘我の状態に入ることになった。(30)

アイヤーも指摘しているように、世師チャンドラシェーカラ・バーラティーの場合、彼の母親が彼自身と外部の世界との間の「唯一の絆」であった。そこで、彼が生身解脱（jīvanmukti）の状態に到達することができるようになったのは、ようやく、彼の母親が亡くなってからであった。

三　出家遊行者の日常生活

前節における、近代あるいは現代の出家遊行の具体的な状況に関する考察を踏まえて、本節では、シュリンゲーリの伝統において、出家遊行者の日常的な日課になっているバクティ、学習、および瞑想のあり方について検討したい。

アイヤーは自分の父親ラーマーナンダについて、このように述べている。彼が出家遊行した後、世師チャンドラシェーカラ・バーラティーは、彼に対して数か月間、シュリンゲーリに留まるように助言した。そこで、彼は新しい生活期の義務を几帳面に忠実に実行した(31)。

彼は以前のように、毎朝、世師によって与えられる『バガヴァッド・ギーター』の講義に出席し続け、また、暇な時間には、宗教的な修行における必要な指導を求めて、世師のもとへ行った。彼は最初は、町の騒がしい音とか僧院のいろいろな活動によって、全く邪魔されることのない、〔ツンガ〕川の北岸にある一室を与えられた。その場所は彼の気性に合っていたばかりでなく、内省と瞑想を実践するのに、本当に助けとなった(32)。

世師は彼に出家遊行の手引きとして、慣習や礼儀作法などを尊重すべきなのではなく、諸聖典を尊重すべきであることを、次のように説いた。

あなたは、いかなる慣習的な制約にも縛られてはいない。そのために、諸聖典にしたがって、厳密に生きることができるのです。[33]

出家遊行によって世界を捨離することによって、人は自分の思うように、解脱に対する絶対に確実な道標、すなわち、聖典と世師の言葉に従うことができるようになる。ここで、その日課について考察する出家遊行者は、年長の世師と若い世師を除くと、筆者が滞在した一九八二―八三年当時、唯一の出家遊行者であったヨーガーナンダ・バーラティーである。彼は世師アビナヴァ・ヴィドヤー・ティールタが行くところへは、それがどこであれついていく。世師は彼に、まず法典（Dharmaśāstras）について教示を行ない、次に『バガヴァッド・ギーター』やヴェーダーンタの文献に関して教示を行なってきたという。出家遊行者として、彼は『ナーラーヤナ・ストゥティ』（*Nārāyaṇastuti*）と「大文章」でもって、サンドヤー・ヴァンダナ（saṃdhyā-vandana）を行なう。一方、ブラフマチャーリンと家住者（グリハスタ）はサンドヤー・ヴァンダナの際に、「ガーヤートリー・マントラ」（gāyatrī-mantra）を唱える。

ヨーガーナンダ・バーラティーによれば、シャーラダー神のような神々に対する日常的な礼拝は、次のような意味で行なわれる。出家遊行者が行なうバクティは他者のためである。出家遊行者がカルマンもバクティも行なわないと、一般の人びともそれらを行なわなくなってしまうという。彼の言葉を借りれば、「私はそれをしたくはないのです。しかし、それを行なっています。それは、私が〔人びとの〕模範であるからです[34]」。それと同時に、神々への礼拝は、「心を集中させるのに」手助けになる。つまり、「サグノーパーサナー」（saguṇopāsanā 有属性〔ブラフマン〕の瞑想）は、「ニルグノーパーサナー」（nirguṇopāsanā 無属性〔ブラフマン〕の瞑想）へと進むという。また、カルマンとバクティが一つになると述べ、ジュニャーナ（jñāna 知識）に到る道については、次のように考えている。すなわち、「カルマンがはじめに行なわれるべきである。カルマンの後は、バクティが行なわれるべきであり、バクティを行なった後、ジュニャーナが生起する。それは徐々に段階を経て獲得される」。

出家遊行者が「出家遊行期における最終段階」に近づくとき、「ものの味を感じなくなり、眠らなくなり、カルマンを行なわなくなり、神々を礼拝しなくなってしまう」。解脱に到達しようと修行しているヨーガーナンダ・バーラティーにとって、こういう状態が究極的目標なのである。ヨーガーナンダ・バーラティーは、杖（eka-daṇḍa）、水壺、座るためのシカの皮を携えており、サフラン色の衣服を身に纏い、数珠（rudrākṣa）をもっている。解脱への探究が達成されるまで、自分の師である世師から指導を仰いでいく。一人のブラフマチャーリンが若い世師として出家遊行期に入ると、彼もまた一般の出家遊行者と同じように、年長の世師の指導を仰いでいくことになるが、若い世師は特にヴェーダーンタの文献に関して、年長の世師から教示を受ける。それはチャンドラシェーカラ・バーラティーによれば、「聖典の中に、『出家遊行した後、ヴェーダーンタを学べ』（saṃnyasya śravaṇaṃ kuryāt）と記されている」からである(35)。

ところで、シャンカラは『ブラフマ・スートラ注解』の冒頭（I.i.1）において、人がヴェーダーンタの学習に入って、ブラフマンの知を探求する資格をもつようになるためには、次の四つの条件を前もって獲得していなければならないと論じている。それらは **viveka**（「永遠なるものと無常なるものとを」識別すること）、**vairāgya**（「現世と来世において、利益を享受したいという」欲求を棄てること）、**śamādiṣaṭka**（心の平静など、六つの必須の美徳）、**mumukṣutva**（解脱に対する希求）である(36)。シャンカラのこうした論述を踏まえて、チャンドラシェーカラ・バーラティーは「ブラフマンを知りたいと思う人びとにとっては、その四つの前提条件は否応なしに必要なものである」と主張している(37)。こうしたわけで、若い世師は一般の出家遊行者と同じように、出家遊行する前に、ヴィヤーカラナ（文法学）、タルカ（論理学）、ヴェーダ聖典、ダルマ・シャーストラ（法典）などを学び、出家遊行後は、おもにヴェーダーンタ哲学の学習に専心する。若い世師はその中から自分の後継者を選ぶことになる、ごく少数の優秀なブラフマチャーリンを教える一方で、自らは年長の世師からヴェーダーンタ哲学を学ぶ。したがって、シャンカラの伝説的伝記においては、シャンカラが出家遊行したとき、すでに「［ブラフマンを］知る出家遊行者」(vidvat-saṃnyāsin)であったとして描かれているが、少なくとも近現代においては、若い世師は出家遊行のときには、「〔ブラフマンを〕知ることを希求する出家遊行者」(vividiśā-saṃnyāsin)なのである。アイヤーは次のように述べている。

新しい師〔出家遊行後のチャンドラシェーカラ・バーラティー〕は、前任者の足跡を、約三年間、厳格に辿った。その間、〔すでに離身解脱していた第三三代世師の代わりに〕、マハーマホーパドゥヤーヤ・ヴィドヤーニッディ・ヴィルーパークシャ・シャーストリー(Mahamahopadhyaya Vidyanidhi Virupaksha Sastri)の立派な指導のもとで、彼はヴェーダーンタに関する学習も終えた。彼の師に対する強い信愛や彼の精進を特徴づけた着実な勤勉さとその維持によって、彼はまもなく博識と自己悟得のレベルに到達し、すべての人びとの感嘆と尊崇を引き起こした。(38)

このように、チャンドラシェーカラ・バーラティーは、出家遊行の後、ヴェーダーンタ哲学を学習した後で、悟りの境地に到達したと言われている。

一九二三年早々、彼〔チャンドラシェーカラ・バーラティー〕は日々のプージャーさえも行なうのを止め、あるいは、ふだんのヴェーダーンタ哲学の講義もしなくなり、世界のことを完全に気にとめなくなった。(39)

アイヤーによれば、彼は「聖典に記述されている」「本当の出家遊行者」(a real Parivrajaka Sannyasi)、すなわち、「パラマハンサ出家遊行者」(paramahaṃsaparivrājaka)になったのである。(40) このチャンドラシェーカラ・バーラティーのような出家遊行者が、若い世師の座に就いたときには、いまだに完全な解脱に到達していないと一般的に認識されているが、年長の世師がシャンカラと同一視されているかぎり、僧院の法主になると、「パラマハンサ出家遊行者」すなわち生身解脱者（jīvanmukta）との敬称語を与えられることになる。そして、最終的に亡くなるときには、離身解脱（videhamukti）に到達したと言われるのである。チャンドラシェーカラ・バーラティーの離身解脱（一九五四年九月二六日）に関して、アイヤーはこのように記している。

> 世師は、身体から自由になり、また、形態、時間それに空間の制約から自由になり、絶対的な神と一体になったので、もしもわれわれが真剣に世師のことを思いさえすれば、われわれがどこにいようとも、世師の神的な加護を得ることができる。(41)

この引用文は、アイヤーのように、シャンカラの哲学に精通しているスマールタ派の知識層の人びとが、すでに離身解脱した世師の宗教的な力に対して、どのような信仰をもっているのかを具体的に示している。シャンカラの伝説的伝記において、シャンカラがシヴァ神として、カイラーサへ戻ったと描写されているのに対して、後代の世師たちについては、ただ離身解脱に到達したとだけ言われることは注目に値する。シュリンゲーリの伝統における出家遊行者や学者たちは、シャンカラがカイラーサへ戻ったとの伝承を比喩的なもの、あるいは、離身解脱の概念をスマールタ派の一般信者たちに神話的に理解させようとの試みとして受けとっているように思われる。この伝承においては、ブラフマンとの一体化という出家遊行者の究極目標が、天界へ到るという在家者の信仰的目標によって読み変えられている。

先代の世師のアビナヴァ・ヴィドヤー・ティールタを讃える讃詩『アビナヴァ・ヴィドヤー・ティールタ讃歌』（*Abhinavavidyātīrthastava*）には、世師の日常生活が、次のように記述されている。

自分のアーシュラマのために規定されている沐浴などの日常の日課を行なった後、彼は、ヴェーダーンタを学びたいと思っている人びとに、〔哲学文献に対する〕注解書などを分かりやすく教えながら、善なるものすべてを与える、チャンドラマウリーシュヴァラ〔リンガ〕の聖なるアビシェーカ・ティールタ（abhiṣekha tīrtha 聖水）を信者たちに分け与えながら、また、やさしい微笑の恵み深い好意によって、すべての人びとを満足させながら、毎日、君臨している。(42)

nirvartyāśramacoditaṃ pratidinaṃ snānādinityāhnikaṃ
vedāntaśravaṇotsukān upadiśan bhāṣyādikaṃ susphuṭam/
bhaktebhyaḥ śaśiśekharasya śubhadaṃ tīrthaṃ ca viśrāṇayan
sarvān eva kṛtārthayan vijayate mandasmitenādarāt//

日常生活において、世師はプージャー、ジャパ（japa 低声の祈り）、学習それに瞑想の生活をしている。(43) 毎朝、起きるとすぐに、彼は沐浴とサンドヤー・ヴァンダナを行なう。毎朝夕、チャンドラマウリーシュヴァラ・リンガへのプージャーを行なうが、それは伝統的に、シャンカラがヒマラヤ山脈から持ち帰ったと信じられており、世師が行くところへはどこへでも、それを持っていく。プージャーのあいだ、シャーラグラーマ（śālagrāma）がシヴァ・リンガの近くに置かれているので、この礼拝には、ヴィシュヌ派の要素も含まれているのである。筆者がシュリンゲーリに滞在していたとき、年長の世師が病気のために静養したことがある。その間は、若い世師（第三六代シャンカラーチャーリヤ）がこのリンガ・プージャーを行なう責務を果たしていた。このプージャーは、シュリー・シャーラダー寺院とはツンガ川を隔てた、世師の住居の中で行なわれる。アビシェーカと花によるリンガの装飾でもってはじまり、プラサーダ（prasāda お下がり）を手渡すことで終わるが、その間、およそ一時間から一時間半。このプージャーの間、若い世師の指導を受けている、ごく少数のブラフマチャーリンが、ヴェーダ・マントラを唱える。その場に居合わせるスマールタ派の在家信者の数は少なく、ふつう五人から一〇人のあいだである。出家遊行者のヨーガーナンダ・バーラティーも、世師と同じように、シャーラダー神に対する集団的なプージャーには出席しなかった——ただし、個人的には礼拝していた——けれども、このプージャーには出席していた。午前中に、世師は個人的にシャーラダー神やシャンカラ寺院に祀られているシャンカラなどの神々に礼拝を行なうが、礼拝しているあいだは、その様子が在俗の人びとに見えないように、寺院の扉は閉められる。

伝統的な名称 parivrājaka（遊行者）が世師に当てはめられるのは適切である。それは、世師が南インドを旅しながら、また、時には北インドへも旅をしながら、実に多くの時間をシュリンゲーリを離れて過ごすからである。ウィリアム・センクナーによれば、先代（第三五代）の世師は、一九五六—六二年には南インドを旅し、一九六四—六八年には、はるかネパールにまでも足を伸ばすなど、インド中を遊行した[44]。世師はしばしばバンガロールにあるシュリンゲーリ僧院やカルナータカ州の町々を訪れたりしている。旅の途中でも、世師は信者たちに日常的あるいは宗教的な事柄について、いろいろと助言をしているし、在家信者たちに模範を示すために、チャンドラマウリーシュヴァラ・リンガや神々へのプージャーを行なっている。

アイヤーによって記述されている二つのエピソードは、チャンドラシェーカラ・バーラティーの行なっている儀礼と礼拝の様相を示している。世師の偉大さと悟りのことを聞いたある男性の巡礼者が、シュリンゲーリ僧院を訪れたところ、世師が「朝の沐浴」を行ない、また、「その日、後になって、シュリー・チャクラ・ヤントラ（Sri Chakra Yantra）にある母なる神〔シャーラダー神〕の礼拝」を行なっているのを見て、がっかりしたという。それはその人が、世師は「絶えず深い三昧（サマーディ）に入っており、世界のことには気にとめない」とばかり思っていたからである。この巡礼者は、「聖者とはウパニシャッドにおける無属性の絶対的なものの瞑想に夢中になっているものだ、との彼自身の見解」と「実際に、彼が自分の目の前で見たもの、すなわち、儀礼的な厳正さと神像への献身的な礼拝」をうまく調和させることができなかった。[45] この巡礼者は次のように世師に言った。

もしも人がヴェーダーンタにおいて提示されているアートマンの悟得をもっているのであれば、儀礼とか神像の礼拝をきちんと行なうことができるでしょうか。[46]

その人は続けて言った。

私に分からないのは次の点です。それが儀礼であれ神像の礼拝であれ、さらに聖典の学習であれ、何かをするということは、行為主体の感覚があるということを意味しています。自己悟得とは、行為主体の感覚がないという意味です。これら二つの態度は、お互いに矛盾しないのでしょうか。もしも矛盾しないのであれば、それらはどのようにして同じ個人の中で、同時に存在することができるのでしょうか。[47]

それに対して、世師は答えて、次のように言ったという。

全くそのとおりです。お互いに矛盾している二つの事柄は、同じ存在者においては、同時に存在することはできません。[48]

このように言って、世師は、さらに続けて言った。

自己は行為者ではありませんし、行為者は自己ではありません。さて、どこに矛盾があるでしょうか。行為

主体と非行為主体とは、同じ存在者の中で、本来そなわってはいません。(49)

アイヤーによれば、この巡礼者は「この解決のしかたが、とても有効であると同時に、とても簡単であると感じたので、自分の疑問が、ばかげたものであったことが分かった」という。(50)

もう一つ別のエピソードによれば、チャンドラシェーカラ・バーラティーは、ある朝、シュリー・チャクラ（Śrī Cakra）に対するプージャーに、大変深く専心していたので、彼の弟子たちのことを全く気にとめないままでいた。弟子たちは世師のヴェーダーンタ哲学の講義が始まるのを待っていたが、ついには、がっかりして立ち去っていった。そのとき、アイヤーはその場に居合わせたが、世師がプージャーを行なっているのを眺めていて、次のように思ったという。

世師は像に対して、機械的に花を投げ掛けることに、どのように喜びを見いだすことができるのだろうか。また、もしそうだとしても、その喜びはどのように、いろいろな注解書における美しい文章を解釈するときにもつことができるような、言い表わせない喜びや高揚感の一部分でありえるのだろうか。(51)

プージャーが終わった後、世師はアイヤーにプラサーダを与えたが、そのとき、このように言ったという。

幻妄の世界が立脚している基体（mithyājagadadhiṣṭhānā）とは、母なる神の名の一つです。いろいろな注解書は、これ以上のことを含んでいるでしょうか。(52)

そこでアイヤーは、次のような点を認識したという。

いろいろな注解書における知的な論究が、実際には、ただ理論的なものにすぎないので、それは信愛と瞑想という実践をとおしてはじめて、自己の悟得へと導かなければならないと、世師は明らかに指摘したのである。（中略）世師にとっては、プージャーは機械的なものではなく、それ自体、比類なき至福をもたらす神的な経験なのであった。[53]

これら二つのエピソードは、世師自らの行為や礼拝に対する態度を例示している。世師のこうした態度について、アイヤーは次のように述べている。

知者でさえも、ただ適切に他の人びとを導くためであれば、自ら厳正に行為に専心すべきである（『バガヴァッド・ギーター』Ⅲ・26）という神の教えが、世師によって忠実に守られたのである。現象世界が世師の配慮を受け入れたときにはいつも、それが世師によって忠実に守られたので、世師が妥協しない祭式主義者であるとか、頑迷な偶像崇拝者であると特徴づけられたとしても、それは当然なことかもしれない。[54]

アイヤーの挙げたエピソードは、スマールタ派の知識層の人びとに典型的なものの見かたを示している。世師が儀礼を行なうことの正当さに疑問をもった巡礼者が、ほとんど的確に、出家遊行者によるカルマンの捨離を主張したシャンカラの立場を述べていることは皮肉なことである。その巡礼者の問いに答えるのに、チャンドラシェーカラ・バーラティーはシャンカラの真作と考えられる著作には存在しない教えを説いているが、それはシュリンゲーリの伝統において、世師が二重の役割をもっていること、すなわち、シャンカラ派の出家遊行者の師であると同時に、スマールタ派の在家信者たちの師でもあるという世師の意味の二重性を象徴的に示している。世師は、出家遊行者にとってもスマールタ派の在俗信者にとっても、日常生活の模範を示すことを求められている。シャンカラの生きた時代には、シュリンゲーリ僧院はおそらく在家信者たちの宗教的ニーズを充たすことを求められなかったであろうが、現代のシュリンゲーリ僧院の伝統は、礼拝や儀礼の面で在俗信者たちを導くために、シャンカラの哲学思想を再解釈しなければならない状況にある。

シュリンゲーリ僧院はこれまでも、出家遊行生活の一つの中心地であったし、出家遊行者に特有な儀礼的慣習の伝統を積み重ねてきた。たとえば、過去四代にまで遡って、四人の世師たちが離身解脱した命日には、年祭がそれぞれ、ヒンドゥー暦に従って現在の世師によって厳粛に執り行なわれている。ウィリアム・センクナーによれば、「出家遊行者は、四代にまで遡って前任者のことを知っているべきであると信じられている」という。[55] このことも出家遊行者に特有な慣習の一つである。ちなみに、世師の直接の師（guru）である世師に対する崇拝（ārādhana）は、三日間にわたって行なわれるのに対して、世師の直接の師ではない三人の世師たち——すなわち、それぞれ、先代の師（parama-guru）、先々代の師（parameṣṭhi-guru）、三代前の師（parapara-guru）と呼ばれる——に対する崇拝は一日だけ行なわれる。

四　シュリンゲーリ僧院の統治者としての世師

スマールタ派の在家信者たちを世話するために、世師は出家遊行者ではあるけれども、僧院の「世俗的な事柄」にもコミットしなければならない。アイヤーによれば、チャンドラシェーカラ・バーラティーは次のように説明している。

主宰神が、われわれの宗教を保持し弘布するために、シャンカラーチャーリヤとして地上に化身したとき、

彼はスダンヴァン王の世俗的な支援を求めて、それを得ることが必要であると思った。(56)

全知である聖者ヴィドヤーランヤが、ヴェーダの宗教を昔、繁栄していた姿に戻そうとしたとき、彼には、まずはじめに自分の努力を支援するヒンドゥーのヴィジャヤナガル王国を確立することが必要であった。(57)

シュリンゲーリの亡くなった世師〔第三三代の世師〕は、シャンカラーチャーリヤの生誕地であるカーラディに、彼の像を祀ったとき、このように言った。「たとえ、私が偉大なる師の知性と能力を得たとしても、スダンヴァンのような王の支援を得ることができないのであれば、われわれの宗教を守るために、何もすることができない(58)」。

シャンカラの生誕に関する神話的な説明によれば、ケーララのスダンヴァン王はインドラ神の化身であり、シャンカラの世俗的な支持者として、シャンカラの「世界征服」のために、彼と一緒に旅をしたという。そうした意味において、シャンカラの伝説的伝記にみられるシャンカラの人生は、シュリンゲーリ僧院と世師の世俗的な営みのモデルになっていると言えよう。

ナヴァラートリー祭やシュリー・シャーラダーンバー・マハーラトーツサヴァ祭（「聖なる母神シャーラダーの大山車祭」の意）のような大祭において、世師は大群衆を統轄する王を象徴するような礼服と宝石を身に付けて現われる。(59)『アビナヴァ・ヴィドヤー・ティールタ讃詩』（*Abhinavavidyātīrthastava*）は言う。

アーシュヴィナの月に〔ナヴァラートリーにおいて〕、三界の母に対する礼拝を滞りなく行なった後、出家遊行者の長〔アビナヴァ・ヴィドヤー・ティールタ〕は、いかなる願望からも自由であるけれども、その女神がグル（師）の形態をとっているという聖典にしたがって、玉座に座り、花輪や立派な王冠、一足の黄金の下駄、それに絹と黄金糸の衣服を身に纏いながら、まばゆいばかりに輝いている。(60)

māse cāśvayuji trilokajananīpūjāṃ vidhāya kramāt
sā devī gururūpiṇīti nigamāt tyakteṣạo 'pi prabhuḥ/
bibhrat kṣaumasuvarṇatantuvasanaṃ hārān kirīṭottamaṃ
sauvarṇyau ca supāduke yatipatiḥ siṃhāsane rājate//

世師が宝石とか金糸の入った絹の衣服を身に着ける慣習は、決してシャンカラによってはじめられたものではない。そうした慣習は、ヴィジャヤナガル王国の王たちがシュリンゲーリ僧院の世師たちに寄進を行なうようになってからはじまったと考えられる。世師がこのような服装を身に纏うという伝統的な慣習は、シュリンゲーリ僧院が出家遊行の生活中心の機構から、スマールタ派の在俗信者たちや巡礼者たちの宗教的ニーズにも応える機構へと変容していくにつれて、それに付随して成立したものであった。

筆者がシュリンゲーリ僧院に滞在していた一九八二―八三年当時、年長の世師（先代のシャンカラーチャーリヤ）は、若い世師（現在の第三六代シャンカラーチャーリヤ）が世俗的な事柄を引き受けることができるようになるや否や、僧院の世俗的な事柄に対する責任のすべてを、若い世師に任せた。現代のシュリンゲーリ僧院の形態は、ヴィジャヤナガル王国のハリハラ一世、ブッカ一世それにハリハラ二世の寄進地を土台として展開したものであるが、僧院の管理および監督の責任は最終的に世師にある。僧院の経費を管理する事務局が設けられているが、管理に関する最終的な決定は世師によって行なわれている。たとえば、

師〔第二四代の世師　在位期間一六〇〇―二三年〕は、実に楽しく弟子たちと一緒にすごし、十分に好きなプ

ージャー、学習それに瞑想に専念しているあいだは、僧院いっさいの責任を若い師〔第二五代の世師　在位期間一六二三―六三年〕に任せ、一六二三年三月一三日（水）に、現象界からの超越〔離身解脱〕に到達した。[61]

さらにチャンドラシェーカラ・バーラティーは、「イメージを伴わない三昧[62]」(nirvikalpa-samādhi) に到達し始めたとき、「以前もっていた僧院の世俗的な事柄に対して、次第にほんの少しの関心ももたなくなった」という。[63]この世師が僧院の事務的な事柄から手を引いたことによって、シュリンゲーリ僧院には、重要な影響がもたらされることになった。アイヤーによれば、

世師が僧院の事務的な事柄に全く関心を示さなくなったことで、現に僧院の事務的な事柄は大混乱した。しかし、若い師〔アビナヴァ・ヴィドヤー・ティールタ〕は、まだ全く若かったし勉強中であったので、それらを引き受けるように期待するのは無理であった。そのために、マイソールのマハーラージャの政府が、しばらくのあいだ、僧院の維持管理を引き受けることによって、その状況を救った。[64]

年長の世師は、自分の世俗的な責任ばかりでなく、教える義務も儀礼を行なう義務も、若い世師の手に渡すようになった。たとえば、一九八三年五月に行なわれたシャンカラ生誕祭 (Śaṅkara-jayantī) は五日間続いたが、そのとき、年長の世師は少し体調を崩していたので、若い世師にシャンカラ生誕祭を統轄させた。年長の世師もたしかにその生誕祭の場には居合わせたが、ほとんど何もしなかった。その意味では、すでにそのときに、シュリンゲーリにおける世師の力――それが世俗的であれ宗教的であれ――の移行が、実質的にほとんど終わっていたと言うことができるであろう。

本章において、私たちはシュリンゲーリの伝統における現代の出家遊行について、いくつかの重要な点を明らかにすることを試みた。世師はスマールタ派の在家者を出家遊行期へと導くことには極力控え目であるが、一方、自らの後継者として見込んだ優秀な若いブラフマチャーリンについては、そのブラフマチャーリンを説得して出家遊行させて、若い世師とする。若い世師の家族の者はふつう、彼が出家遊行した後、シュリンゲーリへ移り住むようになる場合が多い。彼自身は家族の者、特に母親が生きているあいだは、母親との心の絆をなかなか切れないでいる。こうした出家遊行者が抱く母親への思いは、シャンカラの伝説的伝記に記されているシャンカラの人生からもよく知られている事柄である。

シュリンゲーリ僧院は、長年の間、出家遊行生活の場であったので、世師は出家遊行者の師であり、また出家遊行者にとっての模範でなければならなかった。しかし、それと同時に、シュリンゲーリ僧院が在家者の信仰の場あるいは巡礼地になったことで、世師はスマールタ派の在家信者たちの師にもなり、人びとの信仰にとっての模範にもなり、さらに僧院の世俗的な事柄に関する責任をも担うようになった。世師は全く自由に自分の「苦行」生活に専心することのできる一般の出家遊行者とちがって、世俗的な事柄に対する無関心（vairāgya）を保持する必要性と世俗的な事柄に対する積極的な関与の必然性をうまく調和しなければならなくなっている。

註

（1）SS, p.1. この文献は、シュリンゲーリ僧院における第三四代の世師の逸話集である。

（2）SS, pp.52-53.

（3）SS, p.110.

（4）SS, p.111.

（5）SS, p.115.
（6）ヨーガーナンダ・バーラティーとのインタビュー、シュリンゲーリ僧院、一九八三年三月四日。
（7）TT, p.157.
（8）SS, p.115.
（9）Ibid.
（10）SSB, p.1.
（11）SSB, p.iv.
（12）SSB, p.11.
（13）SSB, p.11.
（14）Saga, p.7.
（15）Saga, p.9.
（16）Saga, p.7.
（17）Saga, pp.9-10.
（18）TTW, p.96. TTW（p.96）によれば、「若いサンニヤーシンは、八歳であり、終日続いた〔世師後継者〕授任式のすべての儀礼の終わりになると、疲れてしまった。そこで、休ませてあげると、彼の師も大変驚いたことに、彼は眠りながら「サルヴォーハム、サルヴォーハム（sarvoham〔sarvo 'ham〕われは森羅万象なり）」とつぶやき、彼の中に元々備わっている霊的な潜在性を顕示した」。
（19）DWG, p.xi.
（20）SS, p.8.
（21）Ibid.
（22）SS, p.9.
（23）SS, p.10.
（24）SS, p.11, DWG, p.xi.

(25) TTW, p.119.
(26) TTW, p.113, SS, p.85.
(27) IS, pp. 39-40.
(28) IS, p. 40.
(29) GS, p.110. Cf. IS, pp. 18-19.
(30) SS, pp.21-22.
(31) SS, p.116.
(32) SS, p.117.
(33) SS, p.118.
(34) ヨーガーナンダ・バーラティーとのインタビュー、シュリンゲーリ僧院、一九八三年三月四日。
(35) SS, p.182.
(36) BSBh, I.i.1, pp. 36-37.
(37) SS, p.182.
(38) DWG, p.xi.
(39) SS, p.118.
(40) SS, p.119. こうした語は、世師に対する伝統的な形容辞の一つである。たとえば、シュリンゲーリ僧院に対して、ある信者が行なった寄進のことを記録した、カンナダ語で書かれた銅板碑文（シュリンゲーリ僧院で発見されたもので、その日付は一六二九年一二月一五日となっている）によれば、シュリンゲーリ僧院の第二五代の世師サッツチッダーナンダバーラティーは、聖典に精通しており、yama（制戒）と niyama（内制）などの八種類のヨーガ実修法を行なっている「パラマハンサ出家遊行者の長」（śrīmat paramahaṃsa-parivrājakachāryyavariya）として記されている。Cf. ARMAD（1933）, pp.172-178.
(41) SS, p.235.
(42) AS, v.3. Cf. FD, p.iv.
(43) SSB, p.20, p.29. SS, pp.110-120.

（44）TT, pp.130-131.

（45）SS, p.99.

（46）SS, pp.99-100.

（47）SS, p.100.

（48）Ibid.

（49）SS, p.101.

（50）Ibid.

（51）Ibid.

（52）SS, pp.101-102.

（53）SS, p.102.

（54）SS, p.99.

（55）TT, pp.157-158.

（56）DWG, pp.100-101. ŚDV によれば、スダンヴァン（Sudhanvan）王はインドラ神の化身であって、シャンカラの「世界征服」（digvijaya）に際して、シャンカラに同伴したと言われる。Cf. ŚDV, I.56, p.20.

（57）DWG, p.101.

（58）Ibid.

（59）SSB, p.13. シュリンゲーリでのフィールドワーク（一九八三年一月三一日）。

（60）AS, v.8. Cf. FD, p.vi.

（61）SSB, p.15.

（62）TTW, p.ix.

（63）SS, p.85.

（64）SS, p.86.

結論

本書において、私たちはシュリンゲーリ僧院を中心とするシャンカラ派の宗教伝統に焦点を合わせて、シャンカラ派において、その開祖とみなされるシャンカラの思想がどのように受容され信じられてきたのか、また、シャンカラ派の具体的な信仰がどのようにシャンカラの思想と連関してきたのかという主要な論点をめぐって、シャンカラ派の思想と信仰の意味を考察してきた。ここでの論考は、シャンカラ派の宗教伝統における在家信者と出家遊行者の信仰や伝統的慣習を検討することによって、さまざまな信仰現象として具体化しているシャンカラ派の宗教思想の特徴を解明し、その宗教思想および信仰の意味構造を宗教学的に明らかにしようとする一つの試みである。

「師と弟子の関係」の二重性

シャンカラ派の伝統は、宗教学の立場から見れば、出家遊行という出家レベルの信仰、および儀礼的行為やシャーラダー神信仰などの在家レベルの信仰が有機的に連関した複合的な信仰形態を形成している。出家レベルの信仰では、出家遊行者はシャンカラの哲学的文献や世師の教示を解脱へ到達するための手引きとしてみなしている。一方、在家レベルの信仰では、在家信者たちはシャンカラが教えたと伝統的に信じられている礼拝や儀礼を救いへの道として信仰している。シャンカラの哲学文献は、カルマンとバクティがブラフマー神の世界（brahma-loka）へ導くものの、解脱すなわち「ブラフマンとアートマンの一体性」へ導くことはないと説くが、シャンカラ派の在家信者たちは、カルマンやバクティによる救いが出家遊行者が探求する解脱と異なったものであるとは考えていない。

すでに本書の中で論じてきたように、シャンカラ派の人びとは、シャンカラがシュリンゲーリ僧院を創設し、シュリー・チャクラのうえにシャーラダー神像を据えたと信じている。この点については、それを立証あるいは反証する歴史的なデータは見当たらないが、今日、少なくともシュリンゲーリ僧院が巡礼地として、人びとの信仰を広く集めている背景には、このシャーラダー神信仰がある。シュリンゲーリ僧院は、長年の間、出家遊行者にとっては、出家遊行生活の場であるとともに、不二一元論ヴェーダーンタ思想の探究の場であった。ブラフマチャーリン（学生）にとっては、ヴェーダ聖典を学習する場であった。さらにシャンカラ派の在家信者にとっては、バクティとカルマンの場であった。これらの信仰現象の背後には、シャンカラ派の信仰者が、出家遊行者であれ在家信者であれ、世師すなわちシャンカラーチャーリヤの「シシュヤ（弟子）」であるという、シャンカラ派の信仰が伏在している。世師とシャンカラ派信仰者とのあいだには、いわゆる「師と弟子の関係」が構築されてきた。この「師と弟子の関係」の二重性が、シャンカラ派信仰現象の基本構造をなしている。この点は、シャンカラ派における宗教思想と信仰の意味構造を明らかにするうえで、最も重要かつ根本的なモチーフである。

この師と弟子の関係を基軸として、シャンカラ派の具体的な信仰現象の諸相を考察するとき、いわゆる「超越的なもの」に対する信仰の担い手の関わりかたは、すでに論述したように、出家遊行レベルと在家レベルにおいて異なっている。信仰的な関わりかたが異なれば、存在のリアリティに関する意味理解のしかたも、おのずと異なってくる。一例を挙げれば、出家遊行者にとって、「師」の語のもつ意味あいは、在家者のいう意味とはかなりずれている。信仰的な関わりかたが異なるということは、信仰対象としての「超越的なもの」の意味内容も当然、違ったものであることを示唆している。このように、いくつかの根本的なパースペクティヴに沿って、シャンカラ派の信仰現象とその中に具現化されている宗教思想を掘り下げて考察するとき、シャンカラ派独自の宗教思想と信仰の意味構造が明らかになっていく。

シュリンゲーリ僧院の伝統では、人間の究極的目標は「解脱」あるいは「救済」（mokṣa あるいは mukti）である。この目標は伝統的にシャンカラに帰せられている哲学文献や讃詩——それらの著作の中には、多くの偽作が含まれていることは明らかである——の中で教示されている。シャンカラに帰せられている哲学文献が、おもに出家遊行者の解脱をめぐって論じているのに対して、シャンカラの著作であると信じられている、神への信愛（バクティ）を強調する讃詩は在家者の救済を説いている。この伝統では、礼拝や学習などを含む、すべての行為はこの究極的目標をめざしたものである。シャンカラの伝説的伝記（『シャンカラの世界征服』）においては、シャンカラはシヴァ派の指導者であるニーラカンタに対して、次のように述べている。

> 世俗的なことがらから生起する幸福は苦しみと結びついているけれども、不滅であるブラフマンの幸福は苦しみとは結びついていない。〔究極的な〕人間の目標として求められるべきなのは、まさしく、これなのであって、ほとんど価値のない、単なる苦しみの除去ではない[1]。
>
> viṣayotthasukhasya duḥkhayuktatve 'py alayaṃ brahmasukhaṃ na duḥkhayuktam/[2]
> puruṣārthatayā tad eva gamyaṃ na punas tucchakaduḥkhanāśamātram//

この引用文は「不滅であるブラフマンの幸福」を解脱と同一視している。シュリンゲーリ僧院の伝統において、出家遊行者や多くの教養あるシャンカラ派の信者たちが、たとえ自ら進んで探求しようとしなくても、彼らが少なくとも理解しているのはこの究極的な目標である。シャンカラの哲学文献にみられるように、同書もまた、知識（jñāna）あるいは明知（vidyā）を解脱に到達する手段として記述している。『シャンカラの世界征服』によれば、「最高の実在」（paratattva）は、知識が「幻妄によって〔生じる〕覆いを除去」（māyikāvaraṇanirgama）するために、知識をとおして「明らか」（viśada）になる。(3) 同書において、シャンカラは弟子パドマパーダに言う。

すべての儀軌と禁止に関する聖典は、愚かで吟味することなく、「私は身体などである」と堅く想像している、実在を知らない者にとってのみ、有効であろう。(4)

avicārya yas tu vapurādy aham ity abhimanyate jaḍamatiḥ sudṛḍham/
tam abuddhatattvam adhikṛtya vidhipratiṣedhaśāstram akhilaṃ saphalam//

しかし、アーシュラマ（生活期）を超えているもの、ヴァルナとジャーティを超えているもの、単なる知識であり、不生であり、唯一の本質であるものを、自分自身として認識して、〔真の〕知識に到達した者は、ヴェーダーンタに住し、儀軌に従う者ではないであろう。(5)

kṛtadhīs tv anāśramam avarṇam ajāty avabodhamātram ajam ekarasam/
svatayā 'vagatya na bhajen nivasan nigamasya mūrdhni vidhikiṃkaratām//

これらの文章からも明らかなように、実在の知識は解脱の手段であるばかりでなく、それ自体が目標でもある。また、カルマンに関する聖典の儀軌と禁止は、それらが人びとを浄化し、解脱の道へと導くかぎり、無知なる者（ajña）にとってのみ有効である。この点については、シャンカラの伝説的伝記における知識の位置づけは、シャンカラの真作と考えられる哲学文献における場合と同様である。

現代のシュリンゲーリの宗教伝統では、ごく少数の出家遊行者だけが瞑想やヨーガを実践して、この究極的目標に到達しようと精進している。出家遊行する者の数がきわめて少ないという事実は、出家遊行の生きかたをとおして解脱に到達することがいかに難しいかを物語っている。シャンカラの宗教思想によれば、カルマンによっては解脱に到達することができない。家住者の義務であるカルマンは捨離されなければならない。解脱を求めてカルマンを捨離することは「行為の捨離」（karma-saṃnyāsa）と言われる。「行為の捨離」を行なう者は「出家遊行者」（saṃnyāsin）と呼ばれている。シュリンゲーリの伝統では、シャンカラの思想を知る者にとって、この出家遊行こそが解脱に到達するためには、最も相応しい生きかたなのである。

シュリンゲーリでは、実際のところ、年長の世師だけが解脱者であるとみなされている。その他の出家遊行者たちは「明知への希求にもとづく出家遊行者」（vividiṣā-saṃnyāsin）と呼ばれる。ふつうの出家遊行者は死後、離身解脱（videhamukti）に到達するが、世師は生身解脱者（jīvanmukta）である、とシャンカラ派の在家信者たちや出家遊行者は信じている。もっとも、世師が亡くなったとき、彼もまた「離身解脱」に到達したと言われるが、それはすでに解脱していたたましいが身体から離れるという意味で使われる。こうした世師は出家遊行者によって、個人的な師すなわち模範的な聖者としてみなされている。世師の教導があればこそ、明知を希求する出家遊行者は解脱に到達することができる。それはウパニシャッド聖典における教えの内的な意味が、存在の深みを体得した師からのみ理解できると信じられているからである。

そうは言っても、生きているあいだに、知識を獲得することができる出家遊行者はほとんどいない。家住者がそうした知識を獲得することのできる可能性はほとんどない。つまり、出家遊行者をはじめ、在家信者の中でも知識層の人びとにとっては、知識によって解脱に到達することが究極的目標であるが、それはいまだ宗教的理念でしかない。それは到達された状態ではなく、到達されるべき状態なのである。

出家遊行者の信仰とその思想

出家遊行者が解脱を探求するうえで、前提となるのはシュラッダー（信）である。シュラッダーには、聖典の言葉と師の言葉という二つの対象があるが、それらは理論的には異なっていても、実際のところ、ほとんど重なり合っている。聖典の言葉に対するシュラッダーとは、ヴェーダ聖典、特にウパニシャッド聖典への信仰であり、また、シャンカラ派の開祖と言われるシャンカラの哲学文献、たとえば、『ブラフマ・スートラ注解』や『バガヴァッド・ギーター注解』、さらに『ヴィヴェーカ・チューダーマニ』（文献学的には、シャンカラの真作ではない）などに対する信仰である。師の言葉への信仰は、聖典の真の内容を理解していると信じられている世師の教えへの信仰である。世師の教示は聖典の教示でもある。こうした信仰はグル・バクティ（師へのバクティ）と密接不可分に結びついている。こうしたシュラッダー（信）について、シャンカラ派の在家者たちはふだん意識していないものの、それは彼らが日々、世師の教示にしたがって、さまざまな儀礼や礼拝を行なっているという事実の中に具体的にあらわれている。

出家遊行者のバクティは、在家者のそれよりも複雑である。出家遊行者のバクティには、三つの側面が見られる。すなわち、いわばシンボリックなバクティ、情緒的なバクティ、さらに知的なバクティである。出家遊行者が行なうシンボリックなバクティは、神へのバクティである。それは在家信者に模範を示すために行なわれるものである。心の浄化や集中力を養うという意味あいは別にしても、それは解脱を探求する出家遊行者にとっては、ほとんど価値をもってはいない。情緒的なバクティは、おもにグル・バクティの形態をとっている。『シャンカラの世界征服』では、シャンカラが師ゴーヴィンダの弟子として出家遊行期に入るときに、師の両足を礼拝したとの記述をとおして、シャンカラ自らが行なったグル・バクティのことを説いている。[6] シュリンゲーリ僧院の伝統では、長い年月、シャンカラ自身とみなされる世師に対して、出家遊行者は伝統的にバクティを行なってきた。グル・バクティは、出家遊行者の心の中に生じるものであるが、それは部分的には、自分を弟子として受け入れてもらえたという感謝の念に根ざしている。師へのバクティは、師の言葉へのシュラッダーと密接に結びついている。師はシュラッダーの対象であり、また同時に、バクティの対象でもある。前者の場合、バクティが師の言葉という非人格的なものに関わるのに対して、後者の場合は、師に対して人格的に関わっている。第三に、知的なバクティは瞑想（nididhyāsana）と呼ばれる。瞑想は次第に、無属性ブラフマンの本質直観（nirguṇa-sākṣātkāra）へと導くことになる。これら三種のバクティは、実際には、ほとんど識別することはできない。そうしたバクティとともに、苦行や学習などのヨーガの実修が行なわれる。

伝統的にシャンカラには、『ヨーガ・スートラ・バーシュヤ・ヴィヴァラナ』（『ヨーガ・スートラ注解』への複注 *Yogasūtrabhāṣyavivaraṇa*）が帰せられている。この哲学文献は文献学的にもシャンカラの真作とみなされているが、このことはシャンカラ派の伝統において、シャンカラがヨーガ体系に精通していたと思われていることを示唆している。[7]『ブラフマ・スートラ注解』において、シャンカラはヨーガの実修がヨーガ的な力を獲得するための道であるばかりでなく、知識を獲得するための道でもあると述べている。『シャンカラの世界征服』では、シャンカラは「ヨーガを知る者」（yogavit）と言われ、「原子大の身体になること」（aṇiman）などの八種の超能力をもっていたと記されている。今日、シュリンゲーリの伝統における出家遊行者にとっては、ヨーガの実修は知識の獲得へ導く瞑想を促すために行なわれている。また、代々の世師は長い伝統において、諸聖典やヨーガの八つの実修法に精通していたと言われる。このようにシュリンゲーリにおける出家遊行の伝統は、その中にヨーガの実修を取り込んでいるので、ヨーガはシュラッダー（信）、シンボリックなカルマン、情緒的かつ知的なバクティとともに、出家遊行者の信仰における構成要素の一つになっている。これらすべての構成要素、とりわけ瞑想（nididhyāsana）は、知識を獲得するのに必要である「心の浄化」（cittaśuddhi）に役立つと信じられている。[8]

在家者の信仰とその思想

シャンカラ派の在家信者にとって、バクティは大変重要なものである。このバクティは、神々と世師に対して向けられるものであるが、出家遊行者のバクティとちがって、シンボリックな側面も知的な側面もほとんど存在しておらず、おもに情緒的である。そのバクティは、実際のところ、カルマンとは区別することはできない。それは第三四代の世師チャンドラシェーカラ・バーラティーの言葉にもあるように、「〔神〕を礼拝する方法は自分に命じられた行為(karma)を行なうことである」からである。シャンカラに向けられるバクティについては、シャンカラの伝説的伝記にも記されているが、シャンカラは帰依者に対して、「究極的な善」すなわち解脱をもたらす者として描かれている(9)。

シャンカラ派の人びとは、シャンカラが「シヴァ神の化身」であり、輪廻に苦しんでいる人びとを救うために下生したと考えている。出家遊行者が世師をシャンカラ自身とみなしているのと同様、現代のシャンカラ派の人びとは、代々の世師が「シャンカラの化身」であると信じている。『シャンカラの世界征服』によれば、シャンカラは救済者であるけれども、現代のスマールタ派の人びとは、世師へのグル・バクティをとおして、それが社会的なものであれ精神的なものであれ、あるいは身体的なものであれ、苦悩を取り除くために、世師の加護を得ようとしている。在家者たちはすべて、世師にダルシャンを求めるが、その動機はおもに二つである。つまり、日常的あるいは宗教的な問題に関して、世師の助言を得ようとの思いとともに、世師のヨーガ的な超能力、マントラ、ヴィブーティ、クンクマをとおして、病気や苦悩を癒したいとの思いにもとづいている。たしかに世師への信仰をとおして、解脱に到達したいと願う在家者もいるが、解脱を自分の直接の目標としている人びとはごくわずかにすぎない。シュリンゲーリへの巡礼者たちは世師の救けを求めるが、それは「宗教的な師としてではなく、身体的な悩み、精神的な悩み、あるいは家庭での悩みを治癒する者として」である(10)。

これらのデータからも明らかなように、今日、たいていのスマールタ派の人びとによって信じられ実践されている宗教理念は、知識をとおして解脱に到達する方途として、シャンカラが哲学文献において説いているものとは、かなりずれている。『シャンカラの世界征服』によれば、バクティ（信愛）は、ジュニャーナ（知識）と同様、解脱に導くという。同書は、バクティをとおして得られる解脱とジュニャーナをとおして得られるそれを区別してはいない。バクティの道は、知識の道よりも辿るのが簡単であると一般的に考えられている。それにもかかわらず、たいていのシャンカラ派の在家信者は、バクティが解脱に到る道であるというよりは、むしろ病気やさまざまな悩みの癒しなどの現世的な利益や宗教的な加護をもたらす一つの信仰のあり方であると考えている。

世師と同じようにシャーラダー神も、シュリンゲーリの宗教伝統の在家者にとって重要なバクティの対象である。シャーラダー神は「母なる神」でありサラスヴァティー神（知恵の女神）でもある。[11] シュリンゲーリの伝統によれば、シャーラダー神像はシュリー・チャクラのうえに据えられており、「最高の母体、すなわち、宇宙の母の側面とは異ならない」「ブラフマンの明知」（brahmavidyā）あるいは「聖なる明知」（śrī vidyā）を表現している。[12] シュリー・ヤントラ（śrī yantra）の大きな絵が、シュリー・シャーラダー寺院内の正面に掲げられている。この絵はシャーラダー神が絶対的実在たる「母なる神」であるというシャークタ派的な概念をシンボライズしているが、「母なる神」であるシャーラダー神はすべての神々を超越しており、その本質的な形態は宇宙全体である。シャンカラ派の知識層の人びとがシャーラダー神をどのように捉えているのかについては、シャンカラ派の熱心な信仰者の一人であるヴェーンカタラーマンの記述が明らかに物語っている。

聖なる明知においては、ジュニャーナ、バクティ、ヨーガそれにカルマンが統合されている。また、このデーヴィー〔シャーラダー神〕を礼拝する様式は、不二一元論〔の伝統〕の慣習的なサーダナ（手段）であるが、それが優れているために、シャンカラは、それがシンボライズしている神秘的な真理の瞑想とともに、シュリー・チャクラの形式的な礼拝を僧院に導入したのである。[13]

したがって、四つの道、すなわち、ジュニャーナ、バクティ、カルマンそれにヨーガはすべて、シャーラダー神すなわちシュリー・ヴィドヤー（聖なる明知）の礼拝において収斂する。つまり、シャーラダー神への礼拝は「不二一元論〔の伝統〕の慣習的なサーダナ（手段）」なのである。『バクティ・スダー・タランギニー』（*Bhakti-sudhātaraṅginī*）の一節は、次のように言う。

シャーラダー神はブラフマンの明知であって、すべてのウパニシャッドの意味を明らかにしている。[14]

sarvavedāntārthaprakāśinī brahmavidyā śāradā/

シャーラダー神信仰は不二一元論ヴェーダーンタ思想と調和している。まさにタントラ的な不二一元論的信仰とでも呼ぶことのできるこの信仰は、シャンカラの真作と考えられる哲学文献にまでは遡ることはできない。サンドヤー・ヴァンダナ（saṃdhyā-vandana）に関しては、第三四代の世師チャンドラシェーカラ・バーラティーは、次のように説いている。

カルマン、バクティ、ジュニャーナとして知られる道はすべて、サンドヤー礼拝の中に組み入れられてきた。[15]

この具体例からも明らかなように、スムリティ（聖伝書）において命じられている、サンドヤー・ヴァンダナのようなカルマンを遂行することによって、カルマン、バクティ、それにジュニャーナが統合されている。これら二つの信仰のあり方、すなわちシャーラダー神信仰とサンドヤー・ヴァンダナが強調されていることは、シュリンゲーリの伝統において、カルマンとバクティがもつ意義を端的に示している。それはシャーラダー神信仰とサンドヤー・ヴァンダナが解脱へ導くものであると信じられているからである。ジュニャーナ、バクティ、カルマンを取り込んでいるそうした信仰は、知行併合論（jñānakarmasamuccaya-vāda）を否定したシャンカラの哲学的な立場とは矛盾している。シュリンゲーリ僧院において、長年の間、存在してきたタントラ的な不二一元論的信仰は、少なくとも部分的には、在家信者たちの宗教的なニーズに応えて生起したものであろう。

『サウンダルヤ・ラハリー』をはじめ、数多くの讃詩（バクティ頌 bhakti-stotra）が、伝統的にシャンカラに帰せられている。スマールタ派の人びとは、シャンカラがただ単に解脱のための哲学的な方法を説いたばかりでなく、ヒンドゥー教の伝統における神々への讃詩も著したと信じている。ダニエル・インゴルスも指摘しているように、「多くのそうした讃詩は、たしかに偉大なシャンカラによって作られたものではなく、それらはシャンカラが創始した運動から生じたものである」[16]。また、伝統的にシャンカラに帰せられている讃詩（バクティ頌）の内容をコンピューター分析したことで知られるロバート・グスナーによれば、それらの讃詩は「ヴェーダーンタを大衆的なものにして、それをバクティ運動と調和させせようとの強い願望」を示すものである[17]。哲学的な視点からみれば、それらがシャンカラの真作であることは疑わしい。ノーマン・ブラウンが言うように、「母なる神」の信仰者たちはシャクティ崇拝を正当化するために、シャンカラの名と権威を使ったのであろう[18]。そうしたシャクティ崇拝がシュリンゲーリにおいて、長年にわたって続いてきたことは明らかな事実である。

シュリンゲーリ僧院を中心としたシャンカラ派の宗教伝統においては、まず、出家遊行者の信仰のあり方として、シャンカラの真作と言われる哲学文献が明示している究極的目標、すなわち、最高ブラフマンのジュニャーナ（知識）による解脱が、ごく少人数の出家遊行者によって探求されてきた。それと同時に、シャンカラ派の在家者の信仰では、伝統的にシャンカラに帰せられてきたバクティ頌（讃詩）が、神へのバクティによる救いを強調しているように、シャーラダー神信仰やサンドヤー・ヴァンダナなどをとおして、バクティ（信愛）やカルマン（儀礼的行為）による救いが求められてきた。さらには、バクティやカルマンがすべてを超越する最高ブラフマンに究極的に向けられているかぎり、日々の生活に追われて出家遊行することができない在家信者にも、解脱への道が開かれていることが説かれてきた。こうした在家者の信仰のあり方は、シャンカラの本来的な不二一元論思想の視座からみれば、逸脱していると判断されるであろう。しかしながら、シャンカラ派の宗教伝統では、これら二つの信仰のあり方は一つの複合的な信仰現象として存続してきた。こうした具体的な信仰現象および宗教思想は、シャンカラの思想が具体的なシャンカラ派伝統において、これまでいかに受容され展開してきたのかを如実に物語っている。

註

（1）ŚDV, XV.69, p.556. Cf. ŚDV, XV.66ab, p.555.

（2）Ānandāśrama 版においては、duḥkhayuktatve 'py が duḥkhayuktve 'py として誤植されている。

（3）ŚDV, V.140, p.204, V.142, p.205.

（4）ŚDV, IX.92, p.368.

（5）ŚDV, IX.93, p.369.

（6）ŚDV, V.101, p.181.

（7）Paul Hacker, "Śaṃkara der Yogin und Śaṃkara der Advaitin. Einige Beobachtungen," WZKSO, 12-13 (1968-69): 119-148. ハッカーが発表したこの論文によって、伝統的にシャンカラに帰せられてきた『ヨーガ・スートラ・バーシュヤ・ヴィヴァラナ』が、シャンカラの研究者によって注目されるようになった。たとえば、中村元「シャンカラの『ヨーガ・スートラ註解書解明』について」（『奥田慈応先生喜寿記念仏教思想論集』平楽寺書店、一九七六年、一二一九―一二三〇頁）。中村元「シャンカラの『ヨーガ・スートラ註解書解明』」上『印度学仏教学研究』第二五巻第一号（一九七六年、七〇―七七頁）、同、

下、第二六巻第一号（一九七七年、一一九―一二七頁）。

Wilhelm Halbfass, "Appendix: Notes on the 'Yogasūtrabhāṣyavivaraṇa,' " *Studies in Kumārila and Śaṅkara*（Reinbek: Verlag für Orientalistische Fachpublikationen, 1983）, pp.106-131; W. Halbfass, "Chapter 6: Śaṅkara, the Yoga of Patañjali, and the So-called Yogasūtrabhāṣyavivaraṇa," *Tradition and Reflection*（Albany: State University of New York Press, 1991）, pp.205-242. A Wezler, "Philological Observations on the So-called Pātañjalayogasūtrabhāṣyavivaraṇa," *Indo-Iranian Journal* 25, 1983, pp.17-40. また、T・レゲットとT・S・ルクマーニによる英訳も出版されている。Cf. Trevor Leggett, *The Complete Commentary by Śaṅkara on the Yoga Sūtra-s: A Full Translation of the Newly Discovered Text*（London & New York: Kegan Paul International, 1990）; Trichur Subramaniam Rukmani, *Yogasūtrabhāṣyavivaraṇa of Śaṅkara*, 2 vols.（New Delhi: Munshiram Manoharlal, 2001）.

（8）Upad, I.xvii.22, p.134.

（9）ŚDV, IV.43cd, p.105; XVI.99cd, p.598.

（10）SS, p.90.

（11）ŚDV, X.69-72, pp.398-399.

（12）SR, p.39.

（13）TTW, p.13.

（14）*Bhaktisudhātaraṅginī*, p.93. Cf. TTW, p.139.

（15）SS, p.165.

（16）Daniel H.H. Ingalls, "The Brahman Tradition," in *Traditional India*, ed. by Milton Singer（American Folklore Society, vol.10, 1959, third printing; 1976）, p.9（note）.

（17）Robert E. Gussner, "A Stylometric Study of the Authorship of Seventeen Sanskrit Hymns Attributed to Śaṅkara," *Journal of the American Oriental Society*, 96, No.2（1976）, pp.259-267; R. E. Gussner, "Hymns of Praise: A Textual-critical Analysis of Selected Vedāntic Stotras Attributed to Śaṅkara with Reference to the Question of Authenticity,"（unpublished Ph.D. dissertation, Harvard University, 1973）.

(18) *The Saundaryalaharī or Flood of Beauty*, ed., trans. and presented in photographs by W. Norman Brown, The Harvard Oriental Series, vol.43 (Cambridge: Harvard University Press, 1958), p.29.

略号ならびに参考文献

文献の詳細については、参考文献を参照されたい。
シャンカラに帰されている哲学文献（必ずしも真作でない文献も含む）。

BSBh	*Brahmasūtrabhāṣya*
GBh	*Bhagavadgītābhāṣya*
BUBh	*Bṛhadāraṇyakopaniṣadbhāṣya*
CUBh	*Chāndogyopaniṣadbhāṣya*
MUBh	*Muṇḍakopaniṣadbhāṣya*
KUBh	*Kaṭhopaniṣadbhāṣya*
PUBh	*Praśnopaniṣadbhāṣya*
Upad	*Upadeśasāhasrī*
VC	*Vivekacūḍāmaṇi*

＊＊＊

ŚDV	*Śaṅkaradigvijaya* by Mādhava
AS	*Abhinavavidyātīrthastava* by Rāmakṛṣṇasvāmī
ARMAD	*Annual Report of the Mysore Archaeological Department*
BG	*Bhagavadgītā*
BU	*Bṛhadāraṇyakopaniṣad*
CU	*Chāndogyopaniṣad*
DWG	*Dialogue with the Guru: Talks with His Holiness Sri Candrasekhara Bharati Swaminah* by R. Krishnaswami Aiyar
FD	*Flowers of Devotion* edited by the Akhila Bharata Sankara Seva Samiti

GS	*The Greatness of Sringeri* by Jagadgutu Mahasamsthanam Dakshinamnaya Sri Sarada Peetham
GVK	*Guruvaṃśakāvya* by Kāśī Lakṣmaṇa-śāstrī
IS	*Inspiring Saint: Life and Teachings of His Holiness Jagadguru Sri Bharathi Theertha Mahaswamigal* by K. Suresh Chandar
Saga	*Saga of Sringeri* by Sri Thandaveswara
SGPC	*Sringeri: The Great Pilgrim Center* by Sri L.N. Sastry
Souvenir	*Souvenir: Supplement to Sringeri Temples Kumbhabhishekam* edited by the Sringeri Souvenir Committee for the Akhila Bharata Sankara Seva Samiti
SR	*Sringeri Revisited* by T. Ramalingeswara Rao
SS	*The Saint of Sringeri* by R. Krishnaswami Aiyar
SSB	*Sri Sachchidananda Bharati: The 25th Pontiff at Sringeri（1623-1663）* by R. Krishnaswami Iyer
TT	*A Tradition of Teachers: Śaṅkara and the Jagadguru Today* by William Cenkner
TTW	*The Throne of Transcendental Wisdom: Śrī Śamkarācārya's Śārada Piṭha in Śṛṅgeri* by K.R. Venkataraman
ZMR	*Zeitschrift für Missionswissenschaft und Religionswissenschaft*
WZKSO	*Wiener Zeitschrift für die Kunde Süd- und Ost-Asiens*

参考文献

サンスクリット文献

Anantānandagiri. *Śrī Śaṅkaravijaya*. Edited by N. Veezhinathan. Madras: University of Madras, 1971.

"Bhavānyaṣṭaka." In Appendix of *Ātmabodha: Self-Knowledge*. English translation with notes by Swami Nikhilananda. Madras: Sri Ramakrishna Math, 1978.

"Devyaparādhakṣamāpaṇastotra." In Appendix of *Ātmabodha: Self-Knowledge*. English translation with notes by Swami Nikhilananda. Madras: Sri Ramakrishna Math, 1978.

"Jābālopaniṣad." In *Thirty-two Upaniṣad*. Ānandāśrama Sanskrit Series, no.29. Poona: Ānandāśrama Press, 1895.

Jīvanmuktiviveka of Vidyāraṇya. Edited with English translation by S. Subrahmanya and T. R. Srinivasa Ayyangar. Madras: The Adyar Library and Research Center, 1978.

Lakṣmaṇa-śāstrī, Kāśī. *Guruvaṃśakāvya.* Srirangam: Sri Vani Vilas Press, 1966.

Mādhava. *Śaṅkaradigvijaya*. Ānandāśrama Sanskrit Series, no.22. Poona: Ānandāśrama Press, 1891.

Mānavadharmaśāstra. Trübner's Oriental Series. Critically edited by J. Jolly. London: Trübner & Co., Ludgate Hill, 1887.

Nyāyakośa or Dictionary of Technical Terms of Indian Philosophy. Revised and re-edited by Mahāmahopādhyāya Vāsudev Shāstrī Abhyankar. Poona: The Bhandarkar Oriental Research Institute, 1978.

Pātañjala-yogasūtrāṇa. Ānandāśrama Sanskrit Series, no.47. Poona: Ānandāśrama Press, 1904.

Rāmakṛṣṇasvāmī. "Abhinavavidyātīrthastava." In *Flowers of Devotion,* pp.iii-vii. Edited by Akhila Bharata Sankara Seva Samiti. Srirangam: Sri Vani Vilas Press, 1964.

Rāmānuja. *Śrī-bhāṣya.* Edited by Vāsudev Shāstrī Abhyankar. Bombay: Government Central Press, 1914.

Saccidānandaśivābhinavanṛsiṃhabhāratī. *Bhaktisudhātaraṅgiṇī.* Quoted in K.R. Venkataraman, *The Throne of Transcendental Wisdom*, pp.139, 143, 155. Tiruchirapalli: The Trichinopoly United Printers, 1959.

Śaṅkara. Bhagavadgītābhāṣya. Works of Śaṅkarācārya in Original Sanskrit, vol.II. Poona: Motilal Banarsidass, 1929; reprint ed., Delhi: Motilal Banarsidass, 1978.

———. *Brahmasūtrabhāṣya*. Delhi: Motilal Banarsidass, 1980.

———. *Bṛhadāraṇyakopaniṣadbhāṣya.* Works of Śaṅkarācārya in Original Sanskrit, vol.1: Īśādidaśopaniṣadaḥ Śaṃkarabhāṣyasametaḥ. Delhi: Motilal Banarsidass, 1964; reprint ed., Delhi: Motilal Banarsidass, 1978.

———. *Chāndogyopaniṣadbhāṣya.* Works of Śaṅkarācārya in Original Sanskrit, vol.1: Īśādidaśopaniṣadaḥ Śaṃkarabhāṣyasametaḥ. Delhi: Motilal Banarsidass, 1964; reprint ed., Delhi: Motilal Banarsidass, 1978.

———. *Dakṣiṇāmūrtī-stotra*. With translation by Alladi Mahadeva Sastry. 3rd ed. Madras: Samata Books, 1978.

———. *Kaṭhopaniṣadbhāṣya*. Works of Śaṅkarācārya in Original Sanskrit, vol.1: Īśādidaśopaniṣadaḥ Śaṃkarabhāṣyasametaḥ. Delhi: Motilal Banarsidass, 1964; reprint ed., Delhi: Motilal Banarsidass, 1978.

———. *Minor Works of Śrī Śaṅkarācārya*. 2nd ed. Edited by H.R. Bhagavat. Poona Oriental Series, no.8. Poona: Oriental Book Agency, 1952.

———. *Muṇḍakopaniṣadbhāṣya*. Works of Śaṅkarācārya in Original Sanskrit, vol.1: Īśādidaśopaniṣadaḥ Śaṃkarabhāṣyasametaḥ. Delhi: Motilal Banarsidass, 1964; reprint ed., Delhi: Motilal Banarsidass, 1978.

———. *Praśnopaniṣadbhāṣya*. Works of Śaṅkarācārya in Original Sanskrit, vol.1: Īśādidaśopaniṣadaḥ Śaṃkarabhāṣyasametaḥ. Delhi: Motilal Banarsidass, 1964; reprint ed., Delhi: Motilal Banarsidass, 1978.

———. "Sarvavedāntasiddhāntasārasaṃgraha." In *Minor Works of Śrī Śaṅkarācārya*, pp.130-218. Poona Oriental Series, no.8. Edited by H.R. Bhagavat. 2nd ed. Poona: Oriental Book Agency, 1952.

———. *Upadeśasāhasrī*. Critically edited by Sengaku Mayeda. Tokyo: The Hokuseido Press, 1973.

———. *Vivekacūḍāmaṇi*. Commented upon by Candraśekharabhāratī and translated into English by P. Sankaranarayanan. Bombay: Bharatiya Vidya Bhavan, 1973; reprint ed., 1979.

Vālmīki. *Rāmāyaṇa*. The Bālakāṇḍa. Critically edited by G. H. Bhatt. Critical Edition. Baroda: Oriental Institute, 1960.

Viśvanātha. *The Sāhityadarpaṇa* (*parichchhedas I-X*). 2nd ed. With notes on Parichchhedas I, II, X and *History of Alaṅkāra Literature* by P. V. Kane. Bombay: Nirnaya-Sagar Press, 1923.

シュリンゲーリの伝統からの最近の著作

Aiyar, R. Krishnaswami. *The Saint of Sringeri*. Madurai: Sri Ramakrishna Press, 1977.

———, compiler. *Dialogue with the Guru: Talks with His Holiness Sri Chandrasekhara Bharati Swaminah*. Bombay: Chetana Ltd., 1956.

———. (Iyer, R. Krishnaswami の項も参照のこと)

Sri Sachchidananda Bharati: the 25th Pontiff at Sringeri (*1623-1663*). Coimbatore: The Akhila Bharata Sankara Seva Samiti, 1967.

Akhila Bharata Sankara Seva Samiti, Publication section ed. *Flowers of Devotion.* Srirangam: Sri Vani Vilas Press, 1964.

———, Sringeri Souvenir Committee, ed. *Souvenir: Supplement to Sringeri Temples Kumbha-bhishekam.* Madras: Akhila Bharata Sankara Seva Samiti, 1964.

———, Publication section ed. “Two Teachings of Our Master—The Jagadguru.” In *Flowers of Devotion.* pp.12-19. Sankara Seva Samiti. Srirangam: Sri Vani Vilas Press, 1964.

Bharathi Theertha Mahaswamigal, *The Glory of Lord Vigneshwara*, Teachings of the Jagadguru vol.1, Sringeri: Dakshinamnaya Sri Sharada Peetham, 2001.

———, *Poems by His Holiness*, Sringeri: Dakshinamnaya Sri Sharada Peetham, 2002.

Chandar, K. Suresh. *Inspiring Saint: Life and Teachings of His Holiness Jagadguru Sri Bharathi Theertha Mahaswamigal.* Chennai: Sri Vidyatheertha Foundation, the first edition: 1995; the second edition: 2002.

———, *Illuminating Interactions with His Holiness Sri Bharathi Theertha Sankaracharya Mahaswami-gal,* compiled by K. S. Chandar. Sringeri: Sri Sharada Peetam, 2004.

Padmanaban, K. *Śrīmad Śaṅkara Digvijaya by Vidyāraṇya.* English translation of ŚDV. Madras: rst Printers, 1985（part I）; 1986（part II）.

Rao, T. Ramalingeswara. *Sringeri Revisited.* Madras: The Jupiter Press Private Ltd., 1968.

Sastry, L. N. *Sringeri: The Great Pilgrim Center.* Translated from Kannada by Sri Arayya. Bangalore: IBH Prakashana, 1980.

Srngeri Matha ed. “Śrī Shankara Jayanthi Celebrations.” An invitation letter for Śaṅkara-jayantī. Mysore: Śṛṅgeri, 30 April, 1983.

Srinivasan, K. R. “The Vidyāśaṃkara Temple—Śriṅgeri.” In *Sringeri Vignettes,* pp.14-28. Edited by K. R. Venkataraman. Srirangam: Sri Vani Vilas Press, 1968.

Sri Sarada Peetham. *The Greatness of Sringeri.* Sringeri: Jagadguru Mahasamsthanam Dakshinamnaya Sri Sarada Peetham, 2001.

Thandaveswara, Sri. *Saga of Sringeri.* Madras: The Akhila Bharata Sankara Seva Samiti, 1965.

Venkataraman, K. R. *The Throne of Transcendental Wisdom: Śrī Śankarācārya's Śārada Piṭha in Śringeri.* Tiruchirapalli: The Trichinopoly United Printers, 1959.

———. “Śakti Cult in South India.” In *The Cultural Heritage of India.* pp.252-259. Edited by Haridas Bhattacharyya. Vol.4: *The Religions.*

Calcutta: The Ramakrishna Mission Institute of Culture, 1956.
———, ed. *Sringeri Vignettes.* Srirangam: Sri Vani Vilas Press, 1968.
———. "Synthesis in Worship in Śringerī." In *Sringeri Vignettes*, pp.9-13. Edited by K. R. Venkataraman. Srirangam: Sri Vani Vilas Press, 1968.
———. "Our Homage." In *Sringeri Vignettes*, pp.3-8. Edited by K. R. Venkataraman. Srirangam: Sri Vani Vilas Press, 1968.
———. "Guruvamśa Kavya（A Brief Review）." In *Sringeri Vignettes,* pp.64-71. Edited by K. R. Venkataraman. Srirangam: Sri Vani Vilas Press, 1968.

インタビュー

シュリンゲーリ僧院の第三五代世師（Abhinavavidyātīrtha）、一九八三年二月五日。

クリシュナムールティー（Kṛṣṇamūrtī）、一九八三年五月一六日。

マハーデーヴァン教授（Prof. Mahādevan T. M. P.）、一九八二年一二月一〇日。

ラーマバッタ（Ramabhatta, M. S.）とその家族、一九八三年五月一八日。

シャンカラ派伝統の人びと、一九八二年一一月—一九八三年五月。

シュリーニヴァーサ・シャーストリー（Śrīnivāsa-śāstrī）、一九八三年三月一九日。

ヨーガーナンダ・バーラティー（Yogānandabhāratī）、一九八三年三月四日。

サンスクリット写本目録

Aufrecht, Th. *Catalogi Codicum Manuscriptorum Bibliothecae Bodleianae Pars Octava, Codices Sanscriticos.* Oxford: The Clarendon Press, 1864.
Keith, A. B. *Catalogue of the Sanskrit and Prakrit Manuscripts in the Library of the India Office.* Vol.2. Oxford: The Clarendon Press, 1935.
Sastri, P. P. S. *A Descriptive Catalogue of the Sanskrit Manuscripts in the Tanjore Mahārāja Serfoji's Sarasvatī Mahal Library.* Vol.VII.

Srirangam: Sri Vani Vilas Press, 1930.

Sastri, S. K. *A Triennial Catalogue of Manuscripts Collected During the Triennium 1913-14 to 1915-16.* Vol.I. Part 1. Madras: The Government Press, 1917.

Stein, M. A. *Catalogue of the Sanskrit Manuscripts in the Raghunatha Temple Library of His Holiness The Maharaja of Jammu and Kashmir.* London: Luzac & Co.; Bombay: Nirnaya-sagara Press; Leipzig: Harrassowitz, 1894.

Windisch, Ernst, and Eggeling, Julius. *Catalogue of the Sanskrit Manuscripts in the Library of the India Office.* Part IV. London, 1894.

研究文献

Aiyar, C. N. Krishnaswami. *Sri Sankaracharya:（1）His Life and Times.* Madras: G.A. Natesan & Co., Esplanade, 1903.

Annual Report of the Mysore Archaeological Department, for the year 1928. Bangalore: The Government Press, 1929.

Annual Report of the Mysore Archaeological Department, for the year 1933. Bangalore: The Government Press, 1936.

Antarkar, W. R. "Śaṅkara-vijaya of Anantānandagiri." *Journal of the University of Bombay.* 30（new series), part 2（1961): 73-80.

———. "Saṅkṣepa Śaṅkara Jaya of Mādhavācārya or Śaṅkara Digvijaya of Śrī Vidyāraṇyamuni." *Journal of the University of Bombay*. 41（new series), no.77（1972): 1-23.

Bader, Jonathan. *Meditation in Śaṅkara's Vedānta.* New Delhi: Aditya Prakashan, 1990.

———, *Conquest of the Four Quarters: Traditional Accounts of the Life of Śaṅkara,*.New Delhi: Aditya Prakashanm, 2000.

Brown, Norman W., ed. and trans. *The Saundaryalaharī or Flood of Beauty, traditionallyascribed to Śaṅkarācārya.* Harvard Oriental Series, vol.43. Cambridge: Harvard University, 1958.

Buchanan, Francis. *A Journey from Madras through the Countries of Mysore, Canara, and Malabar.* 3 vols. London: W. Bulmer and Co. Cleveland Row, 1807.

Carman, John B. *The Theology of Rāmānuja: An Essay in Interreligious Understanding*. New Haven: Yale University Press, 1974.

Cenkner, William. *A Tradition of Teachers: Śaṅkara and the Jagadgurus Today.* Delhi: Motilal Banarsidass, 1983.

Dasgupta, Surendranath. *A History of Indian Philosophy.* Vol.1. 1st ed., Cambridge: Cambridge University Press, 1922; reprint ed., Delhi:

Motilal Banarsidass, 1975.

Deussen, Paul. *Das System des Vedānta.* Leipzig: Brockhaus, 1883.

———. *The System of the Vedānta.* Translated by Charles Johnston. New York: Dover Publications, Inc., 1912.

Deutsch, Eliot. *Advaita Vedānta.* Honolulu: East-West Center Press, 1969.

———, and van Buitenen, J. A. B. *A Source Book of Advaita Vedānta.* Honolulu: The University Press of Hawaii, 1971.

Dubois, Joël André-Michel. *The Hidden Lives of Brahman: Śaṅkara's Vedānta through His Upāniṣad Commentaries, in Light of Contemporary Practice,* Albany: State University of New York Press, 2013.

Eliade, Mircea. *Yoga: Immortality and Freedom.* Translated from French by Willard R. Trask. New York: Bollingen Foundation Inc., 1958; reprint ed., Bollingen Series LVI, Princeton: Princeton University, 1970.

Farquhar, J. N. *Modern Religious Movements in India.* 1st publications, 1914; New Delhi: Munshiram Manoharlal Publishers Put. Ltd., 1977.

Fort, Andrew O. "Beyond Pleasure: Śaṅkara on Bliss." *Journal of Indian Philosophy* 16, 1988.

———. "Knowing Brahman While Embodied." *Journal of Indian Philosophy* 19, 1991.

———. *Jīvanmukti in Transformation: Embodied Liberation in Advaita and Neo-Vedanta,* Albany: State University of New York Press, 1998.

Ghurye, G. S. *Indian Sadhus.* Bombay: The Popular Book Depot, 1953.

Grimes, John. *The Vivekacūḍāmaṇi of Śaṅkarācārya Bhagavatpāda: An Introduction and Translation.* Delhi: Motilal Banarsidass, 2004.

Gussner, Robert Erwin. "Hymns of Praise: A Textual-critical Analysis of Selected Vedāntic Stotras Attributed to Śaṅkara with Reference to the Question of Authenticity." Unpublished Ph.D. dissertation. Harvard University, 1973.

———. "A Stylometric Study of the Authorship of Seventeen Sanskrit Hymns Attributed to Śaṅkara." *Journal of the American Oriental Society*, 96 (1976): 259-267.

Hacker, Paul. "Śraddhā." *Wiener Zeitschrift für die Kunde Süd- und Ostasiens* 7 (1963): 151-189; *Kleine Schriften.* Wiesbaden: Franz Steiner Verlag GMBH, 1978.

———. "Über den Glauben in der Religionsphilosophie des Hinduismus." *Zeitschrift für Missionswissenschaft und Religionswissenschaft* 38（1954）: 51-66; *Kleine Schriften*. Wiesbaden: Franz Steiner Verlag GMBH, 1978.

———. "Eigentümlichkeiten der Lehre und Terminologie Śaṅkara's." *Zeitschrift der deutschen Morgenländischen Gesellschaft* 100（1950）: 246-286; *Kleine Schriften*. Wiesbaden: Franz Steiner Verlag GMBH, 1978.

———. "Relations of Early Advaitins to Vaiṣṇavism." *Wiener Zeitschrift für die Kunde Süd- und Ostasiens* 9（1965）: 147-154; Kleine Schriften. Wiesbaden: Franz Steiner Verlag GMBH, 1978.

———. *Upadeshasāhasrī von Meister Shankara*. Bonn: Ludwig Rohrscheid Verlag, 1949.

———. "Śaṃkara der Yogin und Śaṃkara der Advaitin. Einige Beobachtungen." *Wiener Zeitschrift für die Kunde Süd- und Ostasiens* 12-13（1968-1969）: 119-148; *Kleine Schriften*. Wiesbaden: Franz Steiner Verlag GMBH, 1978.

———. "Śaṅkarācārya und Śaṅkarabhagavatpāda." *New Indian Antiquary* IX（1947）: 175-186.

———. *Kleine Schriften*. Wiesbaden: Franz Steiner Verlag GMBH, 1978.

Halbfass, Wilhelm. "Appendix: Notes on the 'Yogasūtrabhāṣyavivaraṇa.'" *Studies in Kumārila and Śaṅkara*. Reinbek: Verlag für Orientalistische Fachpublikationen, 1983.

———. *Studies in Kumārila and Śaṅkara*. Reinbek: Verlag für Orientalistische Fachpublikationen, 1983.

———. *Tradition and Reflection*. Albany: State University of New York Press, 1991.

華園聰磨「G・ヴァン・デル・レーウの『宗教現象学』再考」『東北大学文学部研究年報』第三九号、一九八九年。

Hara, Minoru. "Note on Two Sanskrit Terms: Bhakti and Śraddhā." *Indo-Iranian Journal* 7（1964）: 124-145.

服部正明『古代インドの神秘思想』講談社現代新書、一九七九年。

———訳「ウパニシャッド」『バラモン教典・原始仏典』（世界の名著1）中央公論社、一九六九年。

日野紹運「ヒンドゥー教の宗教世界——ヴェーダーンタ学匠の教説をめぐって」『Saṃbhāṣā』五、一九八三年。

Ingalls, Daniel H.H. "Śaṃkara's Arguments Against the Buddhists." *Philosophy East and West* 3, no.4（1954）: 291-306.

———. "The Study of Śaṃkarācārya." *Annals of the Bhandarkar Oriental Research Institute* 33（1952）: 1-14.

———. "Śaṃkara on the Question: Whose Is Avidyā?" *Philosophy East and West*, vol.3（1953）, no.4.

———. “The Brahman Tradition” In *Traditional India*, pp.3-9. Edited by Milton Singer. The American Folklore Society. 3rd ed. Texas: University of Texas Press, 1976.

Isayeva, Natalia. *Shankara and Indian Philosophy.* Albany: State University of New York Press, 1993.

Iyengar, H. R. Rangaswami, and Cakravarthi, R. *Śrī Śankara Vijayam*. 2nd ed. Madras: Ganesh & Company, 1976.

神館義朗「シャンカラの二つの立場」『八戸高専紀要』一一号、一九七六年。

金倉圓照『吠檀多哲学の研究』岩波書店、一九三二年。

———訳『シャンカラの哲学——ブラフマ・スートラ釈論の全訳』上下、春秋社、一九八〇年、一九八四年。

Kane, P. V. *History of Dharmaśāstra*. vol.II, part 2. 2nd ed. Poona: Bhandarkar Oriental Research Institute, 1974.

木村文輝『ラーマーヌジャの救済思想』山喜房佛書林、二〇一四年。

川田熊太郎『仏教と哲学』（サーラ叢書7）平楽寺書店、一九五七年。

Kristensen, W. Brede. *The Meaning of Religion: Lectures in the Phenomenology of Religion*. Translated by John B. Carman. The Hague: Martinus Nijhoff, 1960.

楠正弘『理性と信仰——自然的宗教』未來社、一九七四年。

———『解脱と救済』平楽寺書店、一九八三年。

———『庶民信仰の世界——恐山信仰とオシラサン信仰』未來社、一九八四年。

Leggett, Trevor. *The Complete Commentary by Śaṅkara on the Yoga Sūtra-s: A Full Translation of the Newly Discovered Text.* London & New York: Kegan Paul International, 1990.

Lorenzen, David N. “The Life of Śaṅkarācārya.” In *The Biographical Process: Studies in the History and Psychology of Religion,* pp.87-107. Edited by Frank E. Reynolds and Donald Capps. Mouton: The Hague, 1976.

Mahadevan, T. M. P. *The Hymns of Śaṅkara*. Delhi: Motilal Banarsidass, 1980.

———. *Homage to Śaṅkara*. Madras: Ganesh & Co. Private Ltd., 1959.

———. *Gauḍapāda: a study in early Advaita.* Madras: University of Madras, 1952.

———. *Sankaracharya.* New Delhi: National Book Trust, 1968.

———. *Ten Saints of India.* Bombay: Bharatiya Vidya Bhavan, 1976.

Mahāmahopādhyāya Bhīmācārya Jhalakīkar. *Nyāyakośa or Dictionary of Technical Terms of Indian Philosophy.* Revised and re-edited by Mahāmahopādhyāya Vāsudev ShāstrīAbhyankar. Poona: The Bhandarkar Oriental Research Institute, 1978.

Malkovsky, Bradley J. ed., *New Perspectives on Advaita Vedānta: Essays in Commemoration of Professor Richard De Smet, SJ.*, Numen Book Series. London: 2000.

Malkovsky, Bradley J., *The Role of Divine Grace in the Soteriology of Śaṃkarācārya.* Leiden: Brill, 2001.

Marcaurelle, Roger. *Freedom Through Inner Renunciation: Śaṅkara's Philosophy in a New Light.* Albany: State University of New York Press, 2000.

松本照敬『ラーマーヌジャの研究』春秋社、一九九一年。

———「ラーマーヌジャにおけるバクティの概念」『神秘思想論集』（インド古典研究VI）成田山新勝寺、一九八四年。

Mayeda, Sengaku. *A Thousand Teachings: the Upadeśasāhasrī of Śaṅkara.* Translated with introduction and notes. Tokyo: University of Tokyo Press, 1979.

———, and Junzo Tanizawa, "Studies on Indian Philosophy in Japan 1963-1987." *Acta Asiatica*（*Bulletin of the Institute of Eastern Culture*）57, 1989, pp.90-97.

前田専学訳（シャンカラ著）『ウパデーシャ・サーハスリー』岩波文庫、一九八八年。

前田專學『ヴェーダーンタの哲学——シャンカラを中心として』（サーラ叢書24）平楽寺書店、一九八〇年。

———「ヴェーダーンタ哲学におけるダルマ——シャンカラのダルマ観の一断面」『仏教における法の研究』平川彰博士還暦記念論集、春秋社、一九七五年。

———「シャンカラ研究の回顧と展望」（佐伯富ほか『学問の山なみ（3）』日本学術振興会、一九九三年）、二〇—三六頁。

———「インド思想における自我と無我——シャンカラの思想を中心として」『日本の哲学』第一二号、昭和堂、二〇一一年。

Mishra, Adya Prasad. *The Development and Place of Bhakti in Śāṅkara Vedānta.* Allahabad, The University of Allahabad, 1967.

Murti, K.S. *Revelation and Reason in Advaita Vedānta.* Delhi: Motilal Banarsidass, 1974.

Monier-William, Monier. *A Sanskrit-English Dictionary.* Oxford: Oxford University Press, first print 1899; reprint ed., Tokyo: Oxford

University Press, 1982.

村上真完「真実は語られるか――ウパニシャッドを出発点として」『印度哲学仏教学』第九号、一九九四年。

――――『インド哲学概論』平楽寺書店、一九九一年。

Nakamura, Hajime. *A History of Early Vedānta Philosophy.* Delhi: Motilal Banarsidass, 1983.

中村元『シャンカラの思想』岩波書店、一九八九年。

――――『初期のヴェーダーンタ哲学』(初期ヴェーダーンタ哲学史　第一巻) 岩波書店、一九五〇年、一九八一年 (再版)。

――――『ブラフマ・スートラの哲学』(初期ヴェーダーンタ哲学史　第二巻) 岩波書店、一九五一年、一九八一年 (再版)。

――――『ヴェーダーンタ哲学の発展』(初期ヴェーダーンタ哲学史　第三巻) 岩波書店、一九五五年、一九八一年 (再版)。

――――『ことばの形而上学』(初期ヴェーダーンタ哲学史　第四巻) 岩波書店、一九五六年、一九八一年 (再版)。

――――「シャンカラ哲学の歴史的社会的立場」(宮本正尊・辻直四郎・花山信勝・中村元編『印度哲学と仏教の諸問題――宇井伯寿博士還暦記念論文集』岩波書店、一九五一年。

――――「シャンカラ派の総本山――シュリンゲーリ」『印度学仏教学研究』第九巻第一号、一九六一年。

――――「シャンカラにおける瞑想」『禅文化研究所紀要』第九号、山田無文老師喜寿記念特集、一九七七年。

――――「シャンカラの『ヨーガ・スートラ註解書解明』について」『奥田慈応先生喜寿記念仏教思想論集』平楽寺書店、一九七六年。

――――「シャンカラの『ヨーガ・スートラ註解書解明』」『印度学仏教学研究』第二五巻第一号、一九七六年。

――――「シャンカラの『ヨーガ・スートラ註解書解明』」『印度学仏教学研究』第二六巻第一号、一九七七年。

Otto, Rudolf. *West-östliche Mystik: Vergleich und Unterscheidung zur Wesensdeutung.* Gotha: L. Klotz, 1926; Munchen: C. H. Beck, 1971.

――――. *Mysticism East and West: A Comparative Analysis of the Nature of Mysticism.* Translated by Bertha L. Bracey and Richenda C. Payne. New York: Collier Books, 1962.

Prasad, Leela. *Poetics of Conduct: Oral Narrative and Moral Being in a South Indian Town.* New York: Columbia University Press, 2007.

Potter, Karl H., ed. *Encyclopedia of Indian Philosophies: Advaita Vedānta up to Śaṃkara and His Pupils.* New Jersey: Princeton University Press, 1981.

Radhakrishnan, Sarvepalli. *Eastern Religions and Western Thought.* London: Oxford University Press, 1939.

———. *Religion and Culture.* Delhi: Hind Pocket Book, 1968.

———. *Indian Philosophy.* London: George Allen & Unwin, 1923.

Ramachandran, T. P. *The Concept of the Vyāvahārika in Advaita Vedānta*. Madras: The Dr. S. Radhakrishnan Institute for Advanced Study in Philosophy, University of Madras, 1980.

Rice, B. Lewis. *Mysore, A Gazetteer*. Revised ed. Vol.1. Westminster: Archibald Constable And Company, 1897.

Rao, C. Hayavadana. *Mysore Gazetteer*. Vol.1. Bangalore: The Government Press, 1927.

Rukmani, Trichur Subramaniam. *Yogasūtrabhāṣyavivaraṇa of Śaṅkara*, 2 vols. New Delhi: Munshiram Manoharlal, 2001.

三枝充悳『比較思想論Ⅰ』（三枝充悳著作集・第七巻）法藏館、二〇〇四年。

Sankara: the Missionary. Bombay: Central Chinmaya Mission Trust, 1978.

Sastri, K. A. Nilakanta. "Sringeri." *The Illustrated Weekly of India.* 17 November 1963: 8-13.

Sastri, T. S. Narayana. *The Age of Śaṅkara.* Quoted in Swami Tapasyananda, *The Traditional Life of Sri Samkaracharya*, English translation of Mādhava's *Śaṅkaradigvijaya*. Introduction by Swami Tapasyananda. pp.ix-xi. 2nd ed.Madras: Sri Ramakrishna Math, 1980.

澤井義次「出家遊行――シャンカラの不二一元論ヴェーダーンタ哲学をめぐって」楠正弘編『解脱と救済』平楽寺書店、一九八三年。

———「シャンカラ派僧院の歴史と伝承」『東方学』第七〇輯、一九八五年。

———「信仰の概念と現実――シャンカラ・ヴェーダーンタ派の研究序説」『宗教研究』二六四号、一九八五年。

———「出家遊行の理念と意味――シャンカラの解脱論との関連において」『天理大学学報』第一五一輯、一九八六年。

———「深層意識の『第四位』」『思想』七五九号、岩波書店、一九八七年。

———「シャンカラ信仰の意味構造」『印度学仏教学研究』第四〇巻第一号、一九九一年。

———「ヴェーダーンタ哲学の〈体験知〉的トポス」『思想』八一八号、岩波書店、一九九二年。

———「シャンカラと救い」『印度学仏教学研究』第四一巻第一号、一九九二年。

———「シャンカラーチャーリヤ信仰の意味世界」『密教文化』一八一、一九九三年。

———「ヴェーダーンタの哲学的思惟の深層」『天理大学学報』第一七二輯、一九九三年。

———「信仰の現象学——シャンカラ派信仰現象を手がかりとして」『宗教研究』二九八号、一九九三年。

———「シャンカラ派の宗教思想の研究」東北大学学位論文、一九九六年。

———「宗教現象学」星野英紀他編『宗教学事典』丸善、二〇一〇年。

———「シャンカラの哲学への宗教学的視座」『印度学仏教学研究』第六一巻第二号、二〇一三年。

———「シャンカラ派における信（śraddhā）の概念とその意味」『印度学仏教学研究』第六四巻第二号、二〇一六年。

Sawai, Yoshitsugu. "On a Legendary Biography of Śaṅkara—especially in regard to the date of Mādhava's *Śaṅkaradigvijaya*—." *Journal of Indian and Buddhist Studies*. Vol. XXXIV, no.1, 1985, 10-15.

———. "Śaṅkara's Theory of Saṃnyāsa." *Journal of Indian Philosophy*. Vol.14, no.4, 1986, 371-387.

———. "The Nature of Faith in the Śaṅkaran Vedānta Tradition." *Numen* vol.XXXIV, fasc.1, 1987,18-44.

———. "Rāmānuja's Hermeneutics of the Upaniṣads in Comparison with Śaṅkara's Interpretation." *Journal of Indian Philosophy.* Vol.19, no.1, 1991, 89-98.

———. *The Faith of Ascetics and Lay Smārtas: A Study of the Śaṅkaran Tradition of Śṛṅgeri*, Vienna: Sammlung de Nobili, Universität Wien, 1992.

———. "Reflections on Bhakti as a Type of Indian Mysticism," in *The Historical Development of the Bhakti Movement in India: Theory and Practice*, edited by Iwao Shima, Teiji Sakata, and Katsuyuki Ida. New Delhi: Manohar, 2011. 19-33.

Sharpe, Eric J. *Comparative Religion: A History.* Illinois: Open Court Publishing Company, 3rd printing, 1991.

島岩「シャンカラにおける解脱への道とその理論的根拠」『日本仏教学会年報』四五、一九七七年。

———「不二一元論学派における解脱への道」『宗教研究』二六九号、一九八六年。

———『シャンカラ』清水書院、二〇〇二年。

———『「バーマティー」の文献学的研究』東京外国語大学アジア・アフリカ言語文化研究所、二〇一二年。

Shima, Iwao. *The Historical Development of the Bhakti Movement in India: Theory and Practice,* edited by Iwao Shima, Teiji Sakata, and Katsuyuki Ida. New Delhi: Manohar, 2011.

Singer, Milton. *When A Great Tradition Modernizes: An Anthropological Approach to Indian Civilization.* London: Pall Mall Press, 1972.

Smith, Wilfred Cantwell. *Faith and Belief.* Princeton: Princeton University Press, 1979.

———. "Shall Next Century be Secular or Religious?" In *Cosmos-Life-Religion: Beyond Humanism* (Tenri International Symposium '86). Edited by Tenri International Symposium Office. Tenri: Tenri University Press, 1988. pp.125-151.

スミス、ウィルフレッド「二十一世紀——世俗的か宗教的か」『コスモス・生命・宗教——ヒューマニズムを超えて』(天理国際シンポジウム事務局編) 天理大学出版部、一九八八年、一四三—一七八頁。

Sureśvara. *The Naiṣkarmya-siddhi with the Candrikā of Jñānottama.* Bombay: Bombay Sanskrit and Prakrit Series No.XXXVIII, 1925.

田丸徳善『宗教学の歴史と課題』山本書店、一九八七年。

Tapasyananda, Swami. *The Traditonal Life of Sri Sankaracharya.* English translation of Mādhava's *Śaṅkaradigvijaya*. Introduction by Swami Tapasyananda. 2nd ed. Madras: Sri Ramakrishna Math, 1980.

van der Leeuw, G. *Phänomenologie der Religion.* Tübingen: Mohr, 1933; 2. Aufl. 1956.

Venkateswaran, T. K. "Rādhā-Krishna Bhajanas of South India." *Krishna: Myths, Rites, and Attitudes*, pp.139-172. Edited by Milton Singer. Hawaii: East-West Center Press, University of Hawaii, 1966; reprint ed., Chicago and London: The University of Chicago Press, 1971.

Vetter, Tilman. *Maṇḍanamiśra's Brahmasiddhiḥ—Brahmakāṇḍaḥ, Übersetzung, Einleitung und Anmerkungen.* Sitzungsberichte, 262. Band, 2. Abh., Wien 1969.

Wezler, A. "Philological Observations on the So-called Pātañjalayogasūtrabhāṣyavivaraṇa." *Indo-Iranian Journal* 25, 1983.

Widengren, Geo. *Religionsphänomenologie*. Berlin: Walter de Gruyter, 1969.

Wood, Thomas E. *The Māṇḍūkya Upaniṣad and the Āgama Śāstra: An Investigation into the Meaning of the Vedānta.* Monographs of the Society for Asian and Comparative Philosophy. No.8. Hawaii: University of Hawaii Press, 1990.

Word Index of the Brahma-Sūtra-Bhāṣya of Śaṅkara. Madras: University of Madras, 1971, 1973.

あとがき

本書は、インドのシャンカラ派（あるいはスマールタ派）の宗教伝統において、インド最大の哲学者とも言われるシャンカラの思想がいかに受容され展開してきたのかに焦点を当てながら、シャンカラ派における宗教思想と信仰をできるかぎり在るがままに把握し、そのうえでシャンカラ派の思想と信仰の意味構造を明らかにしようとした宗教学的な一試論である。シャンカラを開祖としているシャンカラ派の宗教伝統を構成しているのは、いわば教義としてのシャンカラの思想とその宗教伝統にみられる具体的な信仰現象との重なり合いである。シャンカラ派の信仰現象、およびその中に内在する宗教思想を理解するためには、シャンカラの思想とともに、伝統的な慣習や儀礼などの具体的な信仰の両レベルに注目しなければならない。

インド哲学研究において、長年にわたる精緻な研究の蓄積をもつシャンカラの不二一元論思想を、インド哲学史の中で読み解くことの重要性については、今さらながら言う必要はないだろう。シャンカラはウパニシャッドの一元論的な思想を展開したヴェーダーンタ学派の主要な代表者であり、彼の哲学体系を解明するために、今後もなお一層、シャンカラの思想に関する掘り下げた文献学的・解釈学的な研究が求められている。そうしたインド哲学研究と併行して、本書の中で筆者が試みたのは、シャンカラの思想を宗教学の視座から読み解くというものである。現代インドのシャンカラ派という宗教伝統の脈絡《コンテクスト》へと引き戻しながら、シャンカラの哲学を宗教学の視座から読む。そのとき、私たちの眼前には、これまでインド哲学の視座から解明されてきたシャンカラの思想とは、意味論的にかなり違った彼の思想の全貌が浮かび上がってくる。つまり、シャンカラ派の信仰者にとって、シャンカラの思想がどのような宗教的意義をもってきたのか、あるいは今もなお、いかなる宗教的な役割を担っているのかも明らかになってくる。こうした宗教学的パースペクティヴが本書全体を通奏低音のように貫いている。

本書における考察を終えるまえに、筆者がいかに自らの宗教学的パースペクティヴを形成するようになったのか、その学問的な背景を少し記して筆を擱きたい。筆者がはじめて宗教学という学問に出会ったのは、天理大学宗教学科の学生時代であった。山澤秀信先生、中島秀夫先生、飯田照明先生、松本滋先生、橋本武人先生など、大学時代の先生がたには、宗教学と天理教学について公私にわたって教えていただいた。とりわけ、宗教心理学の研究で知られる松本滋先生には、ハーバード大学留学を終えて帰国された後、毎週、東京から新幹線で天理大学へ講義に来られ、宗教学の面白さと奥深さを教えていただいた。古野清人先生、石津照璽先生、大畠清先生など、日本の宗教学界をリードしておられた先生がたの集中講義を聴講して、当時の宗教学界における研究動向を知ることができたことも有難かった。

東北大学の大学院（宗教学）では、楠正弘先生に宗教現象学の方法論を、村上真完先生にはサンスクリット語とインド哲学を教えていただいた。留学したハーバード大学大学院では、インド哲学の世界的権威であったダニエル・H・H・インゴルス先生のサンスクリット語文献演習において、シャンカラなどのインド哲学書を読み進める中に、次第にシャンカラの哲学に関心を抱くようになった。筆者を具体的にシャンカラ研究へと導いてくださったのはインゴルス先生であった。同大学では、世界宗教研究所に所属し、宗教学の研究領域としてヒンドゥー教研究を専攻した。同研究所長のジョン・B・カーマン先生は筆者の研究アドバイザーであった。インド哲学の中でも、ラーマーヌジャの哲学研究で世界的に知られるカーマン先生からは、ヒンドゥー教思想や宗教現象学理論を学んだ。さらに二〇世紀後半、シカゴ大学のミルチャ・エリアーデとともに、世界の宗教学界をリードしたウィルフレッド・C・スミス先生からも、宗教解釈学的な視座を学ぶことができた。スミス先生はカーマン先生のまえに、同研究所長を務められたが、私の留学中、宗教学講義や大学院博士課程の基幹ゼミを担当されるなど、ハーバード宗教学をリードしておられた。

インド留学中には、シャンカラの哲学に精通しておられたデカン・カレッジのシュリーニヴァーサ・シャーストリー先生とK・ヴェーヌゴーパラン先生には、シャンカラの哲学文献およびシャンカラの伝説的伝記を一緒に読んでいただき、シャンカラの哲学とその伝統に関する理解をいっそう深めることができた。さらにシュリンゲーリ僧院の方々にも、フィールドワークに際して、いろいろとご教示いただくことができた。ハーバード留学を終えて帰国した後、中村元先生と前田専學先生からシャンカラの哲学とその研究動向について、いろいろとご教導いただけたことは大変有難かった。さらに筆者の宗教現象学的な方法論的関心が、イスラーム哲学・東洋哲学の世界的な碩学・井筒俊彦先生の意味論と密接な関わりをもっていたこともあり、井筒先生と親交のあったウィルフレッド・スミス先生には、ハーバード留学を終えて帰国する直前、「日本へ帰ったら、ぜひ井筒さんに会いに行きなさい」と紹介してくださった。日本へ戻ってしばらくして、鎌倉のご自宅を訪問したが、それ以後、井筒先生ご夫妻には、長年のあいだ、公私にわたってご教導をいただいてきた。宗教の理解とはなにか、という宗教学の古くて新しい根本的な問いをめぐって、恩師の先生がたの中でも、楠先生、スミス先生、カーマン先生さらに井筒先生から実に数多くのことを学ばせていただいた。先生がたから学んだことがらが、本書における宗教学的パースペクティヴの基盤をなしていると言っても過言ではない。

筆者は、しばらく体調を崩したこともあって、シャンカラ研究から少し距離を置いた時期もあったが、楠先生や村上先生の助言もあって、東北大学へ学位論文「シャンカラ派の宗教思想の研究」を提出した。論文審査には、主査の村上先生のほかに、宗教学の華園聰麿先生と仏教学の磯田熙文先生が副査を務めてくださった。最後に本書が、東北大学に提出した学位論文を大幅に加筆修正したものであることも付記しておきたい。

今日まで筆者が、曲がりなりにも宗教研究者の一人として、何とか研究を続けることができたのは、恩師の先生がたのおかげである。あらためて心より感謝の意を表したい。そのほかにも、多くの先生がたや友人のみなさんのお世話になり、お力添えをいただいてきた。ここにお一人ずつ、お名前を記すことはできないが、心よりお礼を申し上げたい。さらに、これまでの研究を支えてくれた両親と家族に心から感謝したい。

本書の出版に当たって、慶應義塾大学出版会の片原良子さんには、すっかりお世話になった。これまでも井筒俊彦全集の編集などで、仕事をご一緒させていただいてきたが、あらためて心から感謝の念をここに記して、本書の結びとしたい。

二〇一六年五月二六日

澤井　義次

人名索引

人名索引と事項索引ともに、頻出する項目は、とくに重要な頁のみ挙げた。

ア　行

アイエンガー，H. R. ランガスヴァーミー（Iyengar, H. R. Rangaswami）　77
アイヤー，クリシュナスワーミー（Aiyar, R. Krishnaswami; Iyer）　110, 122, 139, 204–205, 207, 209, 273–278, 281, 286–287, 290–291, 293, 295–297, 300
アウフレヒト（Th. Aufrecht）　79
アーナンダギリ（Ānandagiri）　26, 99n
アビナヴァ・ヴィドヤー・ティールタ（第 35 代世師 Abhinavavidyātīrtha）　81, 90, 95, 111, 139, 145, 149, 170–171, 201, 282–284, 288, 291, 298, 300
アンタルカル，W. R.（Antarkar, W. R.）　78–79
井筒俊彦　43, 52n, 58
インゴルス，ダニエル　H. H.（Ingalls, Daniel H. H.）　iii, 19, 23–25, 32, 220, 315
エックハルト，マイスター（Eckhart, Meister）　29
ヴァールミーキ（Vālmīki）　84, 155
ヴィドゥシェーカラ・バーラティー（第 37 代世師予定者 Vidhuśekharabhāratī）　90, 285
ヴィドヤー・シャンカラ・ティールタ（第 10 代世師 Vidyāśaṅkaratīrtha）　76–77, 92–93, 205
ヴィドヤーランヤ（第 12 代世師 Vidyāraṇya）　75–79, 92–94, 96, 137, 147, 159, 176, 196, 202–203, 286, 298
ヴェーンカタラーマン，K. R.（Venkataraman, K. R.）　iv, 76, 86, 95, 144, 168, 170–171, 207, 313
ヴィーデングレン，ゲオ（Widengren, Geo）　43
ウバヤ・バーラティー（Ubhayabhāratī）　87–88, 241
オットー，ルードルフ（Otto, Rudolf）　29

カ　行

ガウダパーダ（Gauḍapāda）　6–7, 14, 26
金倉圓照　20, 22, 25–26
神館義朗　20, 34n
ギリ（Giri）　239, 241, 259
空海　67
楠正弘　64
グスナー，ロバート E.（Gussner, Robert E.）　118, 315
クリステンゼン，ブレイデ（Kristensen, Brede）　44
ゴーヴィンダ（Govinda）　6, 238, 240, 249–251, 260, 263, 310

サ　行

サッチ・チッド・アーナンダ・シヴァービナヴァ・ヌリシンハ・バーラティー（第 33 代世師 Saccidānandaśivābhinavanṛsiṃhabhāratī）　95, 248, 279, 281
サッチ・チッド・アーナンダ・バーラティー（第 25 代世師 Saccidānandabhāratī I）　278
サッチ・チッド・アーナンダ・バーラティー（第 27 代世師 Saccidānandabhāratī II）　75–76
サナンダナ（Sanandana）　191, 238, 240, 259
島岩　20
ジャナカ（ヴィデーハ国王 Janaka）　229–230
シャープ，エリック J.（Sharpe, Erick J.）　51n
シャンカラ（初代のシャンカラ Śaṅkara）　5–7, 61, 64–65, 84–90, 181–194, 237–254
シャンカラーチャーリヤ（世師 Śaṅkarācārya）　6, 57, 62, 65–66, 89–90, 96, 134–137, 175–

182, 198–211, 218–219, 236, 285–286, 292–293, 299, 306
シュミット，ヴィルヘルム（Schmidt, Wilhelm） 43
シュリーニヴァーサ・シャーストリー（Śrīnivāsaśāstrī） 83
正信公章　20
スダンヴァン王（Sudhanvan） 240–241, 298, 304n
スミス，ウィルフレッド C.（Smith, Wilfred C.） 45
スレーシュヴァラ（Sureśvara） 22, 26, 89, 92, 118, 183, 200–201, 231–233, 241, 256, 259, 285
センクナー，ウィリアム（Cenkner, William） 30–31, 138, 218, 276, 293, 297
ソーマシェーカラ・ナーヤカ（Somaśekharanāyaka II） 76

タ　行

ダッタートレーヤ（Dattātreya） 78, 98n
ダナパティ（Dhanapati） 79, 194, 255
チャクラヴァルティー，R（Chakravarthi, R.） 77
チャンドラシェーカラ・バーラティー（第 34 代世師 Candraśekharabhāratī） 113, 116, 121, 139–140, 143, 146–147, 162, 169, 204–208, 276–277, 281–283, 286, 287–291, 295–297, 300, 312, 314
テラング，K. T.（Telang, K. T.） 77
ドイッセン，パウル（Deussen, Paul） 19, 25, 28
トータカ（Toṭaka） 239, 241, 256, 259

ナ　行

中村元　5, 20, 22, 25, 27–29, 235
ナーガールジュナ（Nāgārjuna 龍樹） 27
ナラシンハ・バーラティー（第 32 代世師 Narasiṃhabhāratī） 279–281
ナーラーヤナ・シャーストリー（Nārāyaṇa Śāstrī, T. S.） 79
西田幾多郎　43

ハ　行

ハッカー，パウル（Hacker, Paul） 19–21, 107, 115
パドマパーダ（Padmapāda） 85, 179, 191, 238, 240–241, 252, 255–256, 259, 262, 308
バーラティー・クリシュナ・ティールタ（第 11 代世師 Bhāratīkṛṣṇatīrtha） 77, 93
バーラティー・ティールタ（第 36 代・現在の世師 Bhāratītīrtha） 90, 96, 209, 283–284
ハリハラ一世（Harihara I） 92–93, 299
ハリハラ二世（Harihara II） 94, 202, 299
ハルブファス，ウィルヘルム（Halbfass, Wilhelm） 19
日野紹運　20
ヒリヤンナ（M. Hiriyanna） 77
ファン・デル・レーウ（van der Leeuw, Gerardus） 42, 44
フォート，アンドリュー O.（Fort, Andrew O.） 19, 30
ブキャナン，フランシス（Buchanan, Francis） 100n, 102n, 151n
フッサール，エトムント（Husserl, Edmund） 42
ブラウン，W. ノーマン（Brown, W. Norman） 31–32, 119, 315
ベイダー，ジョナサン（Bader, Jonathan） 19

マ　行

前田專學　12–13, 20–23, 32
マーダヴァ（Mādhava） 75–77, 79, 118, 182, 196, 236
マドヴァ（Madhva） v, 6, 53, 57–60, 69, 82–83
マハーデーヴァン，T. M. P.（Mahadevan, T. M. P.） 14–16, 18, 247–248
マンダナ・ミシュラ（Maṇḍanamiśra） 87, 238, 241, 259
村上真完　20

ヤ　行

ヤージニャヴァルキヤ（Yājñavalkya）　114, 226–227
ヨーガーナンダ・バーラティー（Yogānanda-bhāratī）　276–277, 288–289, 293

ラ　行

ラクシュマナ・シャーストリー（Lakṣmaṇaśāstrī）　75, 78
ラーダークリシュナン，サルヴェーパッリ（Radhakrishnan, Sarvepalli）　16–18
ラーマーヌジャ（Rāmānuja）　v, 5, 53, 56–60, 69, 82, 166
ラーマバッタ（Ramabhatta, M. S.）　147

事項索引

ア　行

アグニ・ホートラ agnihotra　121–122, 142
アーシュラマ āśrama　78, 84, 92, 274, 278, 292, 308
アーチャーリヤ ācārya　62, 65, 210 → 師
アートマン ātman　7, 55, 58–60, 107, 113–115, 197, 220–224, 226, 227–230, 233, 306 → ブラフマン
『アビナヴァ・ヴィドヤー・ティールタ讃歌』 *Abhinava-vidyātīrthastava*　170, 291
アルチャナー arcanā　121
安居 vārṣika　263
「生きたテクスト」　46, 61
「生きているシャンカラ」　178, 237
一切知者 sarvajña　6, 184, 187, 188, 204, 205, 239, 241, 242, 244, 249
一切知の玉座 sarvajñapīṭha　92
一生族 ekaja　230
イニシエーション　208, 251, 276, 277, 279, 285
意味世界　ii, 44–50, 55, 56, 58, 64, 68–70, 180, 181, 195
意味の二重性　296
意味分節　43, 49, 58, 70
意味的アラヤ識　43
祈り（バジャン）bhajana　3, 46, 84, 111, 135, 163–166, 179, 186, 204–206, 292
印契（ムドラー）mudrā　5, 171, 199–200, 252
インド文献学　6, 13, 161
エクリチュール（書かれた言語）　iii, 3–4, 49–50, 64, 66
エポケー（判断中止）　42, 44
ヴァイクンタ vaikuṇṭha　194
ヴィヴァーハ（結婚式）vivāha　138
『ヴィヴェーカ・チューダーマニ』 *Vivekacūḍāmaṇi*　17, 24, 107, 113, 116, 310
ヴィジャヤナガル王（国）　92–94, 137, 202, 298, 299,
ヴィシュヌ神 Viṣṇu　66, 69, 82, 83, 124, 144–147, 169, 194, 195, 202, 239, 241
ヴィシュヌ派 Vaiṣṇava　81, 83, 189, 292
ヴィドヴァット・サバー（「学者の会合」） vidvat-sabhā　155, 156, 196, 197
『ヴェーダ』Veda　3–7, 95, 109, 113, 123, 137–142, 157, 179, 196–198, 200, 230, 234–235, 247, 252, 289, 310
ヴェーダの読誦 vedādhyāyana　197
ヴェーダーンタ哲学 Vedānta philosophy　ii–iv, 3, 6–7, 12–33, 54–60, 65, 81, 95, 170, 181, 211, 219–235, 264, 289–290, 295
ウドゥピ Uḍupi　83
『ウパデーシャ・サーハスリー』*Upadeśasāhasrī*　7, 17–24, 32, 63, 112, 116, 117, 220, 229, 234, 251
ウパナヤナ（加入儀礼）upanayana　6, 138, 141, 148, 238, 240, 283
ウパニシャッド Upaniṣad　ii, iii, 3, 6–7, 13, 17–19, 24–28, 32, 55–60, 114–115, 138, 199–200, 220, 258, 260, 273, 309, 310, 314
『ウパニシャッド注解』*Upaniṣadbhāṣya*　6, 19, 24–26, 63, 106, 115, 220, 224, 229–233
恩寵 prasāda　96, 111, 119, 124, 146, 158, 163–166, 183, 197, 210, 240, 283

カ　行

カエル・シャンカラ frog-Śaṅkara　85
学生 brahmacārin　95, 138
家住者（グリハスタ）gṛhastha　138, 229
カーシュミーラ（カシミール）Kāśmīra　92, 239, 241
神の道 devayāna　194
ガーヤトリー・マントラ gāyatrī-mantra　140–141, 147
カーラディ（カーラティ）Kālaṭi　6, 76, 95,

158, 163, 186, 194, 196, 239, 247, 248, 298
カイラーサ Kailāsa 78, 146, 239, 291
カーラ・バイラヴァ神 Kāla Bhairava 89, 158, 159, 281
カーリカー神 Kālikā 89, 159
カルマン（祭祀的行為）karman 112, 121–122, 161, 180, 196–198, 219–230, 232, 255, 288, 289, 296, 306, 308–316
カーンチー・カーマコーティ僧院 Kāñcīkāma-koṭi Maṭha 99n, 211n
カルパ・スートラ Kalpa-sūtras 53, 82
グル・バクティ（師へのバクティ）guru-bhakti 116, 120, 122, 180–181, 251, 310, 312
灌頂（アビシェーカ）abhiṣekha 155, 196
感情移入 42, 105
儀規 vidhi 244, 261, 265
偽作 8–10, 18–19, 24, 27, 31–32, 62–68, 126, 307
救済 31, 144, 190, 196, 237, 242, 307
玉座 pīṭha iv, 81, 92, 171, 197, 299
苦行 tapas 55–57, 94, 117, 186–188, 221, 237, 263, 280, 301, 311
系譜 paraṃparā 90
化身 avatāra 9, 64–67, 96, 124–125, 170, 175–179, 182–186, 190–191, 195, 198, 199–203, 236, 245, 285, 312
解脱 mokṣa; mukti 7, 30–31, 53–57, 67–68, 89, 106–110, 114–118, 122–126, 144, 161, 166–167, 176, 178, 189–190, 194, 210, 219–237, 248, 261–265, 288–289, 305–316
ケーダーラ Kedāra 78, 239
ケーヴァラ・ヴィシュヌ・プージャカ kevalaviṣṇu-pūjaka 83
現世利益的な救い 181, 211
現前するシャンカラ 178
幻妄（マーヤー）māyā 7, 17, 20–21, 59, 180, 193–194, 295, 308
「高神」信仰 43
行為からの自由 naiṣkarmya 225
行為の捨離 karma-saṃnyāsa 309
恒常のカルマン nitya-karman 197–198
心の浄化 cittaśuddhi 161, 196, 222–223, 226, 310–311
子授けの供犠 putrakāmeṣṭi 84
乞食 240, 256, 258, 262–263
コトバ 43
根源語 58

サ 行

祭火の崇拝 samidhādhāna 140, 142
在家者（在家信者） 245, 248, 254, 285, 291, 301, 306–307, 310, 312–316
在家の信仰 53, 65
『サウンダルヤ・ラハリー』*Saundaryalaharī* 15, 17, 31–32, 119, 315
サーヴィトリー・マントラ sāvitrī-mantra 140
「最高の境地」param padam 68, 192, 194, 245
最高のシャクティ paraśakti 119
再生族 dvija 187, 190, 230
サグノーパーサナー（有属性〔ブラフマン〕の瞑想）saguṇopāsanā 288
サナータナ・ダルマ（永遠のダルマ）sanātana-dharma 139, 141, 197–198
サラスヴァティー神 Sarasvatī 87, 155, 313
サンサーラ（輪廻）saṃsāra 7, 15, 26, 108, 189–191, 220–221, 243, 312
サンスカーラ（通過儀礼）saṃskāra 148
讃詩 bhakti-stotra 3, 8–9, 14–16, 18, 24, 62, 64–70, 126, 141, 145, 147, 159, 163–169, 254, 291, 298, 307, 315 → バクティ頌
サンドヤー・ヴァンダナ saṃdhyāvandana 121–122, 142–147, 197, 283, 288, 292, 314–315
サンニヤーサ・ダルマ（出家遊行の法） saṃnyāsa-dharma 246, 248
三昧（サマーディ）samādhi 95, 249, 293, 300
師（アーチャーリヤ、グル）ācarya, guru 65, 67, 85, 96, 105–110, 115–120, 124–125, 171, 176–178, 180, 198, 210, 233–235, 242, 248–251, 258, 261–262, 296–297, 305–306, 309–311

思惟 manana　55, 114–116, 180, 264
師と弟子の関係 guruśiṣyasambandha　65, 124–126, 176–177, 218, 305–309
志向作用　47–48
志向的体験　47, 49
シヴァ神の化身 śivāvatāra　9, 54, 64, 66–67, 175, 177, 179, 182–190, 195, 199–203, 245, 312
シヴァ派 Śaiva　81–83, 169, 260, 307
シヴァラートリー　Śivarātrī　147–149, 195
シヴァ・リンガ Śiva-liṅga　159, 183, 196, 200–201, 292
シシュヤ（弟子）śiṣya　55, 116, 124–125, 176, 178, 180–181, 197, 218–219, 234, 236, 248–252, 306
実在　17, 47, 60, 70, 107, 109, 112, 193, 308
ジャーギール jāgīr　92
シャクティ śakti　119, 158, 167–168, 171, 315
ジャパ（低声の祈り）japa　149, 292
シャーラグラーマ śālagrāma　82, 146, 292
シャーラダー神 Śrī Śāradā　69, 86–89, 92, 96, 121, 124, 134–137, 146, 152–171, 293, 305–306, 313–314
シャーラダー神の玉座 Śrī Śāradā Pīṭha　iv, 81
シャーラダーンバー神 Śrī Śāradāmbā → シャーラダー神
シュリー・シャーラダー神寺院 Śrī Śāradā Temple　153–154, 156–172, 199
シュリー・チャクラ（Śrī Cakra）89, 147, 168–170, 293, 295, 306, 313
シュリー・ヴィドヤー（śrī-vidyā）119, 167, 170, 314
『シュリー・シャーラダーンバー・ストートラ』 *Śrī-śāradāmbā-stotra*　163
　シュリー・シャーラダーンバー・マハーラトーツサヴァ祭　Śrī Śāradāmbā Mahārathotsava　298–299
シャーラダー神信仰　152–174, 305, 306, 314
シャンカラ派　5–7, 53–57, 62–71, 74–97
シャンカラ生誕祭 Śaṅkara-jayantī　14, 148, 155–156, 195–198, 300
シャンカラーチャーリヤ信仰　11, 65–66, 96, 124–126, 135, 175–181, 199–211, 310–315
『シャンカラの思想』　27
『シャンカラの世界征服』　75–81
出家遊行 saṃnyāsa　92, 114–118, 218–265, 272–301
　出家遊行期 saṃnyāsāśrama　192, 223–226, 242–245, 257–258
　出家遊行者　saṃnyāsin　248–251, 258–265
　出家遊行の二類型　224–225, 254–255
　〔ブラフマンを〕知る者の出家遊行 vidvat-saṃnyāsa　225, 255
　明知への希求にもとづく出家遊行 vividiśā-saṃnyāsa　225, 255
住期 āśrama　223–224, 225, 257
主宰神 īśvara　20–21, 109–112, 121, 183, 204, 206, 223, 280, 297
数珠 rudrākṣa　168, 171, 260, 289
呪術宗教的な聖者　125, 179, 210–211
シュラッダー śraddhā　105–111, 310
シュリー・ヴィドヤー・ティールタ橋（Śrī Vidyātīrtha Setu）96
シュリーバリ Śrībali　141, 241
『シュリー・ラーマチャンドラ・マホーダヤ・カーヴヤ』Śrī Rāmacandra Mahodaya Kāvya　278
シュリンゲーリ　Śṛṅgeri　84
シュリンゲーリ僧院 Śṛṅgeri Maṭha　74–103
　シュリー・ヴィドヤー・シャンカラ寺院 Śrī Vidyāśaṅkara Temple　93
『シュリンゲーリの聖者』*The Saint of Sringeri*　179, 204
シュルティ śruti　141–142, 233
巡礼 tīrtha-pravāsa　96, 134–137, 152, 154
巡礼者　152–172
『初期ヴェーダーンタ哲学史』（全四巻）　29
生身解脱 jīvanmukti　30–31, 119, 223–229, 245, 286

生身解脱者 jīvanmukta　30–31, 67, 125, 223–229, 235, 257, 291, 309
信 śraddhā → シュラッダー
信愛 bhakti → バクティ
信仰現象　3–4, 7–10, 18, 68–71, 104, 124–126, 136, 175–176, 305–307, 316
信仰的志向性　69, 137, 177, 180
信仰の現象学　50n
信仰の言語　62, 46, 69–71
信仰の本質　40–47, 166
真作　61–63, 68, 107, 161, 166, 198, 219–220, 296, 310, 315
「信じる」という意識作用　45
信頼 viśvāsa　105–107, 180, 234
信心　45
宗教現象学　42–44, 177
宗教伝統　105, 111, 119–120, 122, 125, 175
水晶体のリンガ sphaṭika-liṅga　89
崇拝 pūjā → プージャー
スマールタ派 smārta → シャンカラ派
スムリティ smṛti　82, 141, 233, 314
スーリヤ神 Sūrya　143–146
スレーシュヴァラ Sureśvara　22, 26, 89, 92, 118, 183, 200–201, 231–233, 256, 259
生活期 āśrama　235, 274–275, 278, 287, 308
聖音（オーム）　284
聖者崇拝　181
聖水 abhiṣekha tīrtha　157, 292
聖紐 upavīta　141, 238, 240, 255–256, 260, 283
聖地 tīrtha, divyasthala　109–110, 152–153
聖典解釈　14, 32, 55, 58, 60
聖典　165, 171, 177, 192, 221, 231, 233–234, 236, 251, 254, 261–263
聖伝書 → スムリティ
世師 jagadguru → シャンカラーチャーリヤ
　年長の世師　mahāsaṃnidhānam（梵語）, dodda-gurugaḷu（カンナダ語）　90, 196–197, 202, 208, 272, 289, 291, 300, 309
　若い世師　saṃnidhānam（梵語）, Chikka Gurugaḷu（カンナダ語）　196, 272, 289–290
世師信仰 → シャンカラーチャーリヤ信仰
世師後継者　277–286
『世師の系譜の詩』*Guruvaṃśakāvya*　75–76, 78, 92, 94, 159
絶対的実在　55–56, 58–59, 67, 108, 194, 273, 313
前ミーマーンサー学派　121, 198
『全ヴェーダーンタ哲学精髄概要』*Sarvavedāntasiddhāntasārasaṃgraha*　107–110
僧院 maṭha　62, 75, 81, 89, 136, 218, 263

タ　行

体験知　54–55, 178, 180
大文章 mahāvākya　138, 250–251, 284, 288
太陽の崇拝 → サンドヤー・ヴァンダナ
『ダクシナームールティ・ストートラ』*Dakṣiṇāmūrtistotra*　15, 17, 118
『ダシャ・シュローキー』*Daśaślokī*　17, 249
ダッタートレーヤ（聖者）Dattātreya　78
ダルシャン darśana　96, 121, 134–135, 179, 205–206, 312
『ダルマ・シャーストラ』*Dharma-śāstra*　82, 138, 289
タントラ tantra　31, 164–165, 167–172, 314–315
知識 jñāna　7–8, 89, 106, 112, 118–119, 123–124, 136, 144, 171, 220–228, 230–235, 310–311, 315
知識の実修 jñānayoga　218–225
知行併合論 jñānakarmasamuccaya-vāda　223, 315
チャウラ（剃髪式）caula　148
『チャーンドーグヤ・ウパニシャッド注解』*Chāndogyopaniṣadbhāṣya*　106
チャンドラマウリーシュヴァラ（・リンガ）Candramaulīśvara-liṅga　89, 138, 280, 292, 293
チャンドラマウリーシュヴァラ・プージャー Candramaulīśvara-pūjā　89

治癒神　191–192, 210
超越的なもの　45–56, 65, 69–70, 123–124, 306
聴聞・思惟・瞑想 śravaṇa-manana-nididhyāsana　55, 114–116, 264
チン・ムドラー（知の印契）cin-mudrā　100, 168, 171
追体験　42, 44, 57, 125
杖 eka-daṇḍa　289
ツンガ川 Tuṅga　85, 95–96, 153–154, 264, 274, 283, 292
『デーヴィ・アパラーダ・クシャマーパナ・ストートラ』*Devyaparādha-kṣamāpaṇastotra* 164–165
ドヴァーラカー　Dvārakā　75, 139
徳 guṇa　107, 117, 187–188, 263
トリプンドラ tripuṇḍra　81, 260
デーヴィー神 Devī　124, 144–145, 154, 313
ティールタ tīrtha → 聖地
『ディンディマ』*Diṇḍima*　79–80, 255
天啓聖典 śruti → シュルティ
伝統的な学校　81
ドゥルガー神 Durgā　89, 157–160

ナ　行

内的地平　44, 50
『ナイシュカルムヤ・シッディ』*Naiṣkarmya-siddhi*　22
ナヴァラートリー祭 Navarātrī　144, 147–149, 154–157, 159, 171, 195, 298
ナーラーヤナ Nārāyaṇa　5, 59, 79
『ナーラーヤナ・ストゥティ』*Nārāyaṇastuti* 288
ナムブーディリ Nambūdiri　6, 194, 247
二元論スマールタ dvaita-smārta　83
如意樹 kalpataru　186, 191
ニルグノーパーサナー（無属性〔ブラフマン〕の瞑想）nirguṇopāsanā　288
念想 upāsana　129n
ノエーシス　47, 56
ノエーマ　47, 58, 60, 69, 177

ハ　行

『バヴァーニ・アシュタカ』*Bhavānyaṣṭaka* 164
『バガヴァッド・ギーター』*Bhagavadgītā*　14, 17–18, 82, 112, 223, 225, 273–274, 287–288, 296
『バガヴァッド・ギーター注解』*Bhagavadgītā-bhāṣya*　6, 19, 24, 63, 112, 220, 224, 233, 310
バクティ　bhakti　8, 18, 56, 67–69, 96, 105, 111–122, 144, 146, 161, 166–167, 180–181, 198, 219, 250–251, 287–288, 306–307, 310–316
バクティ頌 bhakti-stotra　3, 9, 14–15, 31–32, 64–69, 118–119, 126, 315
『バクティ・スダー・タランギニー』*Bhakti-sudhātaraṅginī*　160, 168–169, 314
『バジャ・ゴーヴィンダム』*Bhaja Govindam* 15, 64
バジャナ　bhajana　120, 122, 206, 283
バダリナータ　Badarinātha　75
バーナ・リンガ　bāṇa-liṅga　82
ハヌマーン神　Hanumān　89, 158
パラマハンサ出家遊行者 paramahaṃsa-parivrājaka　80, 226, 255–257, 290–291
パランクイン（palanquin）　93–94, 137, 154, 279
バンガロール　79, 95, 158, 281–283, 293
パンチャーヤタナ・プージャー（五神崇拝）pañcāyatana-pūjā　82–83, 124, 144, 194
パンディット　v, 138–139, 147, 156, 196–197
深みの次元　45–47, 50, 61
附託 adhyāropaṇā　116
プージャー　pūjā　82, 89, 121, 138, 146–149, 156–163, 167, 196, 207, 274, 283, 290, 292–293, 295–296
不二一元論思想 advaita-vāda　iii, 5–7, 12, 54, 58, 67–68, 74, 81, 104, 113, 115, 126, 170–171, 194, 210, 220–221, 229, 248–249, 306, 313–314, 316
不二一元論スマールタ advaita-smartha　83

プラヴァチャナ・マンディラム（講堂）
pravacana-mandiram 75, 196, 237
プラサーダ（お下がり）prasāda 157, 292
ブラフマチャーリン → 学生 brahmacārin
ブラフマン brahman 55–56, 58, 60, 67, 115, 123–124, 145–146, 168, 171, 220, 223–227, 229–230, 233–234, 250–256, 289, 307, 314
→ アートマン
有属性ブラフマン saguṇa-brahman 56, 59, 68, 112, 124, 193–195
無属性ブラフマン nirguṇa-brahman 25, 56, 58–59, 68, 124, 192–195, 311
最高ブラフマン para-brahman 59, 83, 146, 168, 191, 315
低次ブラフマン apara-brahman 59, 194
ブラフマンの明知 brahma-vidyā 168–169, 171, 313–314
ブラフマンとアートマンの一体性 7, 57, 69, 125, 180, 226, 256, 291, 306
『ブラフマ・スートラ』*Brahmasūtra* 18, 20, 22, 32, 252–253, 262
『ブラフマ・スートラ注解』*Brahmasūtra-bhāṣya* 6, 19–28, 32, 63, 95, 117, 220–223, 230, 252–254, 289, 310–311
『ブリハッド・アーラニヤカ・ウパニシャッド』*Bṛhadāraṇyakopaniṣad* 114, 138
『ブリハッド・アーラニヤカ・ウパニシャッド注解』*Bṛhadāraṇyakopaniṣadbhāṣya* 24, 25–26, 106, 115, 220, 224, 229, 231–233
プリー Purī 6, 75, 139, 276
プローヒタ purohita 138, 147–148, 167
文化的無意識 42–44
本質直観 42–44, 55–60, 177, 180, 311

マ 行

マドヴァ派 Madhva School v, 6, 53, 60, 69
『マヌ法典』*Mānavadharmaśāstra* 223
『マハーバーラタ』*Mahābhārata* 82, 231, 252
マーヤー（幻力）māyā 166
マーヤー（幻妄）māyā 7, 17, 20–21, 59, 180, 193–295, 308
マントラ（呪文）mantra 48, 109–110, 119, 138, 140–141, 147–148, 157–159, 164–165, 167, 179–180, 206–208, 210, 262, 284, 312
無知 ajñāna 189, 190, 220–222, 243, 308
無明 avidyā 7, 20–21, 116, 220–221, 223, 226, 228, 233
無明の痕跡 avidyā-leśa 228
瞑想 nididhyāsana 94, 113–118, 122, 138, 164, 180, 261, 264, 287, 296, 308, 311, 313
沐浴 85, 153–154, 186, 207, 240, 243, 274, 283, 292–293
明知 vidyā 69, 85, 124, 162, 168–170, 185, 220–222, 225–226, 255, 308–309, 313–314
水壺 kamaṇḍalu 246, 259–260, 284, 289
名称・形態 nāma-rūpa 20–21

ヤ 行

有機的な意味構造体 47
ユヴァ・ラージャ（yuvarāja） 92
ヨーガ yoga 87, 112–118, 122–123, 180, 206
ヨーガ行者 yogin 118, 199
『ヨーガ・スートラ・バーシュヤ・ヴィヴァラナ』*Yogasūtrabhāṣyavivaraṇa* 311

ラ 行

ラーマーヌジャ派 Rāmānuja School v, 53, 56, 59–60, 69
『ラーマーヤナ』*Rāmāyaṇa* 84, 155
リシュヤシュリンガギリ Ṛśyaśṛṅgagiri 84
リシュヤシュリンガ寺院 Ṛśyaśṛṅga Temple 84
離身解脱 videhamukti 202, 228, 291, 297, 309
リトヴィク（ṛtvik） 145
論証 tarka 115–116, 193

ワ 行

「われはブラフマンなり」ahaṃ brahmāsmi 138

原語索引

著者紹介

澤井 義次（さわい よしつぐ）

1951年生まれ。現在，天理大学人間学部長・宗教学科教授。『井筒俊彦全集』編集委員。専門分野は宗教学・インド学・天理教学。

天理大学宗教学科を卒業後，東北大学大学院を経て，ハーバード大学大学院（宗教学）へ留学。Ph.D.（ハーバード大学），博士（文学）（東北大学）。宗教倫理学会顧問，日本宗教学会常務理事などを務める。日本宗教学会賞や東方学会賞を受賞。

主要著作に *The Faith of Ascetics and Lay Smārtas*（Wien: Sammlung De Nobili, Universität Wien, 1992），『聖者たちのインド』（共著，春秋社，2000年），『根源へ――思索の冒険』（共著，岩波書店，2004年），『宗教史とは何か』（下巻，共著，リトン，2009年），『天理教人間学の地平』（天理大学出版部，2007年），『天理教教義学研究』（天理教道友社，2011年）などがある。

シャンカラ派の思想と信仰

2016年8月20日　初版第1刷発行

著　者――――澤井義次
発行者――――古屋正博
発行所――――慶應義塾大学出版会株式会社
〒108-8346　東京都港区三田2-19-30
TEL〔編集部〕03-3451-0931
〔営業部〕03-3451-3584〈ご注文〉
〔　〃　〕03-3451-6926
FAX〔営業部〕03-3451-3122
振替　00190-8-155497
http://www.keio-up.co.jp/
装　丁――――耳塚有里
印刷・製本――萩原印刷株式会社
カバー印刷――株式会社太平印刷社

Printed in Japan ISBN 978-4-7664-2357-0